OEUVRES

DE

GÉRARD DE NERVAL

LE RÊVE ET LA VIE

PARIS. — TYP. SIMON RAÇON ET C&ie;, RUE D'ERFURTH, 1.

GÉRARD DE NERVAL

LE RÊVE
ET
LA VIE

AURÉLIA
NICOLAS FLAMEL. — L'INTERMEZZO
LES ARTS A CONSTANTINOPLE
UN TOUR DANS LE NORD. — LES MONTÉNÉGRINS
LE CHARIOT D'ENFANT. — LE DIX-HUITIÈME SIÈCLE
LE BOULEVARD DU TEMPLE
LA DANSE DES MORTS — LE PAUVRE PIERRE

PARIS
VICTOR LECOU, ÉDITEUR
LIBRAIRE DE LA SOCIÉTÉ DES GENS DE LETTRES
10 — Rue du Bouloi — 10

MDCCCLV.

L'Éditeur se réserve le droit de traduction et de reproduction à l'étranger.

Les amis de Gérard de Nerval ont trouvé dans ses papiers les fragments dont il voulait composer les volumes qui seront publiés. Les amis du poëte ne sont donc, pour ainsi dire, que ses exécuteurs testamentaires ; ils n'ont rien supprimé ni rien ajouté, voulant laisser le public juge souverain de ce qui était digne de lui. Il leur a semblé qu'il fallait réimprimer fidèlement tout ce qui avait été écrit à diverses époques par le poëte voyageur, car c'est là un esprit digne d'études en tous points, même dans les pages crayonnées au courant de la première jeunesse. Quand un peintre de marque, Léopold Robert ou Sigalon, tombe à mi-chemin, sans avoir lui-même condamné ce qui était destiné à l'oubli, on recueille pieusement les ébauches les plus indécises : ainsi on a fait pour Gérard de Nerval. Mais qui peut d'ailleurs, parmi les plus heureux, se flatter de n'avoir pas moissonné l'ivraie parmi le bon grain?

La table des matières ci-jointe, moins la première ligne, est imprimée d'après une note de Gérard de Nerval, qui, comme par pressentiment, se hâtait d'ordonner les feuillets épars de son œuvre.

TABLE

Gérard de Nerval, par Théophile Gautier et Arsène Houssaye.   9
Aurélia, ou le Rêve et la Vie..........   59
Fragments de Nicolas Flamel.....   131
Henri Heine............   164
Les Arts a Constantinople........   239
Un Tour dans le Nord......   251
Les Monténégrins........   265
Le Chariot d'enfant.........   275

TABLE.

Le dix-huitième Siècle. 289
Les Bateleurs du boulevard du Temple. 313
La Danse des Morts. 347
Le pauvre Pierre. 355

GÉRARD DE NERVAL

27 janvier 1855.

Assez d'autres diront les détails de cette triste fin que nul ne pouvait prévoir ni empêcher, et qu'il eût peut-être été plus convenable de taire. — Une âme charmante a quitté notre planète, et poursuit son rêve dans ces mondes plus splendides et plus beaux qu'elle avait déjà tant de fois visités en esprit : nous n'en voulons pas savoir davantage.

Celui qui vient de sortir de la vie laisse plus de regrets qu'aucun personnage illustre; des larmes bien vraies et bien sincères sont tombées sur sa froide dépouille, et nous-même, malgré tout notre empressement, à peine sommes-nous arrivé le premier. Cette nouvelle, répandue avec toute la rapidité des mauvaises nouvelles, a causé dans Paris une véritable stupeur; Paris si distrait, si affairé, si frivole, s'est arrêté un instant pour s'enquérir de cette mort. S'il eût été maître encore de sa volonté, ce bon Gérard aurait épargné à ses amis, c'est-à-dire à tous ceux qui l'avaient vu une fois, ce chagrin, le seul qu'il leur ait causé, quelque lourd qu'il eût trouvé d'ailleurs le poids de l'existence.

Gérard de Nerval fut suivi des affections les plus constantes, les plus dévouées, les plus fidèles ; nul ne lui a manqué, ni les amis de trente ans, ni les amis d'hier, qui se retrouveront tous autour de son cercueil. Cet affreux malheur ne peut être imputé ni à lui ni aux autres, — amère consolation, mais consolation, du moins. Dans l'affliction que cause sa perte, il n'y a aucun remords, et personne n'a à se reprocher de ne pas l'avoir assez aimé.

Qu'on ne vienne pas faire sur cette tombe qui va s'ouvrir des nénies littéraires, ni évoquer les lamentables ombres de Gilbert, de Malfilâtre et d'Hégésippe Moreau ; Gérard de Nerval n'a été ni méconnu ni repoussé, il faut le dire à l'honneur du siècle qui a bien assez de ses autres torts ; la célébrité, sinon la gloire, l'avait visité sur les bancs de la classe où l'on nous proposait comme modèle le jeune Gérard, auteur des *Élégies nationales* et l'honneur du collége Charlemagne. Lorsqu'à dix-huit ans il fit paraître de *Faust* une traduction devenue classique, le grand Wolfgang Gœthe, qui trônait encore avec l'immobilité d'un dieu sur son olympe de Weymar, s'émut pourtant et daigna lui écrire de sa main de marbre cette phrase dont Gérard, si modeste, d'ailleurs, s'enorgueillissait à bon droit et qu'il gardait comme un titre de noblesse : « Je ne me suis jamais si bien compris qu'en vous lisant. » Tous les théâtres, tous les journaux, ont été ouverts en tout temps à ce pur et charmant écrivain qui à l'esprit le plus ingénieux, au caprice le plus tendre, joignait une forme sobre, délicate et parfaite. Les revues les plus fermées et les plus dédaigneuses s'honoraient de voir son nom au bas de leurs pages, et de sa part regardaient la promesse d'un article comme une faveur ; la *Presse* l'acceptait avec joie lorsqu'il voulait bien y écrire, et si nous y faisons seul le feuilleton de théâtre, c'est que son humeur vagabonde s'est lassé bien vite de ce travail à heure fixe, insupportable pour lui, et dont cependant il venait tourner la meule à notre place, avec un dévouement amical qui ne s'est jamais démenti, lorsque notre instinct voyageur nous emportait en Espagne, en Afrique, en Italie ou ailleurs. Fraternelle alternative qu'il comparait à celle des Dioscures, dont l'un paraît quand l'autre s'en va. Hélas ! lui est parti pour ne plus revenir.

Ce que notre époque offre de ressources à tout écrivain de talent fut donc mis à sa disposition ; il fit même, il y a quelque quinze ans, un petit héritage qui dora d'un éclat passager les commencements de sa carrière ; mais l'argent était son moindre souci. Jamais l'amour de l'or, qui inspire aujourd'hui tant de fièvres malsaines, ne troubla cette âme pure qui voltigea toujours comme un oiseau sur les réalités de la vie sans s'y poser jamais. Si Gérard n'a pas été riche, c'est qu'il ne l'a pas voulu et qu'il a dédaigné de l'être. Les louis lui causaient une sorte de malaise et semblaient lui brûler les mains ; il ne redevenait tranquille qu'à la dernière pièce de cinq francs. Comme artiste, il avait bien de temps à autre quelque velléité de luxe : un lit sculpté, une console dorée, un morceau de lampas, un lustre à la Gérard Dow, le séduisaient ; il déposait ses emplettes dans une chambre ou chez un camarade où il les oubliait ; quant au comfort, il n'y tenait en aucune façon, et il était de ceux qui, en hiver, mettent leur paletot en gage pour acheter une épingle en tur-

1.

quoise ou un anneau cabalistique. — Quoique souvent on le rencontrât sous des apparences délabrées, il ne faudrait pas croire à une misère réelle. — Sans parler de ce que pouvait lui produire le théâtre, le journal ou le livre, il avait à lui les maisons et la bourse bien ou mal garnie de ses amis dans les moments où son cerveau se refusait au travail. Qui de nous n'a arrangé dix fois une chambre avec l'espoir que Gérard y viendrait passer quelques jours, car nul n'osait se flatter de quelques mois, tant on lui savait le caprice errant et libre! Comme les hirondelles, quand on laisse une fenêtre ouverte, il entrait, faisait deux ou trois tours, trouvait tout bien et tout charmant, et s'envolait pour continuer son rêve dans la rue. Ce n'était nullement insouciance ou froideur; mais, pareil au martinet des tours, qui est apode et dont la vie est un vol perpétuel, il ne pouvait s'arrêter. Une fois que nous avions le cœur triste pour quelque absence, il vint demeurer de lui-même quinze jours avec nous, ne sortant pas, prenant tous ses repas à notre heure, et nous faisant bonne et fidèle compagnie. Tous ceux qui le connaissent bien diront que, de sa part, c'est une des plus fortes preuves d'amitié qu'il ait données à personne. Et pourtant quelle obligeance inépuisable, quelle vivacité à rendre service, quel oubli parfait de lui dans ses relations! Que de courses énormes il a faites à pied, par des temps horribles, pour faire insérer la réclame ou l'article d'un ami!

Le malheur de cette existence — et nous ne savons si nous avons le droit d'écrire un tel mot — a de tout autres causes que les difficultés de la vie littéraire et qu'un vulgaire dénûment d'argent. — L'envahissement progressif du rêve a rendu la vie de Gérard de Nerval peu à peu impossible dans le milieu où se meuvent les réalités. Sa connaissance de la langue allemande, ses études sur les poëtes d'outre-Rhin, sa nature spiritualiste, le prédisposaient à l'illuminisme et à l'exaltation mystique. Ses lectures bizarres, sa vie excentrique, en dehors de presque toutes les conditions humaines, ses longues promenades solitaires, pendant lesquelles sa pensée s'excitait par la marche et quelquefois semblait l'enlever de terre comme la Madeleine dans sa Baume, ou le faisait courir à ras du sol, agitant ses bras comme des ailes, le détachaient de plus en plus de la sphère où nous restons retenus par les pesanteurs du positivisme. Un amour heureux ou malheureux, nous l'ignorons, tant sa réserve était grande, et auquel il a fait lui-même, dans plusieurs de ses œuvres, des allusions pudiques et voilées, porta cette exaltation, jusque-là intérieure et contenue, au dernier degré du paroxysme. Gérard ne domina plus son rêve; mais des soins persistants dissipèrent le nuage qui avait obscurci un moment cette belle intelligence, du moins au point de vue prosaïque, car jamais elle ne lança de plus vifs éclairs et ne déploya de richesses plus inouïes. Pendant de longues heures nous avons écouté le poëte transformé en voyant qui nous déroulait de merveilleuses apocalypses et décrivait, avec une éloquence qui ne se retrouvera plus, des visions supérieures en éclat aux magies orientales du hatchich.

Quel que fut l'état d'esprit où il se trouvait, jamais son sens littéraire ne fut altéré. A cette époque que nous venons d'indiquer se rapporte une suite de sonnets mystagogiques qu'il fit paraître plus tard sous le titre de *Vers dorés*, et dont l'obscurité s'illumine de soudains éclats comme une idole constellée d'escarboucles et de rubis dans l'ombre d'une crypte; les rimes sonnent aussi bien, la phrase, quoique d'un mystère à faire trouver Orphée et Lycophron limpides, est d'une langue aussi admirable que si ces vers eussent été faits par un grand poëte de sang-froid.

L'Orient, après l'Allemagne, était la grande préoccupation de Gérard : du plus loin que nous le connaissons, il avait sur le chantier une certaine *Reine de Saba*, drame énorme, comparable à la *Sémiramis* trismégiste de Desjardins pour ses dimensions exagérées en dehors de tout cadre théâtral, qui, un instant, dut être mis en opéra à l'intention de Meyerbeer, et, reprenant sa forme de scénario, parut, sous le nom des *Nuits de Rhamadan*, dans le *National*, si nous ne nous trompons.

Il put voir le Caire, la Syrie, Constantinople, et il revint de ces voyages plus imbu encore d'idées de cabales, de magisme, d'initiations mystiques; il but de trop longs traits à ces coupes vertigineuses que vous présentent les sphinx, dont l'indéfinissable sourire de granit rose semble railler la sagesse moderne. Les cosmogonies et les théogonies, la symbolique des sciences occultes, occupèrent son cerveau plus qu'il ne l'aurait fallu, et souvent les esprits les plus compréhensifs ne purent le suivre au faîte des babels qu'il escaladait, ou descendre avec lui dans les syringes à plusieurs étages où il s'enfonçait.

Cependant, à travers cette combustion intérieure dont la flamme n'apparaissait que rarement au dehors, il faisait des récits de voyages, des promenades humoristiques, des nouvelles, des drames, des articles de journaux d'une fantaisie charmante et mesurée, d'un style fin et doux, d'une nuance argentée, car il s'abstint toujours des violentes colorations dont nous avons tous plus ou moins abusé, et le seul défaut qu'on puisse peut-être lui reprocher, c'est trop de sagesse.

Quel chef-d'œuvre que cette nouvelle de *Sylvie* insérée dans la *Revue des Deux-Mondes*, et que la postérité placera à côté de *Paul et Virginie* et de la *Chaumière indienne!* Quel mélange heureux de rêverie et de sensibilité! Comme ces doux souvenirs d'enfance s'encadrent bien dans ce frais paysage!

Aurélia ou le *Rêve et la Vie* montre la raison froide assise au chevet de la fièvre chaude, l'hallucination s'analysant elle-même par un suprême effort philosophique. — Nous avons retrouvé les derniers feuillets de cet étrange travail, sans exemple peut-être, dans les poches du mort. Il le portait avec lui, comptant achever la phrase interrompue... Mais la main a laissé tomber le crayon, et le rêve a tué la vie; l'équilibre maintenu jusque-là s'était rompu; — cet esprit si charmant, si ailé, si lumineux, si tendre, s'est évaporé à jamais; il a secoué son enveloppe terrestre, comme un haillon dont il ne voulait plus, et il est entré dans ce monde d'élohims, d'anges, de sylphes, dans ce paradis d'ombres adorées et de visions célestes, qui lui était déjà familier.

Il y a deux mois à peine, ce pauvre Gérard touchait de ses lèvres la main pâle et glacée de madame Arsène Houssaye étendue dans son cercueil qu'on allait fermer. — Les pleurs ruisselaient sur sa bonne figure sympathique, car il portait une pieuse affection à la morte, qu'il avait souvent visitée pendant sa maladie, et il marchait derrière le corbillard, triste et pensif, peut-être frappé du pressentiment qu'il reverrait bientôt celle à qui il venait de dire adieu.

Ceux qui suivaient à pied la charmante jeune femme, sitôt ravie, hélas! vont se retrouver dans la funèbre promenade, c'est-à-dire tous les poëtes, tous les artistes et tout ce qui aimait l'art et la poésie, et, mieux encore, tout ce qui aimait Gérard de Nerval.

THÉOPHILE GAUTIER.

La Presse.

30 janvier 1855.

On l'aimait dans les lettres comme un souvenir de Platon et de La Fontaine. Une tête de philosophe et un cœur de poëte. Il lui a manqué le soleil du Portique, il lui a manqué madame de La Sablière. Si Platon n'avait pas eu sur le front le ciel doré qui sourit au Sunium, aurait-il ouvert une académie? Qu'on suppose un instant La Fontaine sans madame de La Sablière. Il a beau avoir des amis qui marqueront toujours pour lui la meilleure place à leur table : dans sa distraction il oubliera ses amis; et si madame de La Sablière n'est pas là lui faisant croire qu'elle ne sait pas vivre sans lui, comme il ne se souvient plus de la maison de sa femme, comme il n'a pas prévu que l'hiver vien dra, toutes les portes de la vie vont se fermer devant ses pas :

— Nuit et jour, à tout venant,
Je chantais, ne vous déplaise.
— Vous chantiez, j'en suis fort aise,
Eh bien, mourez maintenant.

La Fontaine eût peut-être frappé à la porte de son ami Racine ; mais son ami Racine dînait avec Louis XIV et madame Scarron. Il fût allé de là chez son ami Boileau ; mais son ami Boileau avait la goutte, et La Fontaine oubliait qu'il était venu pour dîner. Le soir, Jean s'en allait comme il était venu ; et, mourant de faim, ayant perdu son manteau ou l'ayant jeté sur le dos d'un pauvre pendant que l'hiver lui jetait un manteau de neige à lui-même, ne sachant où aller : — il allait à Dieu.

J'aime bien mieux madame de La Sablière que madame de Sévigné ; celle-ci annonce l'esprit de La Fontaine à la postérité, mais celle-là nourrit la bête [1].

Gérard a débuté en vivant trop intimement avec le *Faust* de Goethe, qui a répandu çà et là un nuage dans le ciel de son intelligence. Peu d'esprits se sont égarés plus loin dans les labyrinthes du monde invisible. Aussi que de fois il lui est arrivé d'être toute une saison sans se retrouver, effrayé des ténèbres et ne pouvant les dissiper ! Philosophe comme Hegel et Swedenborg, dédaignant les livres, il étudiait en lui-même, ou plutôt hors de lui-

---

[1] Mais ce n'est pas la misère qui a tué Gérard de Nerval. Comme disait Hetzel : « Gérard n'est pas homme à s'inquiéter de si peu que de manquer de tout. » Théophile Gautier a donc eu raison d'écrire : « Le rêve a tué la vie. »

même : combien de voyages aériens dans les mondes inconnus et combien d'évocations du passé ! On croyait que son âme était là, qui vous parlait par la bouche visible, quand déjà elle avait pris sa volée dans les sphères radieuses et nocturnes de l'infini. Voilà pourquoi les guenilles humaines ne le préoccupaient guère. Voilà pourquoi son corps allait où il plaisait à Dieu. Il était né voyageur. Il n'aimait l'argent que pour voyager ; quand il n'avait pas d'argent, son esprit voyageait. Il est mort pour voyager.

Depuis son enfance, hormis les années de collége, — et que de fois il a fait l'école buissonnière ! — il n'a jamais posé tout un jour au même coin du feu ; c'était le merle dans la ramée, l'hirondelle sur l'étang, l'alouette sur les blés, la grive dans les vignes. Je l'ai connu pendant vingt ans, je ne l'ai jamais vu prendre pied. Je ne parle pas de la maison que nous habitions ensemble avec Théophile Gautier, car Gérard n'y venait pas deux fois par semaine, s'il y couchait quelquefois, c'était entre minuit et le point du jour. Nul ne connaissait mieux que lui « l'Aurore aux doigts de rose ouvrant les portes du Soleil. »

Gérard voulait loger partout, excepté chez son père, chez ses amis et chez lui-même. Il aimait beaucoup son père ; il allait dîner avec lui les dimanches et les jeudis, vieille habitude qu'il avait prise au collége. Mais n'a-t-il pas été un enfant jusqu'au dernier jour ? Aussi avait-il pour son père des tendresses d'enfant. Il franchissait le seuil paternel avec un grand respect, embrassait le vieux chirurgien et lui disait d'une voix qui allait droit au cœur, quel que fût le cœur : *Bonjour, mon père.* Le dimanche et le jeudi étaient deux jours de fête pour tous les deux. On dînait lentement et on parlait beaucoup. Après le dîner, Gérard secouait un peu la poussière des livres, quelquefois il conduisait son père au café Turc ; mais il n'y restait pas ; car, dès qu'il avait repris l'air de la rue, il s'envolait sans dire bonsoir. Quand il était à Paris, il ne manquait jamais au dîner paternel du dimanche et du jeudi ; mais que de fois son père l'attendit vainement ! quand il voyageait il n'écrivait à personne. Son père apprenait par les journaux qu'il était en Allemagne, à Constantinople, à Venise. On n'en mettait pas moins religieusement le couvert de cet enfant prodigue des belles années. — Cela le fera revenir, disait le père. Et il dînait tristement avec le souvenir de ce charmant vagabond qu'on était sûr de rencontrer en voyageant beaucoup.

On pouvait dire à Gérard de Nerval, comme disait le comte de Tressan au chevalier de Boufflers, le rencontrant sur la grande route : « Mon cher poëte, je suis ravi de vous trouver chez vous. »

C'était dans notre poétique Bohême de l'impasse du Doyenné (la mère patrie de toutes les Bohêmes) que nous vivions en familiarité pittoresque avec ce charmant esprit. A propos de Marilhat, Théophile a écrit cette page ou plutôt cette fresque de notre vie à tous. Édouard Ourliac venait tous les matins nous voir dans ce royaume de la fantaisie. La plupart du temps il nous trouvait encore plongés dans le sommeil des paresseux et des poëtes, qui est à tout prendre le vrai sommeil. Il nous éveillait souvent. Chaque jour il apportait des *Nouvelles à la main*... à sa main, — où, Dieu merci ! il n'était jamais question de politique. Nous ne connaissions alors du monde que le Musée du Louvre, les poëtes du XVIe siècle, quelques contemporains — quelques contemporaines aussi ; — bibliothèque indispensable à des poëtes de vingt ans.

Nous n'avions pas d'argent, mais nous vivions en grands

seigneurs : nous donnions la comédie. Ces dames de l'Opéra soupaient chez nous vaille que vaille et daignaient danser pour nous à la fortune de leurs souliers. Camille Rogier avait le tort de se croire à Constantinople. Aussi, quand il a quitté cette Bohême invraisemblable, il n'a pu vivre qu'en Orient. Édouard Ourliac était le Molière ou plutôt le Dancourt de la bande. Il était auteur et acteur avec la même verve et la même gaieté. A une de nos fêtes, ces dames le noyèrent, à plusieurs reprises, dans une avalanche de bouquets.

Tout finit! la Bohême se dispersa peu à peu. Gérard de Nerval partit sans dire où il allait. Camille Rogier alla en Turquie. Notre propriétaire, désespéré d'avoir loué sa maison à des gens qui donnaient des fêtes sans avoir de rentes sur le grand livre, désespéré surtout des barbouillages de Marilhat, de Corot, de Nanteuil, de Roqueplan, de Wattier sur ses lambris vermoulus, avait hâte de nous voir tous loin de lui. C'était un brave homme qui voulait mourir riche, et qui, en conséquence, vivait pauvre. Il ne nous pardonnait pas notre logique, à nous qui vivions riches, sauf à mourir pauvres.

Jusque-là, les plus poëtes de la bande n'avaient guère été que poëtes en action. On écrivait ses vers çà et là sur le coin d'une table, après souper ou sur quelque joli *pupitre* à la Voltaire; mais on ne les imprimait pas. Alphonse Esquiros était le plus laborieux. Il était né pour souffrir toutes les douleurs de l'humanité, grosse de l'avenir, — cet enfant, déjà terrible, qui donne à sa mère tant de coups de pied dans le ventre. — Gérard de Nerval était le plus célèbre. Il avait, à son aube poétique, disputé aux contemporains illustres un pan du manteau troué de la renommée.

Nous étions dix! nous nous cherchons. Où es-tu, Gérard? où es-tu, Marilhat? où es-tu, Ourliac? où es-tu, Rogier? Esquiros, où es-tu? — Théophile seul me répond.

Gérard aimait le vieux Paris quand il avait les yeux tout pleins du soleil d'Orient. Il aimait le Paris de Pierre Gringoire et de Victor Hugo, poëte comme tous les deux.

Théophile Gautier a très-bien dit : « Comme les hirondelles quand on laisse une fenêtre ouverte, il entrait, faisait deux ou trois tours, trouvait tout bien et tout charmant, et s'envolait pour continuer son rêve dans la rue. » La rue ! il y a vécu, il est mort.

Gérard écrivait, la veille de sa mort, le *Rêve et la Vie*. Le rêve et la vie ! Oui, Gérard a toujours été le rêve en lutte avec la vie. Ah ! si Dieu lui eût donné les ailes d'or de l'abeille ! mais cette abeille de poésie se fût enivrée d'air, de rayon et de parfum sans jamais rentrer à la ruche. Les derniers mots tombés de sa plume sont ceux-ci : *Ce fut comme une descente aux enfers*. Est-il parti de là pour entrer dans cette odieuse rue de la Tuerie, qui l'a conduit à ce fatal escalier en spirale de la rue de la Vieille-Lanterne? Escalier de l'*Enfer* du Dante ! avec son corbeau et sa clef symbolique [1].

---

[1] Depuis la mort de Gérard de Nerval, la rue de la Vieille-Lanterne, que ne connaissaient guère que les Athéniens qui l'habitent, a été tous les jours visitée par les gens de lettres, les artistes, je ne dirai pas les gens du monde, mais les femmes du monde, celles qui avaient lu les œuvres du voyageur, celles qui vont les lire ou celles qui sont curieuses tout simplement et qui vont voir plaider les causes célèbres.

On a été là comme à un funèbre pèlerinage. Quelques artistes, entre autres Célestin Nanteuil et Gustave Doré, ont voulu conserver à une autre génération l'aspect sinistre de cette rue infernale. L'Artiste a publié un dessin de Célestin Nanteuil. On n'a pas plus de précision et plus de caractère en même temps, c'est la vérité telle qu'elle est, mais il semble qu'on y voit passer une âme en peine. M. Gustave Doré est parti de la vérité pour aboutir aux visions les plus étranges : c'est toute une com-

Un autre rêveur, de la même famille d'esprits inquiets de l'autre monde et qui ne font que passer en celui-ci,

position où la pensée se perd dans les sombres et radieux voyages de la mort. On y voit Gérard de Nerval posant presque le pied sur le dernier degré de cet escalier des enfers. On y voit l'âme du poëte qui s'envole, qui fuit ces infâmes ténèbres pour aller retrouver au banquet éternel les muses qui lui ont souri et les femmes qu'il a aimées.

La rue de la Vieille-Lanterne va disparaître sous peu de jours sous le marteau béni des démolisseurs. N'est-il pas triste de songer que si cette rue, où la mort dressait ses embûches, avait disparu un mois plus tôt, Gérard de Nerval serait peut-être encore parmi nous? La question de suicide est d'ailleurs toujours controversée. Félicien Mallefille a dit en prose et Roger de Beauvoir a dit en vers que Gérard, ne sachant que faire de son corps, qui l'embarrassait à toute heure, lui qui était tout âme, l'avait accroché là comme une vieille défroque. Mais il n'est pas bien prouvé que Gérard lui-même se soit chargé de cela. *Guenille, si l'on veut, ma guenille m'est chère:* il était sur ce point de l'avis du bonhomme Chrysalde. Il s'amusait comme un enfant à tous les spectacles de la vie; il savait bien que le dernier voyage ne lui manquerait pas et qu'il en avait encore plus d'un à faire sous le soleil. Jamais un homme n'a trouvé plus de sympathie: il n'avait qu'un pas à faire pour trouver un ami. Si on voulait établir son budget depuis un an, on verrait qu'il aurait pu vivre à peu près comme un général qui n'a que son épée pour toute ressource. Gérard n'avait que sa plume, mais cette plume comptait déjà assez de conquêtes pour ne pas laisser mourir ainsi celui qui était à bon droit fier de la porter. Faut-il rappeler ici que Gérard malade trouvait toujours, sans avoir besoin d'argent, une retraite dans la belle villa du docteur Blanche, à côté de son ami Antony Deschamps? Gérard, en bonne santé, avait trouvé, outre les ressources de son esprit, dans la bienveillance du ministre d'État et du ministre de l'instruction publique, de quoi faire un nouveau voyage en Orient. Il voulait voir Jérusalem; qui sait? c'est peut-être ce dernier voyage qui lui a manqué!

Gérard de Nerval, une première fois, était parti pour l'Orient avec un louis dans sa poche, et il était arrivé en Orient, et il s'y était marié, et il en était revenu comme par une série de miracles. On voit que l'argent n'était pas son grand cheval de voyage dans la vie.

Aloysius Bertrand, a comparé le poëte à la giroflée sauvage qui fleurit suspendue au granit des cathédrales et qui vit moins dans la terre que dans le soleil. Gérard a été riche un instant ; quand il a senti ses pieds embarrassés dans les broussailles de la fortune, qui prend bien plus de temps qu'elle ne donne de loisir, il s'est hâté, comme un sage de l'antiquité, comme un fou, diront les sages d'aujourd'hui, de jouer à l'enfant prodigue, afin de se réveiller pauvre et libre un matin, comptant d'ailleurs sur les ressources de son esprit.

Il était si peu né pour les biens périssables, que, dans ses jours de luxe, il acheta un magnifique lit en bois sculpté, contemporain de Diane de Poitiers. Le lit fut apporté tout pompeux, avec une courtine et des lambrequins en lampas dans l'appartement de la rue du Doyenné, où, jusque-là, il n'avait jamais couché, sous le prétexte assez raisonnable qu'il n'avait pas de lit. Eh bien, dans ce beau lit gothique, Gérard ne coucha jamais ; il aimait bien mieux le lit de l'imprévu et de l'aventure. Que de fois je l'ai vu partir pour aller dormir, d'un sommeil agreste, vers ses chers paysages du Valois, où il retrouvait les images adorées de Sylvie et d'Adrienne, ces belles filles qui passaient toujours comme des visions dans ses souvenirs de vingt ans !

Il était la folle du logis partout où il entrait ; c'était à qui le fixerait une heure durant, car on avait pour lui je ne sais quelle sympathie à la fois humaine et divine ; on sentait en lui le prédestiné, le prophète et l'illuminé. Janin a dit : « Cher et doux bohémien de la prose et des vers ! admirable vagabond dans le royaume des Muses ! Il se passionnait pour les livres de ses amis bien plus que pour ses propres livres. Il était prêt à tout quitter pour vous suivre. — Tu as une fantaisie, je vais me promener avec elle bras dessus bras dessous. — Et quand il avait bien promené votre fantaisie, il vous la ramenait la tête couronnée de fleurs, la joue animée au soleil de midi, les pieds lavés dans la rosée du matin. Il serait impossible de dire comment il savait tant de choses sans avoir rien étudié. Il se couchait la veille Athénien du Portique, il se levait le lendemain Allemand de la vieille roche. Mais il faudrait avoir dans l'esprit un peu de la poésie que Gérard de Nerval avait dans le cœur pour raconter Gérard de Nerval. »

C'était un puits de science, sinon le puits de la vérité. Toute la bohème littéraire qui est née d'un de ses rêves et d'une de ses distractions, n'avait pas d'autre bibliothèque; ce qui me rappelle ces mots du duc de Brancas: « Pourquoi voulez-vous que je souscrive à l'*Encyclopédie*, quand j'ai toujours Rivarol sous la main? »

« Inventer, c'est se souvenir. » Gérard de Nerval en était arrivé à ce point ténébreux et rayonnant où on ne sait plus si le rêve est né d'anciennes lectures ou si on se souvient des existences antérieures. On invoque Pythagore, qui dit: « Tu as été! » on parle à Shakspeare, qui répond: « La vie est un conte de fées que tu écoutes pour la seconde fois. » Gérard de Nerval se recherchait dans le passé pour être sûr de se retrouver dans l'avenir; il dit quelque part: « J'ai ressaisi les anneaux de la chaîne. Je me retrouve prince, roi, mage; j'épouse la reine de Saba; puis tout à coup me voilà retombé dans la Cour des Miracles ou sur le chariot du *Roman comique*. » Gérard, à ses heures de folie pythagoricienne ou d'exaltation mystique, donne encore la main à la sagesse; je dirai même que Gérard n'a jamais été fou, il a été illuminé: et quand il est parti pour l'autre monde, c'est qu'il croyait n'avoir plus rien à trouver en celui-ci[1].

Il disait encore : « C'est un entraînement fatal quand l'inconnu vous attire comme les feux follets fuyant sur les joncs d'une eau morte. Il y a de quoi devenir fou ! » Gérard ne voulait pas qu'on crût à ses jours de folie. C'était une de ses grandes préoccupations. Il s'inquiétait peu du Gérard visible, mais il avait un grand respect pour le Gérard invisible, pour le Gérard né de ses œuvres, pour le Gérard de l'opinion publique. On pourrait lui appliquer jusqu'à un certain point cette pensée de Pascal : « Nous ne nous contentons pas de la vie que nous avons en nous, nous voulons vivre dans l'idée des autres d'une vie imaginaire. Nous travaillons incessamment à conserver cet être fictif, et nous négligeons le véritable. La douceur de la gloire est si grande, qu'à quelque chose qu'on l'attache, même à la mort, on l'aime. »

Dans la préface des *Filles du feu*, il dit que la dernière folie qui lui restera, ce sera de se croire poëte. Cette belle folie, il faut la lui accorder tout entière ; car, en vers ou en prose, c'était un poëte de la grande école, ne surchargeant jamais sa muse de ces colliers de strass, de ces bracelets de perles fausses, de ces manteaux de pourpre con-

---

[1] « Un jour il se croit fou et il raconte comment il l'est devenu, et avec un si joyeux entrain, en passant par des péripéties si amusantes, que chacun désire le devenir pour suivre ce guide entraînant dans le pays des chimères et des hallucinations, plein d'oasis plus fraîches et plus ombreuses que celles qui s'élèvent sur la route brûlée d'Alexandrie à Ammon ; tantôt, enfin, c'est la mélancolie qui devient sa muse, et alors retenez vos larmes si vous pouvez, car jamais Werther, jamais René, jamais Antony, n'ont eu plaintes plus poignantes, sanglots plus douloureux, paroles plus tendres, cris plus poétiques ! » — ALEXANDRE DUMAS.

stellés d'or et d'argent, qui ont trop souvent étouffé, depuis un quart de siècle, la chaste nudité de la poésie.

Depuis son dernier voyage en Allemagne, Gérard, plus tourmenté que jamais par je ne sais quelles aspirations vers l'infini, oubliait souvent qu'il était sur la terre. Il sentait qu'il perdait pied et marchait dans le vide; il se tournait vers le passé pour ressaisir sa vie et se croire vivant encore. Ses dernières pages témoignent de cette préoccupation du passé; il avait fermé tous les livres, excepté le livre de son âme; il ne lisait plus de poésies que celles de ses amours. Il pressentait que la mort allait le prendre; et, comme un voyageur qui voit tomber la nuit, il se retournait et jetait encore un regard sur les espaces parcourus. A tous les monuments en ruines de son cœur, il cueillait pieusement la pariétaire.

Le 30 janvier 1855, tous les gens de lettres, tous les lettrés ont dit adieu au charmant voyageur. Quelques femmes étaient venues à ce funèbre pèlerinage. M. Francis Wey, un de ses meilleurs amis, a exprimé en quelques mots éloquents la pensée de tous.

Ma mémoire me disait au cimetière ces odelettes du poëte, deux petits chefs-d'œuvre, pendant que les fossoyeurs jetaient sans respect la terre indifférente sur celui qui fut Gérard de Nerval :

SOUVENIRS D'UNE AUTRE VIE

Il est un air pour qui je donnerais
Tout Rossini, tout Mozart et tout Weber,

Un air très-vieux, languissant et funèbre,
Qui pour moi seul a des charmes secrets.

Or, chaque fois que je viens à l'entendre,
De deux cents ans mon âme rajeunit :
C'est sous Louis Treize... Et je crois voir s'étendre
Un coteau vert que le couchant jaunit.

Puis un château de brique à coins de pierre,
Aux vitraux teints de rougeâtres couleurs,
Ceint de grands parcs, avec une rivière
Baignant ses pieds, qui coule entre des fleurs.

Puis une dame, à sa haute fenêtre,
Blonde aux yeux noirs, en ses habits anciens,
Que, dans une autre existence peut-être,
J'ai déjà vue! — et dont je me souviens!

LA GRAND'MÈRE

Voici trois ans qu'est morte ma grand'mère,
— La bonne femme, — et quand on l'enterra,
Parents, amis, tout le monde pleura
D'une douleur bien vraie et bien amère.

Moi seul j'errais dans la maison, surpris
Plus que chagrin ; et, comme j'étais proche
De son cercueil, — quelqu'un me fit reproche
De voir cela sans larmes et sans cris.

Douleur bruyante est bien vite passée :
Depuis trois ans, d'autres émotions,
Des biens, des maux, — des révolutions, —
Ont dans les cœurs sa mémoire effacée.

Moi seul j'y songe, et la pleure souvent ;
Depuis trois ans, par le temps prenant force,
Ainsi qu'un nom gravé dans une écorce,
Son souvenir se creuse plus avant !

———

Son souvenir se creuse plus avant ! Ah ! mon cher compagnon de voyage, quand j'irai vous demander là-haut pourquoi vous n'avez pas dit adieu à ceux qui ne partaient pas encore, je n'aurai pas oublié ces vers-là.

Depuis longtemps déjà Gérard de Nerval marchait dans le chemin de la mort. Seulement il se reposait çà et là sur les marges vertes tout étoilées de primevères, de marguerites et de vergiss-mein-nicht. Comme Ophélia, sa sœur en poésie, il faisait un bouquet, en respirait le parfum, et jetait les fleurs autour de lui. Ces fleurs-là s'appellent les *Femmes d'Orient* et les *Filles du feu*, des fleurs immortelles dans l'herbier littéraire. Il continuait son chemin, préoccupé de l'horizon. « Il y a toujours devant moi un point lumineux qui m'attire. » Il ressemblait à ces chevaliers errants des contes de fées, qui, engagés dans la forêt nocturne, sont frappés par la lumière du château voisin. Ils vont à travers les broussailles, ils arrivent les pieds sanglants; la porte est fermée, mais ils enfoncent la porte, et les voilà dans ce château, qui est leur point de départ pour tenter de nouvelles aventures. Ce château des légendes, c'est le château de la mort. Gérard y aspirait, parce qu'il savait bien que, si l'une des portes s'ouvre sur la forêt ténébreuse, une autre s'ouvre en pleine lumière vers les espaces infinis.

Il y avait longtemps que Gérard de Nerval étudiait l'histoire de l'âme, son origine et ses destinées. Comme tous les philosophes, comme tous les rêveurs, comme tous les poëtes, au lieu de trouver l'histoire de l'âme, il n'en trouvait que le roman. En vain il ouvrait ou fermait les livres du passé, cherchant tour à tour avec la raison des sages ou avec son sentiment; en vain il allait tremper ses lèvres dans la fontaine du sphinx, il allait s'agenouiller devant Isis au masque changeant, ou sur les ruines de la Jérusalem prophétique : il s'en revenait doutant plus que jamais de la science humaine et suppliant Dieu de lui ouvrir enfin le livre de la science divine. Il avait eu son *songe* comme Scipion, sa *divine comédie* comme le Dante, sa *vision* comme le Tasse, sa science occulte comme Faust. Quand on prend ainsi son vol pour les régions de l'inconnu, on laisse la vérité à sa porte, comme dans la fable de La Fontaine ceux qui vont bien loin chercher la fortune.

De tous ces voyages impossibles, on croit revenir appuyé au bras de la Sagesse, mais Dieu qui nous raille nous enchaîne à la folie.

Gérard de Nerval est mort de folie comme le Tasse, ou d'amour comme Léopold Robert, — mort sans préméditation, — comme un voyageur qui s'aventure trop haut ou trop loin et qui trouve un abîme sous ses pieds.

Il a fait un beau drame qui s'appelle *Léo Burkhart*. Il y a au dénoûment de ce drame deux mots qui me sont revenus en l'esprit devant le dénoûment de la vie de Gérard. Frantz se tue d'un coup de pistolet. « Il tombe, dit Marguerite. — Il se relève, » dit Léo Burkhart. Gérard de Nerval n'est tombé que pour se relever.

ARSÈNE HOUSSAYE.

L'Artiste.

A GÉRARD DE NERVAL [1]

Voici le printemps, poëte,
Penseur, voici le printemps;
Chaque jour est une fête;
Le waggon dit : Je t'attends!

Le doux printemps te délivre
De la prison des hivers;
Enfin nous allons revivre,
Les eaux, les arbres sont verts!

[1] Ces strophes, trouvées dans les papiers de Gérard de Nerval, sont datées de 1852.

Tu vas, selon ton usage,
Revoir autour de Paris
Le hameau, le paysage,
Le vallon que tu chéris.

Quelle artiste, la nature !
Que son paysage est vrai !
Rien ne vaut, dans la peinture,
Meudon ou Ville-d'Avray.

Le matin, quand la rosée
Le couvre de diamants,
Comme il est beau, ce musée
Rempli de tableaux charmants !

Plus beau je le trouve encore,
Encadré d'azur serein,
Lorsque le soleil le dore
Bien mieux que Claude Lorrain !

Encore plus beau peut-être,
Lorsqu'un nuage vermeil,
Mieux que Corot, ce grand maître,
Peint un coucher de soleil !

Voyager est ton envie,
Rien n'arrête ton élan ;

Tu recommences ta vie,
Tous les vingt mars, comme l'an.

Si dans ta bourse l'or sonne,
A toi-même souriant,
Tu ne dis rien à personne,
Et tu pars pour l'Orient.

Mais, si tu n'as dans ta poche
Que la bourse de Bias,
Alors, tu vas au plus proche,
Voir les arbres de Diaz.

Les zones les plus lointaines,
Tu les trouves près d'ici :
Le détroit de Morfontaines,
Le cap de Montmorency ;

Le frais archipel d'Asnières,
Où, sur la grève et les flots,
On voit hisser les bannières
D'hydrophobes matelots ;

Là, les vainqueurs des régates
Gagnent les prix décennaux,
Avec d'agiles frégates,
Grandes comme des canots.

Qu'importe, pourvu qu'on marche,
Au mois du gui de l'an neuf,
Qu'un fleuve coule sous l'arche
D'un pont vieux ou d'un pont neuf!

Oui, ta sagesse est profonde,
Paix sur les sillons fleuris;
Tout ce qu'on voit dans le monde
Est aux portes de Paris.

MÉRY.

AURÉLIA

ou

LE RÊVE ET LA VIE

« Depuis son dernier voyage en Allemagne, Gérard, plus tourmenté que jamais par je ne sais quelles aspirations vers l'infini, oubliait souvent qu'il était sur la terre. Il sentait qu'il perdait pied et marchait dans le vide; il se tournait vers le passé pour ressaisir sa vie et se croire vivant encore. Ses dernières pages témoignent de cette préoccupation du passé; il avait fermé tous les livres, excepté le livre de son âme; il ne lisait plus de poésies que celles de ses amours. Il pressentait que la mort allait le prendre; et, comme un voyageur qui voit tomber la nuit, il se retournait et jetait encore un regard sur les espaces parcourus. A tous les monuments en ruines de son cœur, il cueillait pieusement la pariétaire. »

PREMIÈRE PARTIE

I

Le Rêve est une seconde vie. Je n'ai pu percer sans frémir ces portes d'ivoire ou de corne qui nous séparent du monde invisible. Les premiers instants du sommeil sont l'image de la mort; un engourdissement nébuleux saisit notre pensée, et nous ne pouvons déterminer l'instant précis où le *moi*, sous une autre forme, continue l'œuvre de l'existence. C'est un souterrain vague qui s'éclaire peu à peu, et où se dégagent de l'ombre et de la nuit les pâles figures gravement immobiles qui habitent le séjour des limbes. Puis le tableau se forme, une clarté nouvelle illumine et fait jouer ces apparitions bizarres; — le monde des Esprits s'ouvre pour nous.

Swedenborg appelait ces visions *Memorabilia* ; il les devait à la rêverie plus souvent qu'au sommeil ; l'*Ane d'or* d'Apulée, la *Divine Comédie* du Dante, sont les modèles poétiques de ces études de l'âme humaine. Je vais essayer, à leur exemple, de transcrire les impressions d'une longue maladie qui s'est passée tout entière dans les mystères de mon esprit ; — et je ne sais pourquoi je me sers de ce terme maladie, car jamais, quant à ce qui est de moi-même, je ne me suis senti mieux portant. Parfois, je croyais ma force et mon activité doublées ; il me semblait tout savoir, tout comprendre ; l'imagination m'apportait des délices infinies. En recouvrant ce que les hommes appellent la raison ! faudra-t-il regretter de les avoir perdues ?...

Cette *Vita nuova* a eu pour moi deux phases. Voici les notes qui se rapportent à la première. — Une dame que j'avais aimée longtemps et que j'appellerai du nom d'Aurélia, était perdue pour moi. Peu importent les circonstances de cet événement, qui devait avoir une si grande influence sur ma vie. Chacun peut chercher dans ses souvenirs l'émotion la plus navrante, le coup le plus terrible frappé sur l'âme par le destin ; il faut alors se résoudre à mourir ou à vivre : — je dirai plus tard pourquoi je n'ai pas choisi la mort. Condamné par celle que j'aimais, coupable d'une faute dont je n'espérais plus le pardon, il ne me restait qu'à me jeter dans les enivrements vulgaires ; j'affectai la joie et l'insouciance, je courus le monde, follement épris de la variété et du caprice ; j'aimais surtout les costumes et les mœurs bizarres des populations lointaines, il me semblait que je déplaçais ainsi les conditions du bien et du mal ; les termes, pour ainsi dire, de ce qui est *sentiment* pour nous autres Français. — Quelle folie, me disais-je, d'aimer ainsi d'un amour platonique une femme qui ne vous aime plus! Ceci est la faute de mes lectures; j'ai pris au sérieux les inventions des poëtes, et je me suis fait une Laure ou une Béatrix d'une personne ordinaire de notre siècle.... Passons à d'autres intrigues, et celle-là sera vite oubliée. — L'étourdissement d'un joyeux carnaval dans une ville d'Italie chassa toutes mes idées mélancoliques. J'étais si heureux du soulagement que j'éprouvais, que je faisais part de ma joie à tous mes amis, et, dans mes lettres, je leur donnais pour l'état constant de mon esprit ce qui n'était que surexcitation fiévreuse.

Un jour, arriva dans la ville une femme d'une grande renommée qui me prit en amitié et qui, habituée à plaire et à éblouir, m'entraîna sans peine dans le cercle de ses admirateurs. Après une soirée où elle avait été à la fois naturelle et pleine d'un charme dont tous éprouvaient l'atteinte, je me sentis épris d'elle à ce point que je ne voulus pas tarder un instant à lui écrire. J'étais si heureux de sentir mon cœur capable d'un amour nouveau!... J'empruntais, dans cet enthousiasme factice, les formules mêmes qui, si peu de temps auparavant, m'avaient servi pour peindre un amour véritable et longtemps éprouvé. La lettre partie, j'aurais voulu la retenir, et j'allai rêver dans la solitude à ce qui me semblait une profanation de mes souvenirs.

Le soir rendit à mon nouvel amour tout le prestige de la veille. La dame se montra sensible à ce que je lui avais écrit, tout en manifestant quelque étonnement de ma ferveur soudaine. J'avais franchi, en un jour, plusieurs degrés des sentiments que l'on peut concevoir pour une femme avec apparence de sincérité. Elle m'avoua qu'elle l'étonnait tout en la rendant fière. J'essayai de la convaincre; mais quoi que je voulusse lui dire, je ne pus ensuite retrouver dans nos entretiens le diapason de mon style, de sorte que je fus réduit à lui avouer, avec larmes, que je m'étais trompé moi-même en l'abusant. Mes confidences attendries eurent pourtant quelque charme, et une amitié plus forte dans sa douceur succéda à de vaines protestations de tendresse.

II

Plus tard, je la rencontrai dans une autre ville où se trouvait la dame que j'aimais toujours sans espoir. Un hasard les fit connaître l'une à l'autre, et la première eut occasion, sans doute, d'attendrir à mon égard celle qui m'avait exilé de son cœur. De sorte qu'un jour, me trouvant dans une société dont elle faisait partie, je la vis venir à moi et me tendre la main. Comment interpréter cette démarche et le regard profond et triste dont elle accompagna son salut? J'y crus voir le pardon du passé; l'accent divin de la pitié donnait aux simples paroles qu'elle m'adressa une valeur inexprimable, comme si quelque chose de la religion se mêlait aux douceurs d'un amour jusque-là profane, et lui imprimait le caractère de l'éternité.

Un devoir impérieux me forçait de retourner à Paris, mais je pris aussitôt la résolution de n'y rester que peu de jours et de revenir près de mes deux amies. La joie et l'impatience me donnèrent alors une sorte d'étourdissement qui se compliquait du soin des affaires que j'avais à terminer. Un soir, vers minuit, je remontais un faubourg où se trouvait ma demeure, lorsque, levant les yeux par hasard, je remarquai le numéro d'une maison éclairé par un réverbère. Ce nombre était celui de mon âge. Aussitôt, en baissant les yeux, je vis devant moi une femme au teint blême, aux yeux caves, qui me semblait avoir les traits d'Aurélia. Je me dis : « C'est *sa mort* ou la mienne qui m'est annoncée ! » Mais je ne sais pourquoi j'en restai à la dernière supposition, et je me frappai de cette idée, que ce devait être le lendemain à la même heure.

Cette nuit-là, je fis un rêve qui me confirma dans ma pensée. — J'errais dans un vaste édifice composé de plusieurs salles, dont les unes étaient consacrées à l'étude, d'autres à la conversation ou aux discussions philosophiques. Je m'arrêtai avec intérêt dans une des premières, où je crus reconnaître mes anciens maîtres et mes anciens condisciples. Les leçons continuaient sur les auteurs grecs et latins, avec ce bourdonnement monotone qui semble une prière à la déesse Mnémosine. — Je passai dans une autre salle, où avaient lieu des conférences philosophiques. J'y pris part quelque temps, puis j'en sortis pour chercher ma chambre dans une sorte d'hôtellerie aux escaliers immenses, pleine de voyageurs affairés.

Je me perdis plusieurs fois dans les longs corridors, et, en traversant une des galeries centrales, je fus frappé d'un spectacle étrange. Un être d'une grandeur démesurée, — homme ou femme, je ne sais, — voltigeait péniblement au-dessus de l'espace et semblait se débattre parmi des nuages épais. Manquant d'haleine et de force, il tomba enfin au milieu de la cour obscure, accrochant et froissant ses ailes le long des toits et des balustres. Je pus le contempler un instant. Il était coloré de teintes vermeilles, et ses ailes brillaient de mille reflets changeants. Vêtu d'une robe longue à plis antiques, il ressemblait à l'ange de la Mélancolie, d'Albrecht Durer. — Je ne pus m'empêcher de pousser des cris d'effroi, qui me réveillèrent en sursaut.

Le jour suivant, je me hâtai d'aller voir tous mes amis. Je leur faisais mentalement mes adieux, et, sans leur rien dire de ce qui m'occupait l'esprit, je dissertais chaleureusement sur des sujets mystiques ; je les étonnais par une éloquence particulière, il me semblait que je savais tout, et que les mystères du monde se révélaient à moi dans ces heures suprêmes.

Le soir, lorsque l'heure fatale semblait s'approcher, je dissertais avec deux amis, à la table d'un cercle, sur la peinture et sur la musique, définissant à mon point de vue la génération des couleurs et le sens des nombres. L'un d'eux, nommé Paul ***, voulut me reconduire chez moi, mais je lui dis que je ne rentrais pas. « Où vas-tu ? me dit-il. — *Vers l'Orient.* » Et pendant qu'il m'accompagnait, je me mis à chercher dans le ciel une Étoile, que je croyais connaître, comme si elle avait quelque influence sur ma destinée. L'ayant trouvée, je continuai ma marche en suivant les rues dans la direction desquelles elle était visible, marchant pour ainsi dire au-devant de mon destin, et voulant apercevoir l'étoile jusqu'au moment où la mort devait me frapper. Arrivé cependant au confluent de trois rues, je ne voulus pas aller plus loin. Il me semblait que mon ami déployait une force surhumaine pour me faire changer de place ; il grandissait à mes yeux et prenait les traits d'un apôtre. Je croyais voir le lieu où nous étions s'élever et perdre les formes que lui donnait sa configuration urbaine; — sur une colline, entourée de vastes solitudes, cette scène devenait le combat de deux Esprits et comme une tentation biblique. « Non! disais-je, je n'appartiens pas à ton ciel. Dans cette étoile sont ceux qui m'attendent. Ils sont antérieurs à la révélation que tu as annoncée. Laisse-moi les rejoindre, car celle que j'aime leur appartient, et c'est là que nous devons nous retrouver! »

III

Ici a commencé pour moi ce que j'appellerai l'épanchement du songe dans la vie réelle. A dater de ce moment, tout prenait parfois un aspect double, — et cela, sans que le raisonnement manquât jamais de logique, sans que la mémoire perdît les plus légers détails de ce qui m'arrivait. Seulement mes actions, insensées en apparence, étaient soumises à ce que l'on appelle illusion, selon la raison humaine...

Cette idée m'est revenue bien des fois, que, dans certains moments graves de la vie, tel Esprit du monde extérieur s'incarnait tout à coup en la forme d'une personne ordinaire, et agissait ou tentait d'agir sur nous, sans que cette personne en eût la connaissance ou en gardât le souvenir.

Mon ami m'avait quitté, voyant ses efforts inutiles, et me croyant sans doute en proie à quelque idée fixe que la marche calmerait. Me trouvant seul, je me levai avec effort et me remis en route dans la direction de l'étoile sur laquelle je ne cessais de fixer les yeux. Je chantais en marchant un hymne mystérieux dont je croyais me souvenir comme l'ayant entendu dans quelque autre existence, et qui me remplissait d'une joie ineffable. En même temps je quittais mes habits terrestres et je les dispersais autour de moi. La route semblait s'élever toujours et l'étoile s'agrandir. Puis je restai les bras étendus, attendant le moment où l'âme allait se séparer du corps, attirée magnétiquement dans le rayon de l'étoile. Alors je sentis un frisson ; le regret de la terre et de ceux que j'y aimais me saisit au cœur, et je suppliai si ardemment en moi-même l'Esprit qui m'attirait à lui, qu'il me sembla que je redescendais parmi les hommes. Une ronde de nuit m'entourait ; — j'avais alors l'idée que j'étais devenu très-grand, — et que, tout inondé de forces électriques, j'allais renverser tout ce qui m'approchait. Il y avait quelque chose de comique dans le soin que je prenais de ménager les forces et la vie des soldats qui m'avaient recueilli.

Si je ne pensais que la mission d'un écrivain est d'analyser sincèrement ce qu'il éprouve dans les graves circonstances de la vie, et si je ne me proposais un but que je crois utile, je m'arrêterais ici, et je n'essayerais pas de décrire ce que j'éprouvai ensuite dans une série de visions insensées peut-être, ou vulgairement maladives... Étendu sur un lit de camp, je crus voir le ciel se dévoiler et s'ouvrir en mille aspects de magnificences inouïes. Le destin de l'âme délivrée semblait se révéler à moi comme pour me donner le regret d'avoir voulu reprendre pied de toutes les forces de mon esprit sur la terre que j'allais quitter... D'immenses cercles se traçaient dans l'infini, comme les orbes que forme l'eau troublée par la chute d'un corps ; chaque région, peuplée de figures radieuses, se colorait, se mouvait et se fondait tour à tour, et une divinité, toujours la même, rejetait en souriant les masques furtifs de ses diverses incarnations, et se réfugiait enfin, insaisissable, dans les mystiques splendeurs du ciel d'Asie.

Cette vision céleste, par un de ces phénomènes que tout le monde a pu éprouver dans certains rêves, ne me laissait pas étranger à ce qui se passait autour de moi. Couché sur un lit de camp, j'entendais que les soldats s'entretenaient d'un inconnu arrêté comme moi et dont la voix avait retenti dans la même salle. Par un singulier effet de vibration, il me semblait que cette voix résonnait dans ma poitrine et que mon âme se dédoublait pour ainsi dire, — distinctement partagée entre la vision et la réalité. Un instant j'eus l'idée de me retourner avec effort vers celui dont il était question, puis je frémis en me rappelant une tradition bien connue en Allemagne, qui dit que chaque homme a un *double*, et que, lorsqu'il le voit, la mort est proche. — Je fermai les yeux et j'entrai dans un état d'esprit confus où les figures fantasques ou réelles qui m'entouraient se brisaient en mille apparences fugitives. Un instant je vis près de moi deux de mes amis qui me réclamaient, les soldats me désignèrent; puis la porte s'ouvrit, et quelqu'un de ma taille, dont je ne voyais pas la figure, sortit avec mes amis que je rappelais en vain. « Mais on se trompe! m'écriais-je, c'est moi qu'ils sont venus chercher et c'est un autre qui sort ! » — Je fis tant de bruit que l'on me mit au cachot.

J'y restai plusieurs heures dans une sorte d'abrutissement; enfin, les deux amis que j'avais *cru voir* déjà vinrent me chercher avec une voiture. Je leur racontai tout ce qui s'était passé, mais ils nièrent être venus dans la nuit. Je dînai avec eux assez tranquillement, mais à mesure que la nuit approchait il me sembla que j'avais à redouter l'heure même qui la veille avait risqué de m'être fatale. Je demandai à l'un d'eux une bague orientale qu'il avait au doigt et que je regardais comme un ancien talisman, et, prenant un foulard, je la nouai autour de mon cou, en ayant soin de tourner le chaton, composé d'une turquoise, sur un point de la nuque où je sentais une douleur. Selon moi, ce point était celui par où l'âme risquerait de sortir au moment où un certain rayon, parti de l'étoile que j'avais vue la veille, coïnciderait relativement à moi avec le zénith. Soit par hasard, soit par l'effet de ma forte préoccupation, je tombai comme foudroyé, à la même heure que la veille. On me mit sur un lit, et pendant longtemps je perdis le sens et la liaison des images qui s'offrirent à moi. Cet état dura plusieurs jours. Je fus transporté dans une maison de santé. Beaucoup de parents et d'amis me visitèrent sans que j'en eusse la connaissance. La seule différence pour moi de la veille au sommeil était que, dans la première, tout se transfigurait à mes yeux ; chaque personne qui m'approchait semblait changée, les objets matériels avaient comme une pénombre qui en modifiait la forme, et les jeux de la lumière, les combinaisons des couleurs se décomposaient, de manière à m'entretenir dans une série constante d'impressions qui se liaient entr elles, et dont le rêve, plus dégagé des éléments extérieurs, continuait la probabilité.

IV

Un soir, je crus avec certitude être transporté sur les bords du Rhin. En face de moi se trouvaient des rocs sinistres dont la perspective s'ébauchait dans l'ombre. J'entrai dans une maison riante, dont un rayon du soleil couchant traversait gaiement les contrevents verts que festonnait la vigne. Il me semblait que je rentrais dans une demeure connue, celle d'un oncle maternel, peintre flamand, mort depuis plus d'un siècle. Les tableaux ébauchés étaient suspendus çà et là; l'un d'eux représentait la fée célèbre de ce rivage. Une vieille servante, que j'appelai Marguerite et qu'il me semblait connaître depuis l'enfance, me dit : « N'allez-vous pas vous mettre sur le lit? car vous venez de loin, et votre oncle rentrera tard; on vous réveillera pour souper. » Je m'étendis sur un lit à colonnes drapé de perse à grandes fleurs rouges. Il y avait en face de moi une horloge rustique accrochée au mur, et sur cette horloge un oiseau qui se mit à parler comme une personne. Et j'avais l'idée que l'âme de mon aïeul était dans cet oiseau; mais je ne m'étonnais pas plus de son langage et de sa forme que de me voir comme transporté d'un siècle en arrière. L'oiseau me parlait de personnes de ma famille vivantes ou mortes en divers temps, comme si elles existaient simultanément, et me dit : « Vous voyez que votre oncle avait eu soin de faire *son* portrait d'avance... maintenant *elle* est avec nous. » Je portai les yeux sur une toile qui représentait une femme en costume ancien à l'allemande, penchée sur le bord du fleuve, et les yeux attirés vers une touffe de myosotis. — Cependant la nuit s'épaississait peu à peu, et les aspects, les sons et le sentiment des lieux se confondaient dans mon esprit somnolent; je crus tomber dans un abîme qui traversait le globe. Je me sentais emporté sans souffrance par un courant de métal fondu, et mille fleuves pareils, dont les teintes indiquaient les différences chimiques, sillonnaient le sein de la terre comme les vaisseaux et les veines qui serpentent parmi les lobes du cerveau. Tous coulaient, circulaient et vibraient ainsi, et j'eus le sentiment que ces courants étaient composés d'âmes vivantes, à l'état moléculaire, que la rapidité de ce voyage m'empêchait seule de distinguer. Une clarté blanchâtre s'infiltrait peu à peu dans ces conduits, et je vis enfin s'élargir, ainsi qu'une vaste coupole, un horizon nouveau où se traçaient des îles entourées de flots lumineux. Je me trouvai sur une côte éclairée de ce jour sans soleil, et je vis un vieillard qui cultivait la terre. Je le reconnus pour le même qui m'avait parlé par la voix de l'oiseau, et, soit qu'il me parlât, soit que je le comprisse en moi-même, il devenait clair pour moi que les aïeux prenaient la forme de certains animaux pour nous visiter sur la terre, et qu'ils assistaient ainsi, muets observateurs, aux phases de notre existence.

Le vieillard quitta son travail et m'accompagna jusqu'à une maison qui s'élevait près de là. Le paysage qui nous entourait me rappelait celui d'un pays de la Flandre française où mes parents avaient vécu et où se trouvent leurs tombes : le champ entouré de bosquets à la lisière du bois, le lac voisin, la rivière et le lavoir, le village et sa rue qui monte, les collines de grès sombres et leurs touffes de genêts et de bruyères, — image rajeunie des lieux que j'avais aimés. Seulement la maison où j'entrai ne m'était point connue. Je compris qu'elle avait existé dans je ne sais quel temps, et qu'en ce monde que je visitais alors le fantôme des choses accompagnait celui du corps.

J'entrai dans une vaste salle où beaucoup de personnes étaient réunies. Partout je retrouvais des figures connues. Les traits des parents morts que j'avais pleurés se trouvaient reproduits dans d'autres qui, vêtus de costumes plus anciens, me faisaient le même accueil paternel. Ils paraissaient s'être assemblés pour un banquet de famille. Un de ces parents vint à moi et m'embrassa tendrement. Il portait un costume ancien dont les couleurs semblaient pâlies, et sa figure souriante, sous ses cheveux poudrés, avait quelque ressemblance avec la mienne. Il me semblait plus précisément vivant que les autres, et pour ainsi dire en rapport plus volontaire avec mon esprit. — C'était mon oncle. Il me fit placer près de lui, et une sorte de communication s'établit entre nous ; car je ne puis dire que j'entendisse sa voix ; seulement, à mesure que ma pensée se portait sur un point, l'explication m'en devenait claire aussitôt, et les images se précisaient devant mes yeux comme des peintures animées.

« Cela est donc vrai, disais-je avec ravissement, nous sommes immortels et nous conservons ici les images du monde que nous avons habité. Quel bonheur de songer que tout ce que nous avons aimé existera toujours autour de nous !... J'étais bien fatigué de la vie !

— Ne te hâte pas, dit-il, de te réjouir, car tu appartiens encore au monde d'en haut et tu as à supporter de rudes années d'épreuves. Le séjour qui t'enchante a lui-même ses douleurs, ses luttes et ses dangers. La terre où nous avons vécu est toujours le théâtre où se nouent et se dénouent nos destinées; nous sommes les rayons du feu central qui l'anime et qui déjà s'est affaibli...

— Eh quoi! dis-je, la terre pourrait mourir, et nous serions envahis par le néant?

— Le néant, dit-il, n'existe pas dans le sens qu'on l'entend; mais la terre est elle-même un corps matériel dont la somme des esprits est l'âme. La matière ne peut pas plus périr que l'esprit, mais elle peut se modifier selon le bien et selon le mal. Notre passé et notre avenir sont solidaires. Nous vivons dans notre race, et notre race vit en nous. »

Cette idée me devint aussitôt sensible, et, comme si les murs de la salle se fussent ouverts sur des perspectives infinies, il me semblait voir une chaîne non interrompue d'hommes et de femmes en qui j'étais et qui étaient moi-même; les costumes de tous les peuples, les images de tous les pays apparaissaient distinctement à la fois, comme si mes facultés d'attention s'étaient multipliées sans se confondre, par un phénomène d'espace analogue à celui du temps qui concentre un siècle d'action dans une minute de rêve. Mon étonnement s'accrut en voyant que cette immense énumération se composait seulement des personnes qui se trouvaient dans la salle et dont j'avais vu les images se diviser et se combiner en mille aspects fugitifs.

« Nous sommes sept, dis-je à mon oncle.

— C'est en effet, dit-il, le nombre typique de chaque

famille humaine, et, par extension, sept fois sept, et davantage [1]. »

Je ne puis espérer de faire comprendre cette réponse, qui pour moi-même est restée très-obscure. La métaphysique ne me fournit pas de termes pour la perception qui me vint alors du rapport de ce nombre de personnes avec l'harmonie générale. On conçoit bien dans le père et la mère l'analogie des forces électriques de la nature; mais comment établir les centres individuels émanés d'eux, — dont ils émanent, comme une *figure* animique collective, dont la combinaison serait à la fois multiple et bornée? Autant vaudrait demander compte à la fleur du nombre de ses pétales ou des divisions de sa corolle... au sol des figures qu'il trace, au soleil des couleurs qu'il produit.

V

Tout changeait de forme autour de moi. L'esprit avec qui je m'entretenais n'avait plus le même aspect. C'était

---

[1] Sept était le nombre de la famille de Noé, mais l'un des sept se rattachait mystérieusement aux générations antérieures des Éloïm !...

... L'imagination, comme un éclair, me représenta les dieux multiples de l'Inde comme des images de la famille pour ainsi dire primitivement concentrée. Je frémis d'aller plus loin, car dans la Trinité réside encore un mystère redoutable... Nous sommes nés sous la loi biblique...

un jeune homme qui désormais recevait plutôt de moi les idées qu'il ne me les communiquait... Étais-je allé trop loin dans ces hauteurs qui donnent le vertige? Il me sembla comprendre que ces questions étaient obscures ou dangereuses, même pour les esprits du monde que je percevais alors... Peut-être aussi un pouvoir supérieur m'interdisait-il ces recherches. Je me vis errant dans les rues d'une cité très-populeuse et inconnue. Je remarquai qu'elle était bossuée de collines et dominée par un mont tout couvert d'habitations. A travers le peuple de cette capitale, je distinguais certains hommes qui paraissaient appartenir à une nation particulière; leur air vif, résolu, l'accent énergique de leurs traits, me faisaient songer aux races indépendantes et guerrières des pays de montagnes ou de certaines îles peu fréquentées par les étrangers; toutefois, c'est au milieu d'une grande ville et d'une population mélangée et banale qu'ils savaient maintenir ainsi leur individualité farouche. Qu'étaient donc ces hommes? Mon guide me fit gravir des rues escarpées et bruyantes où retentissaient les bruits divers de l'industrie. Nous montâmes encore par de longues séries d'escaliers, au delà desquels la vue se découvrit. Çà et là des terrasses revêtues de treillages, des jardinets ménagés sur quelques espaces aplatis, des toits, des pavillons légèrement construits, peints et sculptés avec une capricieuse patience; des perspectives reliées par de longues traînées de verdures grimpantes séduisaient l'œil et plaisaient à l'esprit comme l'aspect d'une oasis délicieuse, d'une solitude ignorée au-dessus du tumulte et de ces bruits d'en bas, qui là n'étaient plus qu'un murmure. On a souvent parlé de nations proscrites, vivant dans l'ombre des nécropoles et des catacombes: c'était ici le contraire sans doute. Une race heureuse s'était créé cette retraite aimée des oiseaux, des fleurs, de l'air pur et de la clarté. « Ce sont, me dit mon guide, les anciens habitants de cette montagne qui domine la ville où nous sommes en ce moment. Longtemps ils y ont vécu simples de mœurs, aimants et justes, conservant les vertus naturelles des premiers jours du monde. Le peuple environnant les honorait et se modelait sur eux. »

Du point où j'étais alors, je descendis, suivant mon guide, dans une de ces hautes habitations dont les toits réunis présentaient cet aspect étrange. Il me semblait que mes pieds s'enfonçaient dans les couches successives des édifices de différents âges. Ces fantômes de constructions en découvraient toujours d'autres où se distinguait le goût particulier de chaque siècle, et cela me représentait l'aspect des fouilles que l'on fait dans les cités antiques, si ce n'est que c'était aéré, vivant, traversé des mille jeux de la lumière. Je me trouvai enfin dans une vaste chambre où je vis un vieillard travaillant devant une table à je ne sais quel ouvrage d'industrie. Au moment où je franchissais la porte, un homme vêtu de blanc, dont je distinguais mal la figure, me menaça d'une arme qu'il tenait à la main; mais celui qui m'accompagnait lui fit signe de s'éloigner. Il semblait qu'on eût voulu m'empêcher de pénétrer le mystère de ces retraites. Sans rien demander à mon guide, je compris par intuition que ces hauteurs et en même temps ces profondeurs étaient la retraite des habitants primitifs de la montagne. Bravant toujours le flot envahissant des accumulations de races nouvelles, ils vivaient là, simples de mœurs, aimants et justes, adroits, fermes et ingénieux, — et pacifiquement vainqueurs des masses aveugles qui avaient tant de fois envahi leur héritage. Eh quoi ! ni corrompus, ni détruits, ni esclaves; purs, quoique ayant vaincu l'ignorance; conservant dans l'aisance les vertus de la pauvreté. — Un enfant s'amusait à terre avec des cristaux, des coquillages et des pierres gravées, faisant sans doute un jeu d'une étude. Une femme âgée, mais belle encore, s'occupait des soins du ménage. En ce moment plusieurs jeunes gens entrèrent avec bruit, comme revenant de leurs travaux. Je m'étonnais de les voir tous vêtus de blanc; mais il paraît que c'était une illusion de ma vue; pour la rendre sensible, mon guide se mit à dessiner leur costume qu'il teignit de couleurs vives, me faisant comprendre qu'ils étaient ainsi en réalité. La blancheur qui m'étonnait provenait peut-être d'un éclat particulier, d'un jeu de lumière où se confondaient les teintes ordinaires du prisme. Je sortis de la chambre et je me vis sur une terrasse disposée en parterre. Là se promenaient et jouaient des jeunes filles et des enfants. Leurs vêtements me paraissaient blancs comme les autres, mais ils étaient agrémentés par des broderies de couleur rose. Ces personnes étaient si belles, leurs traits si gracieux, et l'éclat de leur âme transparaissait si vivement à travers leurs formes délicates, qu'elles inspiraient toutes une sorte d'amour sans préférence et sans désir, résumant tous les enivrements des passions vagues de la jeunesse.

Je ne puis rendre le sentiment que j'éprouvai au milieu de ces êtres charmants qui m'étaient chers sans que je les connusse. C'était comme une famille primitive et céleste, dont les yeux souriants cherchaient les miens avec une douce compassion. Je me mis à pleurer à chaudes larmes, comme au souvenir d'un paradis perdu. Là, je sentis amèrement que j'étais un passant dans ce monde à la fois étranger et chéri, et je frémis à la pensée que je devais retourner dans la vie. En vain, femmes et enfants se pressaient autour de moi comme pour me retenir. Déjà leurs formes ravissantes se fondaient en vapeurs confuses ; ces beaux visages pâlissaient, et ces traits accentués, ces yeux étincelants se perdaient dans une ombre où luisait encore le dernier éclair du sourire...

Telle fut cette vision, ou tels furent du moins les détails principaux dont j'ai gardé le souvenir. L'état cataleptique où je m'étais trouvé pendant plusieurs jours me fut expliqué scientifiquement, et les récits de ceux qui m'avaient vu ainsi me causaient une sorte d'irritation quand je voyais qu'on attribuait à l'aberration d'esprit les mouvements ou les paroles coïncidant avec les diverses phases de ce qui constituait pour moi une série d'événements logiques. J'aimais davantage ceux de mes amis qui, par une patiente complaisance ou par suite d'idées analogues aux miennes, me faisaient faire de longs récits des choses que j'avais vues en esprit. L'un d'eux me dit en pleurant : « N'est-ce pas que c'est vrai qu'il y a un Dieu ? — Oui ! » lui dis-je avec enthousiasme. Et nous nous embrassâmes comme deux frères de cette patrie mystique que j'avais entrevue. — Quel bonheur je trouvai d'abord dans cette conviction ! Ainsi ce doute éternel de l'immortalité de l'âme qui affecte les meilleurs esprits se trouvait résolu pour moi. Plus de mort, plus de tristesse, plus d'inquiétude. Ceux que j'aimais, parents, amis, me donnaient des signes certains de leur existence éternelle, et je n'étais plus séparé d'eux que par les heures du jour. J'attendais celles de la nuit dans une douce mélancolie.

VI

Un rêve que je fis encore me confirma dans cette pensée. Je me trouvai tout à coup dans une salle qui faisait partie de la demeure de mon aïeul. Elle semblait s'être agrandie seulement. Les vieux meubles luisaient d'un poli merveilleux, les tapis et les rideaux étaient comme remis à neuf, un jour trois fois plus brillant que le jour naturel arrivait par la croisée et par la porte, et il y avait dans l'air une fraîcheur et un parfum des premières matinées tièdes du printemps. Trois femmes travaillaient dans cette pièce, et représentaient, sans leur ressembler absolument, des parentes et des amies de ma jeunesse. Il semblait que chacune eût les traits de plusieurs de ces personnes. Les contours de leurs figures variaient comme la flamme d'une lampe, et à tout moment quelque chose de l'une passait dans l'autre; le sourire, la voix, la teinte des yeux, de la chevelure, la taille, les gestes familiers, s'échangeaient comme si elles eussent vécu de la même vie, et chacune était ainsi un composé de toutes, pareille à ces types que les peintres imitent de plusieurs modèles pour réaliser une beauté complète.

La plus âgée me parlait avec une voix vibrante et mélodieuse que je reconnaissais pour l'avoir entendue dans l'enfance, et je ne sais ce qu'elle me disait qui me frappait par sa profonde justesse. Mais elle attira ma pensée sur moi-même, et je me vis vêtu d'un petit habit brun de forme ancienne, entièrement tissu à l'aiguille de fils ténus comme ceux des toiles d'araignées. Il était coquet, gracieux et imprégné de douces odeurs. Je me sentais tout rajeuni et tout pimpant dans ce vêtement qui sortait de leurs doigts de fée, et je les remerciais en rougissant, comme si je n'eusse été qu'un petit enfant devant de grandes belles dames. Alors l'une d'elles se leva et se dirigea vers le jardin.

Chacun sait que dans les rêves on ne voit jamais le soleil, bien qu'on ait souvent la perception d'une clarté beaucoup plus vive. Les objets et les corps sont lumineux par eux-mêmes. Je me vis dans un petit parc où se prolongeaient des treilles en berceaux chargés de lourdes grappes de raisins blancs et noirs; à mesure que la dame qui me guidait s'avançait sous ces berceaux, l'ombre des treillis croisés variait pour mes yeux ses formes et ses vêtements. Elle en sortit enfin, et nous nous trouvâmes dans un espace découvert. On y apercevait à peine la trace d'anciennes allées qui l'avaient jadis coupé en croix. La culture était négligée depuis longues années, et des plants épars de clématites, de houblon, de chèvrefeuille, de jasmin, de lierre, d'aristoloche, étendaient entre des arbres d'une croissance vigoureuse leurs longues traînées de lianes. Des branches pliaient jusqu'à terre chargées de fruits, et parmi des touffes d'herbes parasites s'épanouissaient quelques fleurs de jardin revenues à l'état sauvage.

De loin en loin s'élevaient des massifs de peupliers, d'acacias et de pins, au sein desquels on entrevoyait des statues noircies par le temps. J'aperçus devant moi un entassement de rochers couverts de lierre d'où jaillissait une source d'eau vive, dont le clapotement harmonieux résonnait sur un bassin d'eau dormante à demi voilée des larges feuilles de nénufar.

La dame que je suivais, développant sa taille élancée dans un mouvement qui faisait miroiter les plis de sa robe en taffetas changeant, entoura gracieusement de son bras nu une longue tige de rose trémière, puis elle se mit à grandir sous un clair rayon de lumière, de telle sorte que peu à peu le jardin prenait sa forme, et les parterres et les arbres devenaient les rosaces et les festons de ses vêtements ; tandis que sa figure et ses bras imprimaient leurs contours aux nuages pourprés du ciel. Je la perdais ainsi de vue à mesure qu'elle se transfigurait, car elle semblait s'évanouir dans sa propre grandeur. « Oh! ne fuis pas! m'écriai-je... car la nature meurt avec toi! »

Disant ces mots, je marchais péniblement à travers les ronces, comme pour saisir l'ombre agrandie qui m'échappait ; mais je me heurtai à un pan de mur dégradé, au pied duquel gisait un buste de femme. En le relevant, j'eus la persuasion que c'était *le sien*... Je reconnus des traits chéris, et portant les yeux autour de moi, je vis que le jardin avait pris l'aspect d'un cimetière. Des voix disaient : « L'Univers est dans la nuit! »

VII

Ce rêve si heureux à son début me jeta dans une grande perplexité. Que signifiait-il? Je ne le sus que plus tard. Aurélia était morte.

Je n'eus d'abord que la nouvelle de sa maladie. Par suite de l'état de mon esprit, je ne ressentis qu'un vague chagrin mêlé d'espoir. Je croyais moi-même n'avoir que peu de temps à vivre, et j'étais désormais assuré de l'existence d'un monde où les cœurs aimants se retrouvent. D'ailleurs elle m'appartenait bien plus dans sa mort que dans sa vie... Égoïste pensée que ma raison devait payer plus tard par d'amers regrets.

Je ne voudrais pas abuser des pressentiments; le hasard fait d'étranges choses; mais je fus alors préoccupé d'un souvenir de notre union trop rapide. Je lui avais donné une bague d'un travail ancien dont le chaton était formé d'une opale taillée en cœur. Comme cette bague était trop grande pour son doigt, j'avais eu l'idée fatale de la faire couper pour en diminuer l'anneau, je ne compris ma faute qu'en entendant le bruit de la scie. Il me sembla voir couler du sang...

Les soins de l'art m'avaient rendu à la santé sans avoir encore ramené dans mon esprit le cours régulier de la raison humaine. La maison où je me trouvais, située sur une hauteur, avait un vaste jardin planté d'arbres précieux. L'air pur de la colline où elle était située, les premières haleines du printemps, les douceurs d'une société toute sympathique, m'apportaient de longs jours de calme.

Les premières feuilles des sycomores me ravissaient par la vivacité de leurs couleurs, semblables aux panaches des coqs de Pharaon. La vue qui s'étendait au-dessus de la plaine présentait du matin au soir des horizons charmants, dont les teintes graduées plaisaient à mon imagination. Je peuplais les coteaux et les nuages de figures divines dont il me semblait voir distinctement les formes.
— Je voulus fixer davantage mes pensées favorites, et, à

l'aide de charbons et de morceaux de briques que je ramassais, je couvris bientôt les murs d'une série de fresques où se réalisaient mes impressions. Une figure dominait toujours les autres : c'était celle d'Aurélia, peinte sous les traits d'une divinité, telle qu'elle m'était apparue dans mon rêve. Sous ses pieds tournait une roue, et les dieux lui faisaient cortége. Je parvins à colorier ce groupe en exprimant le suc des herbes et des fleurs. — Que de fois j'ai rêvé devant cette chère idole ! Je fis plus, je tentai de figurer avec de la terre le corps de celle que j'aimais; tous les matins mon travail était à refaire, car les fous, jaloux de mon bonheur, se plaisaient à en détruire l'image.

On me donna du papier, et pendant longtemps je m'appliquai à représenter, par mille figures accompagnées de récits de vers et d'inscriptions en toutes langues connues, une sorte d'histoire du monde mêlée de souvenirs d'étude et de fragments de songes que ma préoccupation rendait plus sensible ou qui en prolongeaient la durée. Je ne m'arrêtais pas aux traditions modernes de la création. Ma pensée remontait au delà : j'entrevoyais, comme en un souvenir, le premier pacte formé par les génies au moyen de talismans. J'avais essayé de réunir les pierres de la *Table Sacrée*, et représenter à l'entour les sept premiers *Éloïm* qui s'étaient partagé le monde.

Ce système d'histoire, emprunté aux traditions orientales, commençait par l'heureux accord des Puissances de la nature, qui formulaient et organisaient l'univers.—Pendant la nuit qui précéda mon travail, je m'étais cru transporté dans une planète obscure où se débattaient les premiers germes de la création. Du sein de l'argile encore molle s'élevaient des palmiers gigantesques, des euphorbes vénéneux et des acanthes tortillées autour des cactus ;—les figures arides des rochers s'élançaient comme des squelettes de cette ébauche de création, et de hideux reptiles serpentaient, s'élargissaient ou s'arrondissaient au milieu de l'inextricable réseau d'une végétation sauvage. La pâle lumière des astres éclairait seule les perspectives bleuâtres de cet étrange horizon; cependant, à mesure que ces créations se formaient, une étoile plus lumineuse y puisait les germes de la clarté.

VIII

Puis les monstres changeaient de forme, et, dépouillant leurs premières peaux, se dressaient plus puissants sous des pattes gigantesques; l'énorme masse de leurs corps brisait les branches et les herbages, et dans le désordre de la nature ils se livraient des combats auxquels je prenais part moi-même, car j'avais un corps aussi étrange que les leurs. Tout à coup une singulière harmonie résonna dans nos solitudes, et il semblait que les cris, les rugissements et les sifflements confus des êtres primitifs se modulassent désormais sur cet air divin. Les variations se succédaient à l'infini, la planète s'éclairait peu à peu, des formes divines se dessinaient sur la verdure et sur les profondeurs des bocages, et, désormais domptés, tous les monstres que j'avais vus dépouillaient leurs formes bizarres et devenaient hommes et femmes ; d'autres revêtaient, dans leurs transformations, la figure des bêtes sauvages, des poissons et des oiseaux.

Qui donc avait fait ce miracle? Une déesse rayonnante guidait dans ces nouveaux *avatars* l'évolution rapide des humains. Il s'établit alors une distinction de races qui, partant de l'ordre des oiseaux, comprenait aussi les bêtes, les poissons et les reptiles : c'étaient les Dives, les Péris, les Ondins et les Salamandres ; chaque fois qu'un de ces êtres mourait, il renaissait aussitôt sous une forme plus belle et chantait la gloire des dieux. — Cependant l'un des Éloïm eut la pensée de créer une cinquième race, composée des éléments de la terre, et qu'on appela les *Afrites*. — Ce fut le signal d'une révolution complète parmi les Esprits qui ne voulurent pas reconnaître les nouveaux possesseurs du monde. Je ne sais combien de mille ans durèrent ces combats qui ensanglantèrent le globe. Trois des Éloïm avec les Esprits de leurs races furent enfin relégués au midi de la terre, où ils fondèrent de vastes royaumes. Ils avaient emporté les secrets de la divine *cabale* qui lie les mondes, et prenaient leur force dans l'adoration de certains astres auxquels ils correspondent toujours. Ces nécromants, bannis aux confins de la terre, s'étaient entendus pour se transmettre la puissance. Entouré de femmes et d'esclaves, chacun de leurs souverains s'était assuré de pouvoir renaître sous la forme d'un de ses enfants. Leur vie était de mille ans. De puissants cabalistes les enfermaient, à l'approche de leur mort, dans des sépulcres bien gardés où ils les nourrissaient d'élixirs et de substances conservatrices. Longtemps encore ils gardaient les apparences de la vie, puis, semblables à la chrysalide qui file son cocon, ils s'endormaient quarante jours pour renaître sous la forme d'un jeune enfant qu'on appelait plus tard à l'empire.

Cependant les forces vivifiantes de la terre s'épuisaient à nourrir ces familles, dont le sang toujours le même inondait des rejetons nouveaux. Dans de vastes souterrains, creusés sous les hypogées et sous les pyramides, ils avaient accumulé tous les trésors des races passées et certains talismans qui les protégeaient contre la colère des dieux.

C'est dans le centre de l'Afrique, au delà des montagnes de la Lune et de l'antique Éthiopie, qu'avaient lieu ces étranges mystères : longtemps j'y avais gémi dans la captivité, ainsi qu'une partie de la race humaine. Les bocages que j'avais vus si verts ne portaient plus que de pâles fleurs et des feuillages flétris; un soleil implacable dévorait ces contrées, et les faibles enfants de ces éternelles dynasties semblaient accablés du poids de la vie. Cette grandeur imposante et monotone, réglée par l'étiquette et les cérémonies hiératiques, pesait à tous sans que personne osât s'y soustraire. Les vieillards languissaient sous le poids de leurs couronnes et de leurs ornements impériaux, entre des médecins et des prêtres, dont le savoir leur garantissait l'immortalité. Quant au peuple, à tout jamais engrené dans les divisions des castes, il ne pouvait compter ni sur la vie, ni sur la liberté. Au pied des arbres frappés de mort et de stérilité, aux bouches des sources taries, on voyait sur l'herbe brûlée se flétrir des enfants et des jeunes femmes énervés et sans couleur. La splendeur des chambres royales, la majesté des portiques, l'éclat des vêtements et des parures, n'étaient qu'une faible consolation aux ennuis éternels de ces solitudes.

Bientôt les peuples furent décimés par des maladies, les bêtes et les plantes moururent, et les immortels eux-mêmes dépérissaient sous leurs habits pompeux. — Un fléau plus grand que les autres vint tout à coup rajeunir et sauver le monde. La constellation d'Orion ouvrit au ciel les cataractes des eaux ; la terre, trop chargée par les glaces du pôle opposé, fit un demi-tour sur elle-même, et les mers, surmontant leurs rivages, refluèrent sur les plateaux de l'Afrique et de l'Asie ; l'inondation pénétra les sables, remplit les tombeaux et les pyramides, et pendant quarante jours une arche mystérieuse se promena sur les mers portant l'espoir d'une création nouvelle.

Trois des Éloïm s'étaient réfugiés sur la cime la plus haute des montagnes d'Afrique. Un combat se livra entre eux. Ici ma mémoire se trouble, et je ne sais quel fut le résultat de cette lutte suprême. Seulement je vois encore debout, sur un pic baigné des eaux, une femme abandonnée par eux, qui crie les cheveux épars, se débattant contre la mort. Ses accents plaintifs dominaient le bruit des eaux... Fut-elle sauvée ? je l'ignore. Les dieux, ses frères, l'avaient condamnée ; mais au-dessus de sa tête brillait l'Étoile du soir, qui versait sur son front des rayons enflammés.

L'hymne interrompu de la terre et des cieux retentit harmonieusement pour consacrer l'accord des races nouvelles. Et pendant que les fils de Noé travaillaient péniblement aux rayons d'un soleil nouveau, les nécromants, blottis dans leurs demeures souterraines, y gardaient toujours leurs trésors et se complaisaient dans le silence et dans la nuit. Parfois ils sortaient timidement de leurs asiles et venaient effrayer les vivants ou répandre parmi les méchants les leçons funestes de leurs sciences.

Tels sont les souvenirs que je retraçais par une sorte de vague intuition du passé ; je frémissais en reproduisant les traits hideux de ces races maudites. Partout mourait, pleurait ou languissait l'image souffrante de la Mère éternelle. A travers les vagues civilisations de l'Asie et de l'Afrique on voyait se renouveler toujours une scène sanglante d'orgie et de carnage que les mêmes esprits reproduisaient sous des formes nouvelles.

La dernière se passait à Grenade, où le talisman sacré s'écroulait sous les coups ennemis des chrétiens et des Maures. Combien d'années encore le monde aura-t-il à souffrir, car il faut que la vengeance de ces éternels ennemis se renouvelle sous d'autres cieux ! Ce sont les tronçons divisés du serpent qui entoure la terre... Séparés par le fer, ils se rejoignent dans un hideux baiser cimenté par le sang des hommes.

IX

Telles furent les images qui se montrèrent tour à tour devant mes yeux. Peu à peu le calme était rentré dans mon esprit, et je quittai cette demeure qui était pour moi un paradis. Des circonstances fatales préparèrent longtemps après une rechute qui renoua la série interrompue de ces étranges rêveries. — Je me promenais dans la campagne, préoccupé d'un travail qui se rattachait aux idées religieuses. En passant devant une maison, j'entendis un oiseau qui parlait selon quelques mots qu'on lui avait appris, mais dont le bavardage confus me parut avoir un sens ; il me rappela celui de la vision que j'ai racontée plus haut, et je sentis un frémissement de mauvais augure. Quelques pas plus loin, je rencontrai un ami que je n'avais pas vu depuis longtemps et qui demeurait dans une maison voisine. Il voulut me faire voir sa propriété, et, dans cette visite, il me fit monter sur une terrasse élevée d'où l'on découvrait un vaste horizon. C'était au coucher du soleil. En descendant les marches d'un escalier rustique, je fis un faux pas, et ma poitrine alla porter sur l'angle d'un meuble. J'eus assez de force pour me relever et m'élançai jusqu'au milieu du jardin, me croyant frappé à mort, mais voulant, avant de mourir, jeter un dernier regard au soleil couchant. Au milieu des regrets qu'entraîne un tel moment, je me sentais heureux de mourir ainsi, à cette heure, et au milieu des arbres, des treilles et des fleurs d'automne. Ce ne fut cependant qu'un évanouissement, après lequel j'eus encore la force de regagner ma demeure pour me mettre au lit. La fièvre s'empara de moi ; en me rappelant de quel point j'étais tombé, je me souvins que la vue que j'avais admirée donnait sur un cimetière, celui même où se trouvait le tombeau d'Aurélia. Je n'y pensai véritablement qu'alors, sans quoi je pourrais attribuer ma chute à l'impression que cet aspect m'aurait fait éprouver. — Cela même me donna l'idée d'une fatalité plus précise. Je regrettai d'autant plus que la mort ne m'eût pas réuni à elle. Puis, en y songeant, je me dis que je n'en étais pas digne. Je me représentai amèrement la vie que j'avais menée depuis sa mort, me reprochant, non de l'avoir oubliée, ce qui n'était point arrivé, mais d'avoir, en de faciles amours, fait outrage à sa mémoire. L'idée me vint d'interroger le sommeil ; mais *son* image, qui m'était apparue souvent, ne revenait plus dans mes songes. Je n'eus d'abord que des rêves confus, mêlés de scènes sanglantes. Il semblait que toute une race fatale se fût déchaînée au milieu du monde idéal que j'avais vu autrefois et dont elle était la reine. Le même Esprit qui m'avait menacé, — lorsque j'entrai dans la demeure de ces familles pures qui habitaient les hauteurs de la *Ville mystérieuse*, — passa devant moi, non plus dans ce costume blanc qu'il portait jadis, ainsi que ceux de sa race, mais vêtu en prince d'Orient. Je m'élançai vers lui, le menaçant, mais il se tourna tranquillement vers moi. O terreur! ô colère! c'était mon visage, c'était toute ma forme idéalisée et grandie... Alors je me souvins de celui qui avait été arrêté la même nuit que moi et que, selon ma pensée, on avait fait sortir sous mon nom du corps de garde, lorsque deux amis étaient venus pour me chercher. Il portait à la main une arme dont je distinguais mal la forme, et l'un de ceux qui l'accompagnaient dit : « C'est avec cela qu'il l'a frappé. »

Je ne sais comment expliquer que dans mes idées les événements terrestres pouvaient coïncider avec ceux du monde surnaturel; cela est plus facile à *sentir* qu'à énoncer clairement[1]. Mais quel était donc cet Esprit qui était moi et en dehors de moi? Était-ce le *Double* des légendes, ou ce frère mystique que les Orientaux appellent *Ferouër*? — N'avais-je pas été frappé de l'histoire de ce chevalier qui combattit toute une nuit dans une forêt contre un inconnu qui était lui-même? Quoi qu'il en soit, je crois que l'imagination humaine n'a rien inventé qui ne soit vrai, dans ce monde ou dans les autres, et je ne pouvais douter de ce que j'avais vu si distinctement.

---

[1] Cela faisait allusion, pour moi, au coup que j'avais reçu dans ma chute.

Une idée terrible me vint : « L'homme est double, » me dis-je. « Je sens deux hommes en moi, » a écrit un Père de l'Église. Le concours de deux âmes a déposé ce germe mixte dans un corps qui lui-même offre à la vue deux portions similaires reproduites dans tous les organes de sa structure. Il y a en tout homme un spectateur et un acteur, celui qui parle et celui qui répond. Les Orientaux ont vu là deux ennemis : le bon et le mauvais génie. « Suis-je le bon ? suis-je le mauvais ? me disais-je. En tout cas, *l'autre* m'est hostile.... Qui sait s'il n'y a pas telle circonstance ou tel âge où ces deux esprits se séparent ? Attachés au même corps tous deux par une affinité matérielle, peut-être l'un est-il promis à la gloire et au bonheur, l'autre à l'anéantissement ou à la souffrance éternelle ? » — Un éclair fatal traversa tout à coup cette obscurité.... Aurélia n'était plus à moi !... Je croyais entendre parler d'une cérémonie qui se passait ailleurs, et des apprêts d'un mariage mystique qui était le mien, et où *l'autre* allait profiter de l'erreur de mes amis et d'Aurélia elle-même. Les personnes les plus chères qui venaient me voir et me consoler me paraissaient en proie à l'incertitude, c'est-à-dire que les deux parties de leurs âmes se séparaient aussi à mon égard, l'une affectionnée et confiante, l'autre comme frappée de mort à mon égard. Dans ce que ces personnes me disaient, il y avait un sens double, bien que toutefois elles ne s'en rendissent pas compte, puisqu'elles n'étaient pas *en esprit* comme moi. Un instant même cette pensée me sembla comique en songeant à Amphitryon et à Sosie. Mais si ce symbole grotesque était autre chose, — si, comme dans d'autres fables de l'antiquité, c'était la vérité fatale sous un masque de folie ? « Eh bien, me dis-je, luttons contre l'esprit fatal, luttons contre le Dieu lui-même avec les armes de la tradition et de la science. Quoi qu'il fasse dans l'ombre et la nuit, j'existe, — et j'ai pour le vaincre tout le temps qu'il m'est donné encore de vivre sur la terre. »

X

Comment peindre l'étrange désespoir où ces idées me réduisirent peu à peu ? Un mauvais génie avait pris ma place dans le monde des âmes, — pour Aurélia, c'était moi-même, et l'esprit désolé qui vivifiait mon corps, affaibli, dédaigné, méconnu d'elle, se voyait à jamais destiné au désespoir ou au néant. J'employai toutes les forces de ma volonté pour pénétrer encore le mystère dont j'avais levé quelques voiles. Le rêve se jouait parfois de mes efforts et n'amenait que des figures grimaçantes et fugitives. Je ne puis donner ici qu'une idée assez bizarre de ce qu'il résulta de cette contention d'esprit. Je me sentais glisser comme sur un fil tendu dont la longueur était infinie. La terre, traversée de veines colorées de métaux en fusion, comme je l'avais vue déjà, s'éclaircissait peu à peu par l'épanouissement du feu central, dont la blancheur se fondait avec les teintes cerise qui coloraient les flancs de l'orbe intérieur. Je m'étonnais de temps en temps de rencontrer de vastes flaques d'eau, suspendues comme le sont les nuages dans l'air, et toutefois offrant une telle densité, qu'on pouvait en détacher des flocons ; mais il est clair qu'il s'agissait là d'un liquide différent de l'eau terrestre, et qui était sans doute l'évaporation de celui qui figurait la mer et les fleuves pour le monde des esprits..

J'arrivai en vue d'une vaste plage montueuse et toute couverte d'une espèce de roseaux de teinte verdâtre, jaunis aux extrémités comme si les feux du soleil les eussent en partie desséchés, — mais je n'ai pas vu de soleil plus que les autres fois. — Un château dominait la côte que je me mis à gravir. Sur l'autre versant, je vis s'étendre une ville immense. Pendant que j'avais traversé la montagne, la nuit était venue, et j'apercevais les lumières des habitations et des rues. En descendant, je me trouvai dans un marché où l'on vendait des fruits et des légumes pareils à ceux du Midi.

Je descendis par un escalier obscur et me trouvai dans les rues. On affichait l'ouverture d'un casino, et les détails de sa distribution se trouvaient énoncés par articles. L'encadrement typographique était fait de guirlandes de fleurs si bien représentées et coloriées, qu'elles semblaient naturelles. — Une partie du bâtiment était encore en construction. J'entrai dans un atelier où je vis des ouvriers qui modelaient en glaise un animal énorme de la forme d'un lama, mais qui paraissait devoir être muni de grandes ailes. Ce monstre était comme traversé d'un jet de feu qui l'animait peu à peu, de sorte qu'il se tordait, pénétré par mille filets pourprés, formant les veines et les artères et fécondant pour ainsi dire l'inerte matière, qui se revêtait d'une végétation instantanée d'appendices fibreux d'ailerons et de touffes laineuses. Je m'arrêtai à contempler ce chef-d'œuvre, où l'on semblait avoir surpris les secrets de la création divine. « C'est que nous avons ici,

me dit-on, le feu primitif qui anima les premiers êtres....
Jadis il s'élançait jusqu'à la surface de la terre, mais les
sources se sont taries. » Je vis aussi des travaux d'orfèvrerie où l'on employait deux métaux inconnus sur la
terre ; l'un rouge, qui semblait correspondre au cinabre,
et l'autre bleu d'azur. Les ornements n'étaient ni martelés
ni ciselés, mais se formaient, se coloraient et s'épanouissaient comme les plantes métalliques qu'on fait naître de
certaines mixtions chimiques. « Ne créerait-on pas aussi
des hommes ? » dis-je à l'un des travailleurs ; mais il me
répliqua : « Les hommes viennent d'en haut et non d'en
bas : pouvons-nous nous créer nous-mêmes ? Ici l'on ne fait
que formuler par les progrès successifs de nos industries
une matière plus subtile que celle qui compose la croûte
terrestre. Ces fleurs qui vous paraissent naturelles, cet animal qui semblera vivre, ne seront que des produits de l'art
élevé au plus haut point de nos connaissances, et chacun
les jugera ainsi. »

Telles sont à peu près les paroles, ou qui me furent dites,
ou dont je crus percevoir la signification. Je me mis à parcourir les salles du casino et j'y vis une grande foule, dans
laquelle je distinguai quelques personnes qui m'étaient
connues, les unes vivantes, d'autres mortes en divers
temps. Les premiers semblaient ne pas me voir, tandis que
les autres me répondaient sans avoir l'air de me connaître.
J'étais arrivé à la plus grande salle, qui était toute tendue
de velours ponceau à bandes d'or tramé, formant de riches
dessins. Au milieu se trouvait un sofa en forme de trône.
Quelques passants s'y asseyaient pour en éprouver l'élasticité ; mais les préparatifs n'étant pas terminés, ils se dirigeaient vers d'autres salles. On parlait d'un mariage et
de l'époux qui, disait-on, devait arriver pour annoncer le

moment de la fête. Aussitôt un transport insensé s'empara de moi. J'imaginai que celui qu'on attendait était mon *double* qui devait épouser Aurélia, et je fis un scandale qui sembla consterner l'assemblée. Je me mis à parler avec violence, expliquant mes griefs et invoquant le secours de ceux qui me connaissaient. Un vieillard me dit : « Mais on ne se conduit pas ainsi, vous effrayez tout le monde. » Alors je m'écriai : « Je sais bien qu'il m'a frappé déjà de ses armes, mais je l'attends sans crainte et je connais le signe qui doit le vaincre. »

En ce moment un des ouvriers de l'atelier que j'avais visité en entrant parut tenant une longue barre, dont l'extrémité se composait d'une boule rougie au feu. Je voulus m'élancer sur lui, mais la boule qu'il tenait en arrêt menaçait toujours ma tête. On semblait autour de moi me railler de mon impuissance.... Alors je me reculai jusqu'au trône, l'âme pleine d'un indicible orgueil, et je levai le bras pour faire un signe qui me semblait avoir une puissance magique. Le cri d'une femme, distinct et vibrant, empreint d'une douleur déchirante, me réveilla en sursaut ! Les syllabes d'un mot inconnu que j'allais prononcer expiraient sur mes lèvres.... Je me précipitai à terre et je me mis à prier avec ferveur en pleurant à chaudes larmes. — Mais quelle était donc cette voix qui venait de résonner si douloureusement dans la nuit?

Elle n'appartenait pas au rêve; c'était la voix d'une personne vivante, et pourtant c'était pour moi la voix et l'accent d'Aurélia....

J'ouvris ma fenêtre; tout était tranquille, et le cri ne se répéta plus. — Je m'informai au dehors, personne n'avait rien entendu. — Et cependant je suis encore certain que le cri était réel et que l'air des vivants en avait retenti.... Sans doute on me dira que le hasard a pu faire qu'à ce moment-là même une femme souffrante ait crié dans les environs de ma demeure. — Mais, selon ma pensée, les événements terrestres étaient liés à ceux du monde invisible. C'est un de ces rapports étranges dont je ne me rends pas compte moi-même et qu'il est plus aisé d'indiquer que de définir....

Qu'avais-je fait? J'avais troublé l'harmonie de l'univers magique où mon âme puisait la certitude d'une existence immortelle. J'étais maudit peut-être pour avoir voulu percer un mystère redoutable en offensant la loi divine; je ne devais plus attendre que la colère et le mépris ! Les ombres irritées fuyaient en jetant des cris et traçant dans l'air des cercles fatals, comme les oiseaux à l'approche d'un orage.

SECONDE PARTIE

> Eurydice ! Eurydice

I

Une seconde fois perdue !

Tout est fini, tout est passé ! C'est moi maintenant qui dois mourir et mourir sans espoir. — Qu'est-ce donc que la mort? Si c'était le néant?... Plût à Dieu ! Mais Dieu lui-même ne peut faire que la mort soit le néant.

Pourquoi donc est-ce la première fois, depuis si longtemps, que je songe à *lui*? Le système fatal qui s'était créé dans mon esprit n'admettait pas cette royauté solitaire... ou plutôt elle s'absorbait dans la somme des êtres : c'était le dieu de Lucrétius, impuissant et perdu dans son immensité.

Elle, pourtant, croyait à Dieu, et j'ai surpris un jour le nom de Jésus sur ses lèvres. Il en coulait si doucement, que j'en ai pleuré. O mon Dieu! cette larme, — cette larme... Elle est séchée depuis si longtemps! Cette larme, mon Dieu! rendez-la-moi!

Lorsque l'âme flotte incertaine entre la vie et le rêve, entre le désordre de l'esprit et le retour de la froide réflexion, c'est dans la pensée religieuse que l'on doit chercher des secours; — je n'en ai jamais pu trouver dans cette philosophie, qui ne nous présente que des maximes d'égoïsme ou tout au plus de réciprocité, une expérience vaine, des doutes amers; — elle lutte contre les douleurs morales en anéantissant la sensibilité; pareille à la chirurgie, elle ne sait que retrancher l'organe qui fait souffrir. — Mais pour nous, nés dans des jours de révolutions et d'orages, où toutes les croyances ont été brisées; — élevés tout au plus dans cette foi vague qui se contente de quelques pratiques extérieuress et dont l'adhésion indifférente est plus coupable peut-être que l'impiété et l'hérésie, — il est bien difficile, dès que nous en sentons le besoin, de reconstruire l'édifice mystique dont les innocents et les simples admettent dans leurs cœurs la figure toute tracée. « L'arbre de science n'est pas l'arbre de vie! » Cependant, pouvons-nous rejeter de notre esprit ce que tant de générations intelligentes y ont versé de bon ou de funeste? L'ignorance ne s'apprend pas.

J'ai meilleur espoir de la bonté de Dieu : peut-être touchons-nous à l'époque prédite où la science, ayant accompli son cercle entier de synthèse et d'analyse, de croyance et de négation, pourra s'épurer elle-même et faire jaillir du désordre et des ruines la cité merveilleuse de l'avenir... Il ne faut pas faire si bon marché de la raison humaine, que de croire qu'elle gagne quelque chose à s'humilier tout entière, car ce serait accuser sa céleste origine... Dieu appréciera la pureté des intentions sans doute ; et quel est le père qui se complairait à voir son fils abdiquer devant lui tout raisonnement et toute fierté ? L'apôtre qui voulait toucher pour croire n'a pas été maudit pour cela !

Qu'ai-je écrit là ? Ce sont des blasphèmes. L'humilité chrétienne ne peut parler ainsi. De telles pensées sont loin d'attendrir l'âme. Elles ont sur le front les éclairs d'orgueil de la couronne de Satan... Un pacte avec Dieu lui-même ?... ô science ! ô vanité !

J'avais réuni quelques livres de cabale. Je me plongeai dans cette étude, et j'arrivai à me persuader que tout était vrai dans ce qu'avait accumulé là-dessus l'esprit humain pendant des siècles. La conviction que je m'étais formée de l'existence du monde extérieur coïncidait trop bien avec mes lectures, pour que je doutasse désormais des révélations du passé. Les dogmes et les rites des diverses religions me paraissaient s'y rapporter de telle sorte que chacune possédait une certaine portion de ces arcanes qui constituaient ses moyens d'expansion et de défense. Ces forces pouvaient s'affaiblir, s'amoindrir et disparaître, ce qui amenait l'envahissement de certaines races par d'autres, nulles ne pouvant être victorieuses ou vaincues que par l'Esprit.

Toutefois, me disais-je, il est sûr que ces sciences sont

mélangées d'erreurs humaines. L'alphabet magique, l'hiéroglyphe mystérieux ne nous arrivent qu'incomplets et faussés soit par le temps, soit par ceux-là mêmes qui ont intérêt à notre ignorance; retrouvons la lettre perdue ou le signe effacé, recomposons la gamme dissonante, et nous prendrons force dans le monde des esprits.

C'est ainsi que je croyais percevoir les rapports du monde réel avec le monde des esprits. La terre, ses habitants et leur histoire étaient le théâtre où venaient s'accomplir les actions physiques qui préparaient l'existence et la situation des êtres immortels attachés à sa destinée. Sans agiter le mystère impénétrable de l'éternité des mondes, ma pensée remonta à l'époque où le soleil, pareil à la plante qui le représente, qui de sa tête inclinée suit la révolution de sa marche céleste, semait sur la terre les germes féconds des plantes et des animaux. Ce n'était autre chose que le feu même qui, étant un composé d'âmes, formulait instinctivement la demeure commune. L'esprit de l'Être-Dieu, reproduit et pour ainsi dire reflété sur la terre, devenait le type commun des âmes humaines dont chacune, par suite, était à la fois homme et Dieu. Tels furent les Éloïms.

———

Quand on se sent malheureux, on songe au malheur des autres. J'avais mis quelque négligence à visiter un de mes amis les plus chers, qu'on m'avait dit malade. En me rendant à la maison où il était traité, je me reprochais vivement cette faute. Je fus encore plus désolé lorsque mon ami me raconta qu'il avait été la veille au plus mal. J'entrai dans une chambre d'hospice, blanchie à la chaux.

Le soleil découpait des angles joyeux sur les murs et se jouait sur un vase de fleurs qu'une religieuse venait de poser sur la table du malade. C'était presque la cellule d'un anachorette italien. — Sa figure amaigrie, son teint semblable à l'ivoire jauni, relevé par la couleur noire de sa barbe et de ses cheveux, ses yeux illuminés d'un reste de fièvre, peut-être aussi l'arrangement d'un manteau à capuchon jeté sur ses épaules, en faisaient pour moi un être à moitié différent de celui que j'avais connu. Ce n'était plus le joyeux compagnon de mes travaux et de mes plaisirs; il y avait en lui un apôtre. Il me raconta comment il s'était vu, au plus fort des souffrances de son mal, saisi d'un dernier transport qui lui parut être le moment suprême. Aussitôt la douleur avait cessé comme par prodige. — Ce qu'il me raconta ensuite est impossible à rendre : un rêve sublime dans les espaces les plus vagues de l'infini, une conversation avec un être à la fois différent et participant de lui-même, et à qui, se croyant mort, il demandait où était Dieu. — Mais Dieu est partout, lui répondait son esprit; il est en toi-même et en tous. Il te juge, il t'écoute, il te conseille; c'est toi et *moi*, qui pensons et rêvons ensemble, — et nous ne nous sommes jamais quittés, et nous sommes éternels !

Je ne puis citer autre chose de cette conversation, que j'ai peut-être mal entendue ou mal comprise. Je sais seulement que l'impression en fut très-vive. Je n'ose attribuer à mon ami les conclusions que j'ai peut-être faussement tirées de ses paroles. J'ignore même si le sentiment qui en résulte n'est pas conforme à l'idée chrétienne...

Dieu est avec lui, m'écriai-je... mais il n'est plus avec moi ! O malheur ! je l'ai chassé de moi-même, je l'ai menacé, je l'ai maudit ! C'était bien lui, ce frère mystique, qui s'éloignait de plus en plus de mon âme et qui m'avertissait en vain ! Cet époux préféré, ce roi de gloire, c'est lui qui me juge et me condamne, et qui emporte à jamais dans son ciel celle qu'il m'eût donnée et dont je suis indigne désormais !

II

Je ne puis dépeindre l'abattement où me jetèrent ces idées. Je comprends, me dis-je, j'ai préféré la créature au créateur ; j'ai déifié mon amour et j'ai adoré, selon les rites païens, celle dont le dernier soupir a été consacré au Christ. Mais si cette religion dit vrai, Dieu peut me pardonner encore. Il peut me la rendre si je m'humilie devant lui ; peut-être son esprit reviendra-t-il en moi ! — J'errais dans les rues, au hasard, plein de cette pensée. Un convoi croisa ma marche, il se dirigeait vers le cimetière où elle avait été ensevelie ; j'eus l'idée de m'y rendre en me joignant au cortége. J'ignore, me disais-je, quel est ce mort que l'on conduit à la fosse, mais je sais maintenant que les morts nous voient et nous entendent, — peut-être sera-t-il content de se voir suivi d'un frère de douleurs, plus triste qu'aucun de ceux qui l'accompagnent. Cette idée me fit verser des larmes, et sans doute on crut que j'étais un des meilleurs amis du défunt. O larmes bénies ! depuis longtemps votre douceur m'était refusée !...

Ma tête se dégageait, et un rayon d'espoir me guidait encore. Je me sentais la force de prier, et j'en jouissais avec transport.

Je ne m'informai pas même du nom de celui dont j'avais suivi le cercueil. Le cimetière où j'étais entré m'était sacré à plusieurs titres. Trois parents de ma famille maternelle y avaient été ensevelis ; mais je ne pouvais aller prier sur leurs tombes, car elles avaient été transportées depuis plusieurs années dans une terre éloignée, lieu de leur origine. — Je cherchai longtemps la tombe d'Aurélia, et je ne pus la retrouver. Les dispositions du cimetière avaient été changées, — peut-être aussi ma mémoire était elle égarée... Il me semblait que ce hasard, cet oubli, ajoutaient encore à ma condamnation. — Je n'osai pas dire aux gardiens le nom d'une morte sur laquelle je n'avais religieusement aucun droit... Mais je me souvins que j'avais chez moi l'indication précise de la tombe, et j'y courus, le cœur palpitant, la tête perdue. Je l'ai dit déjà : j'avais entouré mon amour de superstitions bizarres. — Dans un petit coffret qui *lui* avait appartenu, je conservais sa dernière lettre. Oserai-je avouer encore que j'avais fait de ce coffret une sorte de reliquaire qui me rappelait de longs voyages où sa pensée m'avait suivi : une rose cueillie dans les jardins de Schoubrah, un morceau de bandelette rapportée d'Égypte, des feuilles de laurier cueillies dans la rivière de Beyrouth, deux petits cristaux dorés, des mosaïques de Sainte-Sophie, un grain de chapelet, que sais-je encore ?... enfin le papier qui m'avait été donné le jour où la tombe fut creusée, afin que je pusse la retrouver... Je rougis. Je frémis en dispersant ce fol assemblage. Je pris sur moi les deux papiers, et au moment de me diriger de nouveau vers le cimetière, je changeai de résolution. —

Non, me dis je, je ne suis pas digne de m'agenouiller sur la tombe d'une chrétienne; n'ajoutons pas une profanation à tant d'autres!... Et pour apaiser l'orage qui grondait dans ma tête, je me rendis à quelques lieues de Paris, dans une petite ville où j'avais passé quelques jours heureux au temps de ma jeunesse, chez de vieux parents, morts depuis. J'avais aimé souvent à y venir voir coucher le soleil près de leur maison. Il y avait là une terrasse ombragée de tilleuls qui me rappelait aussi le souvenir de jeunes filles, de parentes, parmi lesquelles j'avais grandi. Une d'elles...

Mais opposer ce vague amour d'enfance à celui qui a dévoré ma jeunesse, y avais-je songé seulement? Je vis le soleil décliner sur la vallée qui s'emplissait de vapeurs et d'ombre; il disparut, baignant de feux rougeâtres la cime des bois qui bordaient de hautes collines. La plus morne tristesse entra dans mon cœur. — J'allai coucher dans une auberge où j'étais connu. L'hôtelier me parla d'un de mes anciens amis, habitant de la ville, qui, à la suite de spéculations malheureuses, s'était tué d'un coup de pistolet... Le sommeil m'apporta des rêves terribles. Je n'en ai conservé qu'un souvenir confus. — Je me trouvais dans une salle inconnue et je causais avec quelqu'un du monde extérieur, — l'ami dont je viens de parler, peut-être. Une glace très-haute se trouvait derrière nous. En y jetant par hasard un coup d'œil, il me sembla reconnaître A***. Elle semblait triste et pensive, et tout à coup, soit qu'elle sortît de la glace, soit que, passant dans la salle, elle se fût reflétée un instant avant, cette figure douce et chérie se trouva près de moi. Elle me tendit la main, laissa tomber sur moi un regard douloureux et me dit : « Nous nous reverrons plus tard... à la maison de ton ami. »

En un instant je me représentais son mariage, la malédiction qui nous séparait... et je me dis : Est-ce possible? reviendrait-elle à moi? « M'avez-vous pardonné? demandais-je avec larmes. » Mais tout avait disparu. Je me trouvais dans un lieu désert, une âpre montée semée de roches, au milieu des forêts. Une maison, qu'il me semblait reconnaître, dominait ce pays désolé. J'allais et je revenais par des détours inextricables. Fatigué de marcher entre les pierres et les ronces, je cherchais parfois une route plus douce par les sentes du bois. — On m'attend là-bas! pensais-je. — Une certaine heure sonna... Je me dis : *Il est trop tard!* Des voix me répondirent : « *Elle est perdue!* » Une nuit profonde m'entourait, la maison lointaine brillait comme éclairée pour une fête et pleine d'hôtes arrivés à temps. — Elle est perdue! m'écriai-je, et pourquoi?... Je comprends, — elle a fait un dernier effort pour me sauver; — j'ai manqué le moment suprême où le pardon était possible encore. Du haut du ciel, elle pouvait prier pour moi l'Époux divin... Et qu'importe mon salut même? l'abîme a reçu sa proie! Elle est perdue pour moi et pour tous! Il me semblait la voir comme à la lueur d'un éclair, pâle et mourante, entraînée par de sombres cavaliers... Le cri de douleur et de rage que je poussai en ce moment me réveilla tout haletant.

— Mon Dieu! mon Dieu! pour elle et pour elle seule! mon Dieu! pardonnez! m'écriai-je en me jetant à genoux.

Il faisait jour. Par un mouvement dont il m'est difficile de rendre compte, je résolus aussitôt de détruire les deux papiers que j'avais tirés la veille du coffret : la lettre, hélas! que je relus en la mouillant de larmes, et le papier funèbre qui portait le cachet du cimetière. — Retrouver sa tombe maintenant! me disais-je, mais c'est hier qu'il allait y retourner, — et mon rêve fatal n'est que le reflet de ma fatale journée!

III

La flamme a dévoré ces reliques d'amour et de mort, qui se renouaient aux fibres les plus douloureuses de mon cœur. Je suis allé promener mes peines et mes remords tardifs dans la campagne, cherchant dans la marche et dans la fatigue l'engourdissement de la pensée, la certitude peut-être pour la nuit suivante d'un sommeil moins funeste. Avec cette idée que je m'étais faite du rêve comme ouvrant à l'homme une communication avec le monde des esprits, j'espérais... j'espérais encore! Peut-être Dieu se contenterait-il de ce sacrifice. — Ici je m'arrête; il y a trop d'orgueil à prétendre que l'état d'esprit où j'étais fût causé seulement par un souvenir d'amour. Disons plutôt qu'involontairement j'en parais les remords plus graves d'une vie follement dissipée où le mal avait triomphé bien souvent, et dont je ne reconnaissais les fautes qu'en sentant les coups du malheur. Je ne me trouvais plus digne même de penser à celle que je tourmentais dans sa mort après l'avoir affligée dans sa vie, n'ayant dû un dernier regard de pardon qu'à sa douce et sainte pitié.

La nuit suivante, je ne pus dormir que peu d'instants.

Une femme qui avait pris soin de ma jeunesse m'apparut dans le rêve et me fit reproche d'une faute très-grave que j'avais commise autrefois. Je la reconnaissais, quoiqu'elle parût beaucoup plus vieille que dans les derniers temps où je l'avais vue. Cela même me faisait songer amèrement que j'avais négligé d'aller la visiter à ses derniers instants. Il me sembla qu'elle me disait : « Tu n'as pas pleuré tes vieux parents aussi vivement que tu as pleuré cette femme. Comment peux-tu donc espérer le pardon ? » Le rêve devint confus. Des figures de personnes que j'avais connues en divers temps passèrent rapidement devant mes yeux. Elles défilaient s'éclairant, pâlissant et retombant dans la nuit comme les grains d'un chapelet dont le lien s'est brisé. Je vis ensuite se former vaguement des images plastiques de l'antiquité qui s'ébauchaient, se fixaient et semblaient représenter des symboles dont je ne saisissais que difficilement l'idée. Seulement je crus que cela voulait dire : tout cela était fait pour t'enseigner le secret de la vie, et tu n'as pas compris. Les religions et les fables, les saints et les poëtes s'accordaient à expliquer l'énigme fatale, et tu as mal interprété... Maintenant il est trop tard !

Je me levai plein de terreur, me disant : C'est mon dernier jour ! A dix ans d'intervalle, la même idée que j'ai tracée dans la première partie de ce récit me revenait plus positive encore et plus menaçante. Dieu m'avait laissé ce temps pour me repentir, et je n'en avais point profité. — Après la visite du *convive de pierre*, je m'étais rassis au festin !

IV

Le sentiment qui résulta pour moi de ces visions et des réflexions qu'elles amenaient pendant mes heures de solitude était si triste, que je me sentais comme perdu. Toutes les actions de ma vie m'apparaissaient sous leur côté le plus défavorable, et dans l'espèce d'examen de conscience auquel je me livrais, la mémoire me représentait les faits les plus anciens avec une netteté singulière. Je ne sais quelle fausse honte m'empêcha de me présenter au confessionnal ; la crainte peut-être de m'engager dans les dogmes et dans les pratiques d'une religion redoutable, contre certains points de laquelle j'avais conservé des préjugés philosophiques. Mes premières années ont été trop imprégnées des idées issues de la révolution, mon éducation a été trop libre, ma vie trop errante, pour que j'accepte facilement un joug qui sur bien des points offenserait encore ma raison. Je frémis en songeant quel chrétien je ferais si certains principes empruntés au libre examen des deux derniers siècles, si l'étude encore des diverses religions ne m'arrêtaient sur cette pente. — Je n'ai jamais connu ma mère, qui avait voulu suivre mon père aux armées, comme les femmes des anciens Germains ; elle mourut de fièvre et de fatigue dans une froide contrée de l'Allemagne, et mon père lui-même ne put diriger là-dessus mes premières idées. Le pays où je fus élevé était plein de légendes étranges et de superstitions bizarres. Un de mes oncles qui eut la plus grande influence sur ma première éducation s'occupait, pour se distraire, d'antiquités romaines et celtiques. Il trouvait parfois dans son champ ou aux environs des images de dieux et d'empereurs que son admiration de savant me faisait vénérer, et dont ses livres m'apprenaient l'histoire. Un certain Mars en bronze doré, une Pallas ou Vénus armée, un Neptune et une Amphitrite sculptés au-dessus de la fontaine du hameau, et surtout la bonne grosse figure barbue d'un dieu Pan souriant à l'entrée d'une grotte, parmi les festons de l'aristoloche et du lierre, étaient les dieux domestiques et protecteurs de cette retraite. J'avoue qu'ils m'inspiraient alors plus de vénération que les pauvres images chrétiennes de l'église et les deux saints informes du portail, que certains savants prétendaient être l'Ésus et le Cernunnos des Gaulois. Embarrassé au milieu de ces divers symboles, je demandai un jour à mon oncle ce que c'était que Dieu. « Dieu, c'est le soleil, » me dit-il. C'était la pensée intime d'un honnête homme qui avait vécu en chrétien toute sa vie, mais qui avait traversé la révolution, et qui était d'une contrée où plusieurs avaient la même idée de la Divinité. Cela n'empêchait pas que les femmes et les enfants n'allassent à l'église, et je dus à une de mes tantes quelques instructions qui me firent comprendre les beautés et les grandeurs du christianisme. Après 1815, un Anglais qui se trouvait dans notre pays me fit apprendre le Sermon sur la montagne et me donna un Nouveau Testament... Je ne cite ces détails que pour indiquer les causes d'une certaine irrésolution qui s'est souvent unie chez moi à l'esprit religieux le plus prononcé.

Je veux expliquer comment, éloigné longtemps de la vraie route, je m'y suis senti ramené par le souvenir chéri d'une personne morte, et comment le besoin de croire qu'elle existait toujours a fait rentrer dans mon esprit le sentiment précis des diverses vérités que je n'avais pas assez fermement recueillies en mon âme. Le désespoir et le suicide sont le résultat de certaines situations fatales pour qui n'a pas foi dans l'immortalité, dans ses peines et dans ses joies ; — je croirai avoir fait quelque chose de bon et d'utile en énonçant naïvement la succession des idées par lesquelles j'ai retrouvé le repos et une force nouvelle à opposer aux malheurs futurs de la vie.

Les visions qui s'étaient succédé pendant mon sommeil m'avaient réduit à un tel désespoir, que je pouvais à peine parler; la société de mes amis ne m'inspirait qu'une distraction vague; mon esprit, entièrement occupé de ces illusions, se refusait à la moindre conception différente; je ne pouvais lire et comprendre dix lignes de suite. Je me disais des plus belles choses : Qu'importe ! cela n'existe pas pour moi. Un de mes amis, nommé Georges, entreprit de vaincre ce découragement. Il m'emmenait dans diverses contrées des environs de Paris, et consentait à parler seul, tandis que je ne répondais qu'avec quelques phrases décousues. Sa figure expressive, et presque cénobitique, donna un jour un grand effet à des choses fort éloquentes qu'il trouva contre ces années de scepticisme et de découragement politique et social qui succédèrent à la Révolution de juillet. J'avais été l'un des jeunes de cette époque, et j'en avais goûté les ardeurs et les amertumes. Un mouvement se fit en moi; je me dis que de telles leçons ne pouvaient être données sans une intention de la Providence, et qu'un esprit parlait sans doute en lui...

Un jour nous dînions sous une treille, dans un petit village des environs de Paris; une femme vint chanter près de notre table, et je ne sais quoi, dans sa voix usée, mais sympathique, me rappela celle d'Aurélia. Je la regardai : ses traits mêmes n'étaient pas sans ressemblance avec ceux que j'avais aimés. On la renvoya, et je n'osai la retenir, mais je me disais : Qui sait si *son esprit* n'est pas dans cette femme! et je me sentis heureux de l'aumône que j'avais faite.

Je me dis : J'ai bien mal usé de la vie, mais si les morts pardonnent, c'est sans doute à condition que l'on s'abstiendra à jamais du mal, et qu'on réparera tout celui qu'on a fait. Cela se peut-il?... Dès ce moment, essayons de ne plus mal faire, et rendons l'équivalent de tout ce que nous pouvons devoir. — J'avais un tort récent envers une personne; ce n'était qu'une négligence, mais je commençai par m'en aller excuser. La joie que je reçus de cette réparation me fit un bien extrême; j'avais un motif de vivre et d'agir désormais, je reprenais intérêt au monde.

Des difficultés surgirent : des événements inexplicables pour moi semblèrent se réunir pour contrarier ma bonne résolution. La situation de mon esprit me rendait impossible l'exécution de travaux convenus. Me croyant bien portant désormais, on devenait plus exigeant, et, comme j'avais renoncé au mensonge, je me trouvais pris en défaut par des gens qui ne craignaient pas d'en user. La masse des réparations à faire m'écrasait en raison de mon impuissance. Des événements politiques agissaient indirectement, tant pour m'affliger que pour m'ôter le moyen de mettre ordre à mes affaires. La mort d'un de mes amis vint compléter ces motifs de découragement. Je revis avec douleur son logis, ses tableaux, qu'il m'avait montrés avec joie un mois auparavant ; je passai près de son cercueil au moment où on l'y clouait. Comme il était de mon âge et de mon temps, je me dis : Qu'arriverait-il, si je mourais ainsi tout d'un coup ?

Le dimanche suivant je me levai en proie à une douleur morne. J'allai visiter mon père, dont la servante était malade, et qui paraissait avoir de l'humeur. Il voulut aller seul chercher du bois à son grenier, et je ne pus lui rendre que le service de lui tendre une bûche dont il avait besoin. Je sortis consterné. Je rencontrai dans les rues un ami qui voulait m'emmener dîner chez lui pour me distraire un peu. Je refusai, et, sans avoir mangé, je me dirigeai vers Montmartre. Le cimetière était fermé, ce que je regardai comme un mauvais présage. Un poëte allemand m'avait donné quelques pages à traduire et m'avait avancé une somme sur ce travail. Je pris le chemin de sa maison pour lui rendre l'argent.

En tournant la barrière de Clichy, je fus témoin d'une dispute. J'essayai de séparer les combattants, mais je n'y pus réussir. En ce moment un ouvrier de grande taille passa sur la place même où le combat venait d'avoir lieu, portant sur l'épaule gauche un enfant vêtu d'une robe couleur d'hyacinthe. Je m'imaginai que c'était saint Christophe portant le Christ, et que j'étais condamné pour avoir manqué de force dans la scène qui venait de se passer. A dater de ce moment, j'errai en proie au désespoir dans les terrains vagues qui séparent le faubourg de la barrière. Il était trop tard pour faire la visite que j'avais projetée. Je revins donc à travers les rues vers le centre de Paris. Vers la rue de la Victoire, je rencontrai un prêtre, et, dans le désordre où j'étais, je voulus me confesser à lui. Il me dit qu'il n'était pas de la paroisse et qu'il allait en soirée chez quelqu'un ; que si je voulais le consulter le lendemain à Notre-Dame, je n'avais qu'à demander l'abbé Dubois.

Désespéré, je me dirigeai en pleurant vers Notre-Dame de Lorette, où j'allai me jeter au pied de l'autel de la Vierge, demandant pardon pour mes fautes. Quelque chose en moi me disait : La Vierge est morte et tes prières sont inutiles. J'allai me mettre à genoux aux dernières places du chœur, et je fis glisser de mon doigt une bague d'argent dont le chaton portait gravés ces trois mots arabes : *Allah! Mohamed! Ali!* Aussitôt plusieurs bougies s'allumèrent dans le chœur, et l'on commença un office auquel je tentai de m'unir en esprit. Quand on en fut à l'*Ave Maria*, le prêtre s'interrompit au milieu de l'oraison et recommença sept fois sans que je pusse retrouver dans ma mémoire les paroles suivantes. On termina ensuite la prière, et le prêtre fit un discours qui me semblait faire allusion à moi seul. Quand tout fut éteint, je me levai et je sortis, me dirigeant vers les Champs-Élysées.

Arrivé sur la place de la Concorde, ma pensée était de me détruire. A plusieurs reprises, je me dirigeai vers la Seine, mais quelque chose m'empêchait d'accomplir mon dessein. Les étoiles brillaient dans le firmament. Tout à coup il me sembla qu'elles venaient de s'éteindre à la fois comme les bougies que j'avais vues à l'église. Je crus que les temps étaient accomplis, et que nous touchions à la fin du monde annoncée dans l'Apocalypse de saint Jean. Je croyais voir un soleil noir dans le ciel désert et un globe rouge de sang au-dessus des Tuileries. Je me dis : « La nuit éternelle commence, et elle va être terrible. Que va-t-il arriver quand les hommes s'apercevront qu'il n'y a plus de soleil? » Je revins par la rue Saint-Honoré, et je plaignais les paysans attardés que je rencontrais. Arrivé vers le Louvre, je marchai jusqu'à la place, et là un spectacle étrange m'attendait. A travers des nuages rapidement chassés par le vent, je vis plusieurs lunes qui passaient avec une grande rapidité. Je pensai que la terre était sortie de son orbite et qu'elle errait dans le firmament comme un vaisseau démâté, se rapprochant ou s'éloignant des étoiles qui grandissaient ou diminuaient tour à tour. Pendant deux ou trois heures, je contemplai ce désordre et je finis par me diriger du côté des halles. Les paysans apportaient leurs denrées, et je me disais : « Quel sera leur étonnement en voyant que la nuit se prolonge... » Cependant les chiens aboyaient çà et là et les coqs chantaient.

Brisé de fatigue, je rentrai chez moi et je me jetai sur mon lit. En m'éveillant, je fus étonné de revoir la lumière. Une sorte de chœur mystérieux arriva à mon oreille; des voix enfantines répétaient en chœur : « *Christe! Christe! Christe!...* » Je pensai que l'on avait réuni dans l'église voisine (Notre-Dame-des-Victoires) un grand nombre d'enfants pour invoquer le Christ. — Mais le Christ n'est plus! me disais-je; ils ne le savent pas encore! — L'invocation dura environ une heure. Je me levai enfin et j'allai sous les galeries du Palais-Royal. Je me dis que probablement le soleil avait encore conservé assez de lumière pour éclairer la terre pendant trois jours, mais qu'il usait de sa propre substance, et, en effet, je le trouvais froid et décoloré. J'apaisai ma faim avec un petit gâteau pour me donner la force d'aller jusqu'à la maison du poëte allemand. En entrant, je lui dis que tout était fini et qu'il fallait nous préparer à mourir. Il appela sa femme qui me dit : « Qu'avez-vous? — Je ne sais, lui dis-je, je suis perdu. » Elle envoya chercher un fiacre, et une jeune fille me conduisit à la maison Dubois.

V

Là, mon mal reprit avec diverses alternatives. Au bout d'un mois, j'étais rétabli. Pendant les deux mois qui suivirent, je repris mes pérégrinations autour de Paris. Le plus long voyage que j'aie fait a été pour visiter la cathédrale de Reims. Peu à peu, je me remis à écrire et je composai une de mes meilleures nouvelles. Toutefois, je l'écrivis péniblement, presque toujours au crayon, sur des feuilles détachées, suivant le hasard de ma rêverie ou de ma promenade. Les corrections m'agitèrent beaucoup. Peu de jours après l'avoir publiée, je me sentis pris d'une insomnie persistante. J'allais me promener toute la nuit sur la colline de Montmartre et y voir le lever du soleil. Je causais longuement avec les paysans et les ouvriers. Dans d'autres moments, je me dirigeais vers les halles. Une nuit, j'allai souper dans un café du boulevard et je m'amusai à jeter en l'air des pièces d'or et d'argent. J'allai ensuite à la halle et je me disputai avec un inconnu, à qui je donnai un rude soufflet; je ne sais comment cela n'eut aucune suite. A une certaine heure, entendant sonner l'horloge de Saint-Eustache, je me pris à penser aux luttes des Bourguignons et des Armagnac, et je croyais voir s'élever autour de moi les fantômes des combattants de cette époque. Je me pris de querelle avec un facteur qui portait sur sa poitrine une plaque d'argent, et que je disais être le duc Jean de Bourgogne. Je voulais l'empêcher d'entrer dans un cabaret. Par une singularité que je ne m'explique pas, voyant que je le menaçais de mort, son visage se couvrit de larmes. Je me sentis attendri, et je le laissai passer.

Je me dirigeai vers les Tuileries, qui étaient fermées, et suivis la ligne des quais; je montai ensuite au Luxembourg, puis je revins déjeuner avec un de mes amis. Ensuite j'allai vers Saint-Eustache, où je m'agenouillai pieusement à l'autel de la Vierge en pensant à ma mère. Les pleurs que je versai détendirent mon âme, et, en sortant de l'église, j'achetai un anneau d'argent. De là j'allai rendre visite à mon père, chez lequel je laissai un bouquet de marguerites, car il était absent. J'allai de là au Jardin des Plantes. Il y avait beaucoup de monde, et je restai quelque temps à regarder l'hippopotame qui se baignait dans un bassin. — J'allai ensuite visiter les galeries d'ostéologie. La vue des monstres qu'elles renferment me fit penser au déluge, et, lorsque je sortis, une averse épouvantable tombait dans le jardin. Je me dis : Quel malheur! Toutes ces femmes, tous ces enfants, vont se trouver mouillés!... Puis, je me dis : Mais c'est plus encore! c'est le véritable déluge qui commence. L'eau s'élevait dans les rues voisines; je descendis en courant la rue Saint-Victor, et, dans l'idée d'arrêter ce que je croyais l'inondation universelle, je jetai à l'endroit le plus profond l'anneau que j'avais acheté à Saint-Eustache. Vers le même moment l'orage s'apaisa, et un rayon de soleil commença à briller.

L'espoir rentra dans mon âme. J'avais rendez-vous à quatre heures chez mon ami Georges ; je me dirigeai vers sa demeure. En passant devant un marchand de curiosités, j'achetai deux écrans de velours, couverts de figures hiéroglyphiques. Il me sembla que c'était la consécration du pardon des cieux. J'arrivai chez Georges à l'heure précise et je lui confiai mon espoir. J'étais mouillé et fatigué. Je changeai de vêtements et me couchai sur son lit. Pendant mon sommeil, j'eus une vision merveilleuse. Il me semblait que la déesse m'apparaissait, me disant. « Je suis la même que Marie, la même que ta mère, la même aussi que sous toutes les formes tu as toujours aimée. A chacune de tes épreuves j'ai quitté l'un des masques dont je voile mes traits, et bientôt tu me verras telle que je suis.. » Un verger délicieux sortait des nuages derrière elle, une lumière douce et pénétrante éclairait ce paradis, et cependant je n'entendais que sa voix, mais je me sentais plongé dans une ivresse charmante. — Je m'éveillai peu de temps après et je dis à Georges : Sortons. Pendant que nous traversions le pont des Arts je lui expliquai les migrations des âmes, et je lui disais : Il me semble que ce soir j'ai en moi l'âme de Napoléon qui m'inspire et me commande de grandes choses. — Dans la rue du Coq j'achetai un chapeau, et pendant que Georges recevait la monnaie de la pièce d'or que j'avais jetée sur le comptoir, je continuai ma route et j'arrivai aux galeries du Palais-Royal.

Là il me sembla que tout le monde me regardait. Une idée persistante s'était logée dans mon esprit, c'est qu'il n'y avait plus de morts ; je parcourais la galerie de Foy en disant : J'ai fait une faute, et je ne pouvais découvrir laquelle en consultant ma mémoire que je croyais être celle de Napoléon... Il y a quelque chose que je n'ai point payé par ici ! J'entrai au café de Foy dans cette idée, et je crus reconnaître dans un des habitués le père Bertin des *Débats*. Ensuite je traversai le jardin et je pris quelque intérêt à voir les rondes des petites filles. De là je sortis des galeries et je me dirigeai vers la rue Saint-Honoré. J'entrai dans une boutique pour acheter un cigare, et quand je sortis la foule était si compacte que je faillis être étouffé. Trois de mes amis me dégagèrent en répondant de moi et me firent entrer dans un café pendant que l'un d'eux allait chercher un fiacre. On me conduisit à l'hospice de la Charité.

Pendant la nuit le délire s'augmenta, surtout le matin, lorsque je m'aperçus que j'étais attaché. Je parvins à me débarrasser de la camisole de force et vers le matin je me promenai dans les salles. L'idée que j'étais devenu semblable à un Dieu et que j'avais le pouvoir de guérir me fit imposer les mains à quelques malades, et m'approchant d'une statue de la Vierge, j'enlevai la couronne de fleurs artificielles pour appuyer le pouvoir que je me croyais. Je marchai à grands pas, parlant avec animation de l'ignorance des hommes qui croyaient pouvoir guérir avec la science seule, et voyant sur la table un flacon d'éther, je l'avalai d'une gorgée. Un interne, d'une figure que je comparais à celle des anges, voulut m'arrêter, mais la force nerveuse me soutenait, et, prêt à le renverser, je m'arrêtai, lui disant qu'il ne comprenait pas quelle était ma mission. Des médecins vinrent alors, et je continuai mes discours sur l'impuissance de leur art. Puis je descendis l'escalier, bien que n'ayant point de chaussure. Arrivé devant un parterre, j'y entrai et je cueillis des fleurs en me promenant sur le gazon.

Un de mes amis était revenu pour me chercher. Je sortis alors du parterre, et, pendant que je lui parlais, on me jeta sur les épaules une camisole de force, puis on me fit monter dans un fiacre et je fus conduit à une maison de santé située hors de Paris. Je compris, en me voyant parmi les aliénés, que tout n'avait été pour moi qu'illusions jusque-là. Toutefois les promesses que j'attribuais à la déesse Isis me semblaient se réaliser par une série d'épreuves que j'étais destiné à subir. Je les acceptai donc avec résignation.

La partie de la maison où je me trouvais donnait sur un vaste promenoir ombragé de noyers. Dans un angle se trouvait une petite butte où l'un des prisonniers se promenait en cercle tout le jour. D'autres se bornaient, comme moi, à parcourir le terre-plein ou la terrasse, bordée d'un talus de gazon. Sur un mur, situé au couchant, étaient tracées des figures dont l'une représentait la forme de la lune avec des yeux et une bouche tracés géométriquement; sur cette figure on avait peint une sorte de masque; le mur de gauche présentait divers dessins de profil dont l'un figurait une sorte d'idole japonaise. Plus loin, une tête de mort était creusée dans le plâtre; sur la face opposée, deux pierres de taille avaient été sculptées par quelqu'un des hôtes du jardin et représentaient de petits mascarons assez bien rendus. Deux portes donnaient sur des caves, et je m'imaginai que c'étaient des voies souterraines pareilles à celles que j'avais vues à l'entrée des Pyramides.

VI

Je m'imaginai d'abord que les personnes réunies dans ce jardin avaient toutes quelque influence sur les astres, et que celui qui tournait sans cesse dans le même cercle y réglait la marche du soleil. Un vieillard, que l'on amenait à certaines heures du jour et qui faisait des nœuds en consultant sa montre, m'apparaissait comme chargé de constater la marche des heures. Je m'attribuai à moi-même une influence sur la marche de la lune, et je crus que cet astre avait reçu un coup de foudre du Tout-Puissant qui avait tracé sur sa face l'empreinte du masque que j'avais remarquée.

J'attribuais un sens mystique aux conversations des gardiens et à celles de mes compagnons. Il me semblait qu'ils étaient les représentants de toutes les races de la terre et qu'il s'agissait entre nous de fixer à nouveau la marche des astres et de donner un développement plus grand au système. Une erreur s'était glissée, selon moi, dans la combinaison générale des nombres, et de là venaient tous les maux de l'humanité. Je croyais encore que les esprits célestes avaient pris des formes humaines et assistaient à ce congrès général, tout en paraissant occupés de soins vulgaires. Mon rôle me semblait être de rétablir l'harmonie universelle par art cabalistique et de chercher une solution en évoquant les forces occultes des diverses religions.

Outre le promenoir, nous avions encore une salle dont les vitres rayées perpendiculairement donnaient sur un horizon de verdure. En regardant derrière ces vitres la ligne des bâtiments extérieurs, je voyais se découper la façade et les fenêtres en mille pavillons ornés d'arabesques, et surmontés de découpures et d'aiguilles, qui me rappelaient les kiosques impériaux bordant le Bosphore. Cela conduisit naturellement ma pensée aux préoccupations orientales. Vers deux heures on me mit au bain, et je me crus servi par les Walkyries, filles d'Odin, qui voulaient m'élever à l'immortalité en dépouillant peu à peu mon corps de ce qu'il avait d'impur.

Je me promenai le soir plein de sérénité aux rayons de la lune, et en levant les yeux vers les arbres, il me semblait que les feuilles se roulaient capricieusement de manière à former des images de cavaliers et de dames portés par des chevaux caparaçonnés. C'étaient pour moi les figures triomphantes des aïeux. Cette pensée me conduisit à celle qu'il y avait une vaste conspiration de tous les êtres animés pour rétablir le monde dans son harmonie première, et que les communications avaient lieu par le magnétisme des astres, qu'une chaîne non interrompue liait autour de la terre les intelligences dévouées à cette communication générale, et que les chants, les danses, les regards, aimantés de proche en proche, traduisaient la même aspiration. La lune était pour moi le refuge des âmes fraternelles qui, délivrées de leurs corps mortels, travaillaient plus librement à la régénération de l'univers.

Pour moi déjà, le temps de chaque journée semblait augmenté de deux heures; de sorte qu'en me levant aux heures fixées par les horloges de la maison, je ne faisais que me promener dans l'empire des ombres. Les compagnons qui m'entouraient me semblaient endormis et pareils aux spectres du Tartare jusqu'à l'heure où pour moi se levait le soleil. Alors je saluais cet astre par une prière, et ma vie réelle commençait.

Du moment que je me fus assuré de ce point que j'étais soumis aux épreuves de l'initiation sacrée, une force invincible entra dans mon esprit. Je me jugeais un héros vivant sous le regard des dieux; tout dans la nature prenait des aspects nouveaux, et des voix secrètes sortaient de la plante, de l'arbre, des animaux, des plus humbles insectes, pour m'avertir et m'encourager. Le langage de mes compagnons avait des tours mystérieux dont je comprenais le sens, les objets sans forme et sans vie se prêtaient eux-mêmes aux calculs de mon esprit; — des combinaisons de cailloux, des figures d'angles, de fentes ou d'ouvertures, des découpures de feuilles, des couleurs, des odeurs et des sons je voyais ressortir des harmonies jusqu'alors inconnues. Comment, me disais-je, ai-je pu exister si longtemps hors de la nature et sans m'identifier à elle? Tout vit, tout agit, tout se correspond; les rayons magnétiques émanés de moi-même ou des autres traversent sans obstacle la chaîne infinie des choses créées; c'est un réseau transparent qui couvre le monde, et dont les fils déliés se communiquent de proche en proche aux planètes et aux étoiles. Captif en ce moment sur la terre, je m'entretiens avec le chœur des astres, qui prend part à mes joies et à mes douleurs!

Aussitôt je frémis en songeant que ce mystère même pouvait être surpris. — Si l'électricité, me dis-je, qui est le magnétisme des corps physiques, peut subir une direction qui lui impose des lois, à plus forte raison les esprits hostiles et tyranniques peuvent asservir les intelligences et se servir de leurs forces divisées dans un but de domination. C'est ainsi que les dieux antiques ont été vaincus et asservis par des dieux nouveaux; c'est ainsi, me dis-je encore, en consultant mes souvenirs du monde ancien, que les nécromans dominaient des peuples entiers, dont les générations se succédaient captives sous leur sceptre éternel. O malheur! la mort elle-même ne peut les affranchir! car nous revivons dans nos fils comme nous avons vécu dans nos pères, — et la science impitoyable de nos ennemis sait nous reconnaître partout. L'heure de notre naissance, le point de la terre où nous paraissons, le premier geste, le nom, la chambre, — et toutes ces consécrations, et tous ces rites qu'on nous impose, tout cela établit une série heureuse ou fatale d'où l'avenir dépend tout entier. Mais si déjà cela est terrible selon les seuls calculs humains, comprenez ce que cela doit être en se rattachant aux formules mytérieuses qui établissent l'ordre des mondes. On l'a dit justement : rien n'est indifférent, rien n'est impuissant dans l'univers; un atome peut tout dissoudre, un atome peut tout sauver!

O terreur! voilà l'éternelle distinction du bon et du mauvais. Mon âme est-elle la molécule indestructible, le globule qu'un peu d'air gonfle, mais qui retrouve sa place dans la nature, ou ce vide même, image du néant qui disparaît dans l'immensité? Serait-elle encore la parcelle fatale destinée à subir, sous toutes ses transformations, les vengeances des êtres puissants? Je me vis amené ainsi à me demander compte de ma vie, et même de mes existences antérieures. En me prouvant que j'étais bon, je me prouvai que j'avais dû toujours l'être. Et si j'ai été mauvais, me dis-je, ma vie actuelle ne sera-t-elle pas une suffisante expiation? Cette pensée me rassura, mais ne m'ôta pas la crainte d'être à jamais classé parmi les malheureux. Je me sentais plongé dans une eau froide, et une eau plus froide encore ruisselait sur mon front. Je reportai ma pensée à l'éternelle Isis, la mère et l'épouse sacrée ; toutes mes aspirations, toutes mes prières se confondaient dans ce nom magique, je me sentais revivre en elle, et parfois elle m'apparaissait sous la figure de la Vénus antique, parfois aussi sous les traits de la Vierge des chrétiens. La nuit me ramena plus distinctement cette apparition chérie, et pourtant je me disais : Que peut-elle, vaincue, opprimée peut-être, pour ses pauvres enfants? Pâle et déchiré, le croissant de la lune s'amincissait tous les soirs et allait bientôt disparaître ; peut-être ne devions-nous plus le revoir au ciel ! Cependant il me semblait que cet astre était le refuge de toutes les âmes sœurs de la mienne, et je le voyais peuplé d'ombres plaintives destinées à renaître un jour sur la terre....

Ma chambre est à l'extrémité d'un corridor habité d'un côté par les fous, et de l'autre par les domestiques de la maison. Elle a seule le privilége d'une fenêtre, percée du côté de la cour, plantée d'arbres, qui sert de promenoir pendant la journée. Mes regards s'arrêtent avec plaisir sur un noyer touffu et sur deux mûriers de la Chine. Au-dessus, l'on aperçoit vaguement une rue assez fréquentée, à travers des treillages peints en vert. Au couchant, l'horizon s'élargit ; c'est comme un hameau aux fenêtres revêtues de verdure ou embarrassées de cages, de loques qui sèchent, et d'où l'on voit sortir par instant quelque profil de jeune ou vieille ménagère, quelque tête rose d'enfant. On crie, on chante, on rit aux éclats ; c'est gai ou triste à entendre, selon les heures et selon les impressions.

J'ai trouvé là tous les débris de mes diverses fortunes, les restes confus de plusieurs mobiliers dispersés ou revendus depuis vingt ans. C'est un capharnaüm comme celui du docteur Faust. Une table antique à trépied aux têtes d'aigle, une console soutenue par un sphinx ailé, une commode du dix-septième siècle, une bibliothèque du dix-huitième, un lit du même temps, dont le baldaquin, à ciel ovale, est revêtu de lampas rouge (mais on n'a pu dresser ce dernier); une étagère rustique chargée de faïences et de porcelaines de Sèvres, assez endommagées la plupart; un narguilé rapporté de Constantinople, une grande coupe d'albâtre, un vase de cristal; des panneaux de boiseries provenant de la démolition d'une vieille maison que j'avais habitée sur l'emplacement du Louvre, et couverts de peintures mythologiques exécutées par des amis aujourd'hui célèbres; deux grandes toiles dans le goût de Prudhon, représentant la Muse de l'histoire et celle de la comédie. Je me suis plu pendant quelques jours à ranger tout cela, à créer dans la mansarde étroite un ensemble bizarre qui tient du palais et de la chaumière, et qui résume assez bien mon existence errante. J'ai suspendu au-dessus de mon lit mes vêtements arabes, mes deux cachemires industrieusement reprisés, une gourde de pèlerin, un carnier de chasse. Au-dessus de la bibliothèque s'étale un vaste plan du Caire; une console de bambou, dressée à mon chevet, supporte un plateau de l'Inde vernissé où je puis disposer mes ustensiles de toilette. J'ai retrouvé avec joie ces humbles restes de mes années alternatives de fortune et de misère, où se rattachaient tous les souvenirs de ma vie. On avait seulement mis à part un petit tableau sur cuivre, dans le goût du Corrége, représentant *Vénus et l'Amour*, des trumeaux de chasseresses et de satyres, et une flèche que j'avais conservée en mémoire des compagnies de l'arc du Valais, dont j'avais fait partie dans ma jeunesse ; les armes étaient vendues depuis les lois nouvelles. En somme, je retrouvais là à peu près tout ce que j'avais possédé en dernier lieu. Mes livres, amas bizarre de la science de tous les temps, histoire, voyages, religions, cabale, astrolologie, à réjouir les ombres de Pic de la Mirandole, du sage Meursius et de Nicolas de Cusa, — la tour de Babel en deux cents volumes, — on m'avait laissé tout cela ! Il y avait de quoi rendre fou un sage ; tâchons qu'il y ait aussi de quoi rendre sage un fou.

Avec quelles délices j'ai pu classer dans mes tiroirs l'amas de mes notes et de mes correspondances intimes ou publiques, obscures ou illustres, comme les a faites le hasard des rencontres ou des pays lointains que j'ai parcourus. Dans des rouleaux mieux enveloppés que les autres, je retrouve des lettres arabes, des reliques du Caire et de Stamboul. O bonheur ! ô tristesse mortelle ! ces caractères jaunis, ces brouillons effacés, ces lettres à demi froissées, c'est le trésor de mon seul amour.... Relisons.... Bien des lettres manquent, bien d'autres sont déchirées ou raturées.

(Les amis de Gérard de Nerval ont été assez heureux pour retrouver dans ses papiers des fragments de ces lettres. L'éditeur les publie tels qu'ils lui ont été remis, sans prétendre les coordonner, les lier entre eux, leur donner la suite et l'enchaînement dont le pauvre rêveur a emporté le secret avec lui.)

LETTRE III

Me voilà encore à vous écrire, puisque je ne puis faire autre chose que de penser à vous et de m'occuper de vous; de vous, si occupée, si distraite, si affairée; non pas tout à fait indifférente peut-être, mais bien cruellement raisonnable, et raisonnant si bien! O femme! femme! L'artiste sera toujours en vous plus forte que l'amante. Mais je vous aime aussi comme artiste. Il y a dans votre talent une partie de la magie qui m'a charmé. Marchez donc d'un pas ferme vers cette gloire que j'oublie; et s'il faut une voix pour vous crier courage, s'il faut un bras pour vous soutenir, s'il faut un corps où votre pied s'appuie pour monter plus haut, vous savez. . . . .

LETTRE IV

J'ai lu votre lettre, cruelle que vous êtes. Elle est si douce et si bonne, que je ne puis que plaindre mon sort; mais, si je vous croyais ainsi qu'autrefois coquette et perfide, oh! je dirais comme Figaro : Votre esprit se joue du mien. Cette pensée que l'on peut trouver du ridicule dans les sentiments les plus nobles, dans les émotions les plus sincères, me glace le sang et me rend injuste malgré moi. Oh! non, vous n'êtes pas comme tant d'autres femmes, vous avez du cœur, et vous savez bien qu'il ne faut pas se jouer d'une véritable passion.

Oh! méfiez-vous, non pas de votre cœur qui est bon, mais de votre humeur qui est légère et changeuse ; songez que vous m'avez mis dans une position telle vis-à-vis de vous, que l'abandon me serait beaucoup plus affreux que ne le serait une infidélité quand je vous aurais obtenue. En effet, dans ce dernier cas, qu'aurais-je à dire? Le ressentiment serait ridicule à mes propres yeux. J'aurais cessé de plaire, voilà tout, et ce serait à moi de chercher des moyens plus efficaces de rentrer dans vos bonnes grâces. Je vous devrais toujours de la reconnaissance et ne pourrais, dans tous les cas, douter de votre loyauté. Mais songez au désespoir où me livrerait votre changement dans nos relations actuelles, ô mon Dieu !

Pour la jalousie, c'est un côté bien mort chez moi. Quand j'ai pris une résolution, elle est ferme ; quand je me suis résigné, c'est pour tout de bon. Je pense à d'autres choses et j'arrange mes idées d'après les circonstances. Mon esprit sait toujours plier devant les faits irrévocables. Ainsi, ma belle amie, vous me connaissez bien maintenant. Je livre tout ceci à leurs réflexions, je ne veux rien tenir que de leur effet. Ne craignez donc pas de me voir. Votre présence me calme, me fait du bien ; votre entretien m'est nécessaire et m'empêche de me livrer à . . .

(La suite manque.)

LETTRE V

Vous vous trompez, madame, si vous pensez que je vous oublie ou que je me résigne à être oublié de vous. Je le voudrais, et ce serait un bonheur pour vous et pour moi sans doute ; mais ma volonté n'y peut rien. La mort d'un parent, des intérêts de ma famille ont exigé mon temps et mes soins, et j'ai essayé de me livrer à cette diversion inattendue, espérant retrouver quelque calme et pouvoir juger enfin plus froidement ma position à votre égard. Elle est inexplicable ; elle est triste et fatale de tout point ; elle est ridicule peut-être ; mais je me rassure en pensant que vous êtes la seule personne au monde qui n'ayez pas le droit de la trouver telle. Vous auriez bien peu d'orgueil, si vous vous étonniez d'être aimée à ce point et si follement.

Oh ! si j'ai réussi à mêler quelque chose de mon existence dans la vôtre ; si toute une année je vous ai occupée de mes lettres et de ma présence ; s'il y a à moi, tout à moi, quelques journées de votre vie, et malgré vous quelques heures de vos pensées, n'était-ce pas une peine qui portait sa récompense avec elle ? Dans cette soirée où je compris toutes les chances de vous plaire et de vous obtenir, où ma seule fantaisie avait mis en jeu votre valeur et la livrait à des hasards, je tremblais plus que vous-même. Eh bien ! alors même tout le prix de mes efforts était dans votre sourire. Vos craintes m'arrachaient le cœur. Mais avec quel transport j'ai baisé vos mains glorieuses ! Ah ! ce n'était pas alors la femme, c'était l'artiste à qui je rendais hommage. Peut-être aurais-je dû toujours me contenter de ce rôle, et ne pas chercher à faire descendre de son piédestal cette belle idole que jusque-là j'avais adorée de si loin.

Vous dirai-je pourtant que j'ai perdu quelques illusions en vous voyant de plus près ? Mais, en se prenant à la réalité, mon amour a changé de caractère. Ma volonté, jusque-là si nette et si précise, a éprouvé un mouvement de vertige. Je ne sentais pas tout mon bonheur d'être ainsi près de vous, ni tout le danger que je courais à risquer de ne pas vous plaire. Mes projets se sont contrariés. J'ai voulu me montrer à la fois un homme timide, un homme utile et égayant, et je n'ai pas compris que les deux sentiments que je voulais exciter ensemble se froisseraient dans votre cœur. Plus jeune, je vous eusse touchée par une passion plus naïve et plus chaleureuse; plus vieux, j'aurais mieux calculé ma marche, étudié votre caractère et trouvé à la longue le chemin de votre cœur.

Si je vous fais un aveu si complet, c'est que je vous sais digne de comprendre un esprit....

(La suite manque.)

LETTRE VII

Ah! ma pauvre amie, je ne sais quels rêves vous avez faits; mais non, je sors d'une nuit terrible; je suis malheureux par ma faute peut-être et non par la vôtre, mais je le suis. Grand Dieu! excusez mon désordre, pardonnez les combats de mon âme. Oui, c'est vrai, j'ai voulu vous le cacher en vain, je vous désire autant que je vous aime, mais je mourrais plutôt que d'exciter encore une fois votre mécontentement. Oh! pardonnez, je ne suis pas volage, moi; depuis trois mois je vous suis fidèle, je le jure devant Dieu. Si vous tenez un peu à moi, voulez-vous m'abandonner encore à ces vaines ardeurs qui me tuent. Je vous avoue tout cela pour que vous y songiez plus tard; car, je vous l'ai dit, quelque espoir que vous ayez bien voulu me donner, ce n'est pas à un jour fixe que je voudrais vous obtenir, mais arrangez les choses pour le mieux. Ah ! je le sais, les femmes aiment qu'on les force un peu ; elles ne veulent point paraître céder sans contrainte. Mais songez-y, vous n'êtes pas pour moi comme les autres femmes ; je suis plus peut-être pour vous que les autres hommes ; sortons donc des usages de la galanterie ordinaire. Que m'importe que vous ayez été à d'autres, que vous soyez à d'autres peut-être. Vous êtes la première femme que j'aime, et je suis peut-être le premier homme qui vous aime à ce point. Si ce n'est pas là une sorte d'hymen que le ciel bénisse, le mot amour n'est qu'un vain mot. Que ce soit donc un hymen véritable où l'épouse s'abandonne en disant : C'est l'heure. Il y a de certaines formes de forcer une femme qui me répugnent. Vous le savez, mes idées sont singulières, ma passion s'entoure de beaucoup de poésie et d'originalité, j'arrange volontiers ma vie comme un roman ; les moindres désaccords me choquent, et les modernes manières que prennent les hommes avec les femmes qu'ils ont possédées ne seront jamais les miennes. Laissez-vous aimer ainsi ; cela aura peut-être quelques douceurs charmantes que vous ignorez. Ah ! ne redoutez rien d'ailleurs de la vivacité de mes transports. Vos craintes seront toujours les miennes, et de même que je sacrifierais toute ma jeunesse et ma force au bonheur de vous posséder, de même aussi mon désir s'arrêterait devant votre réserve, comme il s'est arrêté si longtemps devant votre rigueur. Ah ! ma chère et véritable amie, j'ai peut-être tort de vous écrire ces choses qui ne se disent d'ordinaire qu'aux heures d'enivrement. Mais je vous sais si bonne et si sensible, que vous ne vous offenserez pas d'aveux qui ne tendent qu'à vous faire lire plus complétement dans mon cœur. Je vous ai fait bien des concessions, faites-m'en quelques-unes aussi. La seule chose qui m'effraye serait de n'obtenir de vous qu'une complaisance froide qui ne partirait pas de l'attachement, mais peut-être de la pitié. Vous avez reproché à mon amour d'être matériel, il ne l'est pas du moins dans ce sens, que je ne vous possède jamais, si je ne dois avoir dans les bras une femme résignée plutôt que vaincue. Je renonce à la jalousie, je sacrifie mon amour-propre, mais je ne puis faire abstraction des droits secrets de mon cœur sur un autre. Vous m'aimez, oui, beaucoup moins que je ne vous aime, sans doute, mais vous m'aimez, et sans cela je n'aurais pas pénétré aussi avant dans votre intimité. Eh bien, vous comprendrez tout ce que je cherche à vous exprimer. Autant cela serait choquant pour une tête froide, autant cela doit toucher un cœur indulgent et tendre.

Un mouvement de vous m'a fait plaisir, c'est que vous avez paru craindre un instant que, depuis quelques jours, ma constance ne se fût démentie. Ah! rassurez-vous. J'ai peu de mérite à la conserver; il n'existe pour moi qu'une seule femme au monde.

LETTRE VIII

Souvenez-vous, oublieuse personne, que vous m'avez accordé la permission de vous voir une heure aujourd'hui. Je vous envoie mon médaillon en bronze pour fixer encore mieux votre souvenir. Il date déjà, comme vous pouvez voir, de l'an 1831, où il eut les honneurs du salon. Ah! j'ai été l'une des célébrités.............. et je renoncerais encore aujourd'hui à cette partie que j'ai négligée pour vous, si vous me donnez lieu de chercher à vous rendre fière de moi. Vous vous plaignez de quelques heures que je vous ai fait perdre; moi, mon amour m'a fait perdre des années, et pourtant je les ressaisirais bien vite si vous vouliez. Que m'importe la renommée, tant qu'elle ne prendra pas vos traits pour me couronner? Jusque-là il y aura une gloire dans laquelle la mienne s'absorbera toujours : c'est la vôtre; et jamais mes assiduités les plus grandes ne tendront à vous la faire oublier. Étudiez donc fortement, mais accordez-moi quelques-uns de vos instants de repos. Je vous avouerai que je suis aujourd'hui d'une humeur fort peu tragique, et que je risque dès lors beaucoup moins de vous déranger.

LETTRE IX

(Le commencement manque.)

Je me heurte à chaque pas. M'avez-vous cru injuste, intolérant, capable de troubler votre repos par des folies? Hélas! vous le voyez, je raisonne trop juste, je juge trop froidement les choses, et vous avez eu bien des preuves de mon empire sur moi-même. Suis-je un enfant, quoique je vous aime avec toute l'imprudence d'un enfant? Non; je suis capable de vous faire respecter aux yeux de tous; je suis digne de votre confiance, et désormais toute mon intelligence à vous servir, et tout mon sang pour vous défendre au besoin. Jamais une femme n'a rencontré tant d'attachement joint à quelque importance réelle, et toutes en seraient flattées. Maintenant je n'ai plus qu'un mot à vous dire. Admettez une épreuve. Il faut un homme bien épris pour qu'il ne recule pas devant une question de vie et de mort. Si vous voulez savoir jusqu'à quel point vous êtes aimée ou estimée, le résultat d'une démarche que je puis faire vous apprendra sur quel bras il faut compter. Si je me suis trompé dans tous mes soupçons, rassurez-moi, je vous en prie; épargnez-moi quelques ridicules, et surtout celui de me commettre avec la parodie de mes émotions les plus chères.

Je vous jure que vous ne risquez rien à m'entendre; je vous crains autant que je vous aime; votre regard est pour moi ce qu'il y a de plus doux et de plus terrible. Ce n'est que loin de vous que je m'abandonne aux idées les plus *extrêmes*, les plus fatales. Madame, vous m'avez dit qu'il fallait savoir trouver le chemin de votre cœur : eh bien, je suis trop agité pour chercher, pour trouver; ayez pitié de moi, guidez-moi ! Je ne sais, il y a des obstacles que je touche sans les voir, des ennemis que j'aurais besoin de connaître ! Il y a eu quelque chose ces jours-ci qui vous a changée à mon égard, car vous êtes trop indulgente et trop sensée pour vous *offenser* vraiment de quelques inégalités, de quelques folies, si excusables dans ma situation. Cela vient-il d'ailleurs? dites-le moi; ma pensée vous préoccupe, et je ne puis la pénétrer; à qui en voulez-vous? qui vous a offensée? qui vous a trahie? Donnez-moi quelque chose où me prendre, quelqu'un à insulter, à combattre ! j'en ai besoin ! que je vous serve sans espoir et sans récompense, et que je vous délivre de moi, s'il plaît à Dieu ! mais que je sorte au moins de l'état de doute où je vis.

Une occasion se présenterait dans tous les cas d'anéantir bien des fausses suppositions. Il y a quelqu'un, madame, dont l'assiduité vous a fait du tort dans l'opinion, et qui s'est plu même à vous compromettre, si l'on dit vrai. Ce n'est pas là pour moi une rivalité. Je ne me préoccupe pas le moins du monde de ce détail, et ne voudrais rien faire de trop important pour trop peu. Je vous le dis, vous ne savez même peut-être pas ce que c'est, un homme sans valeur et sans mérite, quelque chose d'insignifiant et de frivole, qu'il suffirait peut-être d'effrayer ou de punir, s'il vous a offensée en effet. Nous en dirons deux mots, si vous voulez, et nous laisserons au besoin la chose pour ce qu'elle vaut. Mais, de grâce, un peu de confiance, un peu de clarté dans ces détours où je me heurte à chaque pas.

LETTRE XI

Mon Dieu! mon Dieu! j'ai pu vous voir un instant. Quoi! vous n'êtes donc pas si irritée que je le croyais? Quoi! vous avez encore un sourire pour ma personne, un doux rayon de soleil pour mes tristesses. J'emporte ce bonheur, de peur d'être détrompé par un mot que je fuis toujours, moi qui me croyais déjà puissant. Un regard m'abat, un mot me relève, je ne me sens fort que loin de vos yeux.

Oui, j'ai mérité d'être humilié par vous; oui, je dois payer encore de beaucoup de souffrances l'instant d'orgueil auquel j'ai cédé. Ah! c'était une risible ambition que celle-là. Me croire chéri d'une femme de votre talent, de votre beauté.

Je dois borner mes prétentions à vous servir. J'accepte vos dédains comme une justice. Ne craignez rien, j'attends, ne craignez rien....

LETTRE XII

Deux jours sans vous voir, sans te voir, cruelle ! Oh ! si tu m'aimes, nous sommes encore bien malheureux. Toi, tes leçons, ton théâtre, tes occupations; moi-même, un théâtre, un journal et une foule encore de tracas et d'ennuis. Hier, je ne sais à quoi j'ai passé ma journée. Je suis allé et venu.

Il connaît tout le monde, en dit du mal. Je n'ai pas osé le juger si mal sans l'avoir vu. Ce n'est pas la faute de ce pauvre Jean Leroy. Je l'aurais peut-être jugé avec plus d'indulgence, et je viens de dire pourquoi.

Il ne faut pas rire de cela.

Adolphe Dumas, qui est l'auteur de cette pièce.

LETTRE XIII

Vous êtes bien la plus étrange personne du monde, et je serais indigne de vous admirer, si je me lassais de vos inégalités et de vos caprices.

Oui, je vous aime ainsi bien plus que je ne vous admire, et je serais fâché que vous fussiez autrement. A un amour tel que le mien, il fallait une lutte pénible et compliquée. A cette passion infatigable, il fallait une résistance inouïe ; à ces ruses, à ces travaux, à cette sourde et constante activité qui ne néglige aucun moyen, qui ne repousse aucune concession, ardente comme une passion espagnole, souple comme un amour italien, il fallait toutes les ressources, toutes les finesses de la femme, tout ce qu'une tête intelligente peut rassembler de force contre un cœur bien résolu. Il fallait tout cela, sans doute, et je vous aurais peu estimée d'avoir cru la résistance plus facile et l'épreuve moins dangereuse.

Toutefois ne craignez rien ; je suis encore mal remis du coup qui m'a frappé, et il me faut du temps pour....

LETTRE XV

Nous avons maintenant à nous garder d'une chose, c'est de cet abattement qui succède à toute tension violente, à tout effort surhumain. Pour qui n'a qu'un désir modéré, la réussite est une suprême joie qui fait éclater toutes les facultés humaines. C'est un point lumineux dans l'existence, qui ne tarde pas à pâlir et à s'éteindre. Mais pour le cœur profondément épris, l'excès d'émotion contracte pour un instant tous les ressorts de la vie ; le trouble est grand, la convulsion est profonde, et la tête se courbe en frémissant comme sous le souffle d'un Dieu. Hélas ! que sommes-nous, pauvres créatures ! et comment répondre dignement à la puissance de sentir que le ciel a mise en notre âme ? Je ne suis qu'un homme et vous une femme, et l'amour qui est entre nous a quelque chose d'impérissable et de divin.

Une nuit, je parlais et chantais dans une sorte d'extase. Un des servants de la maison vint me chercher dans ma cellule et me fit descendre à une chambre du rez-de-chaussée, où il m'enferma. Je continuais mon rêve, et quoique debout, je me croyais enfermé dans une sorte de kiosque oriental. J'en sondai tous les angles et je vis qu'il était octogone. Un divan régnait autour des murs, et il me semblait que ces derniers étaient formés d'une glace épaisse, au delà de laquelle je voyais briller des trésors, des châles et des tapisseries. Un paysage éclairé par la lune m'apparaissait au travers des treillages de la porte, et il me semblait reconnaître la figure des troncs d'arbres et des rochers. J'avais déjà séjourné là dans quelque autre existence, et je croyais reconnaître les profondes grottes d'Ellorah. Peu à peu un jour bleuâtre pénétra dans le kiosque et y fit apparaître des images bizarres. Je crus alors me trouver au milieu d'un vaste charnier où l'histoire universelle était écrite en traits de sang. Le corps d'une femme gigantesque était peint en face de moi, seulement ses diverses parties étaient tranchées comme par le sabre : d'autres femmes de races diverses et dont les corps dominaient de plus en plus, présentaient sur les autres murs un fouillis sanglant de membres et de têtes, depuis les impératrices et les reines jusqu'aux plus humbles paysannes. C'était l'histoire de tous les crimes, et il suffisait de fixer les yeux sur tel ou tel point pour voir s'y dessiner une représentation tragique. — Voilà, me disais-je, ce qu'a produit la puissance déférée aux hommes. Ils ont peu à peu détruit et tranché en mille morceaux le type éternel de la beauté, si bien que les races perdent de plus en plus en force et perfection.... Et je voyais, en effet, sur une ligne d'ombre qui se faufilait par un des jours de la porte, la génération descendante des races de l'avenir.

Je fus enfin arraché à cette sombre contemplation. La

figure bonne et compatissante de mon excellent médecin me rendit au monde des vivants. Il me fit assister à un spectacle qui m'intéressa vivement. Parmi les malades se trouvait un jeune homme, ancien soldat d'Afrique, qui depuis six semaines se refusait à prendre de la nourriture. Au moyen d'un long tuyau de caoutchouc introduit dans une narine, on lui faisait couler dans l'estomac une assez grande quantité de semoule ou de chocolat.

Ce spectacle m'impressionna vivement. Abandonné jusque-là au cercle monotone de mes sensations ou de mes souffrances morales, je rencontrais un être indéfinissable, taciturne et patient, assis comme un sphinx aux portes suprêmes de l'existence. Je me pris à l'aimer à cause de son malheur et de son abandon, et je me sentis relevé par cette sympathie et par cette pitié. Il me semblait, placé ainsi entre la mort et la vie, comme un interprète sublime, comme un confesseur prédestiné à entendre ces secrets de l'âme que la parole n'oserait transmettre ou ne réussirait pas à rendre. C'était l'oreille de Dieu sans le mélange de la pensée d'un autre. Je passais des heures entières à m'examiner mentalement, la tête penchée sur la sienne et lui tenant les mains. Il me semblait qu'un certain magnétisme réunissait nos deux esprits, et je me sentis ravi quand la première fois une parole sortit de sa bouche. On n'en voulait rien croire, et j'attribuais à mon ardente volonté ce commencement de guérison. Cette nuit-là j'eus un rêve délicieux, le premier depuis bien longtemps. J'étais dans une tour, si profonde du côté de la terre et si haute du côté du ciel, que toute mon existence semblait devoir se consumer à monter et à descendre. Déjà mes forces s'étaient épuisées, et j'allais manquer de courage, quand une porte latérale vint à s'ouvrir; un esprit se présente et me dit : Viens, frère !... Je ne sais pourquoi il me vint à l'idée qu'il s'appelait Saturnin. Il avait les traits du pauvre malade, mais transfigurés et intelligents. Nous étions dans une campagne éclairée des feux des étoiles ; nous nous arrêtâmes à contempler ce spectacle, et l'esprit étendit sa main sur mon front comme je l'avais fait la veille en cherchant à magnétiser mon compagnon ; aussitôt une des étoiles que je voyais au ciel se mit à grandir, et la divinité de mes rêves m'apparut souriante, dans un costume presque indien, telle que je l'avais vue autrefois. Elle marcha entre nous deux, et les prés verdissaient, les fleurs et les feuillages s'élevaient de terre sur la trace de ses pas.... Elle me dit : « L'épreuve à laquelle tu étais soumis est venue à son terme ; ces escaliers sans nombre, que tu te fatiguais à descendre ou à gravir, étaient les liens mêmes des anciennes illusions qui embarrassaient ta pensée, et maintenant rappelle-toi le jour où tu as imploré la Vierge sainte et où, la croyant morte, le délire s'est emparé de ton esprit. Il fallait que ton vœu lui fût porté par une âme simple et dégagée des liens de la terre. Celle-là s'est rencontrée près de toi, et c'est pourquoi il m'est permis à moi-même de venir et de t'encourager. » La joie que ce rêve répandit dans mon esprit me procura un réveil délicieux. Le jour commençait à poindre. Je voulus avoir un signe matériel de l'apparition qui m'avait consolé, et j'écrivis sur le mur ces mots : « Tu m'as visité cette nuit. »

J'inscris ici, sous le titre de *Mémorables*, les impressions de plusieurs rêves qui suivirent celui que je viens de rapporter.

Sur un pic élancé de l'Auvergne a retenti la chanson des pâtres. *Pauvre Marie!* reine des cieux! c'est à toi qu'ils s'adressent pieusement. Cette mélodie rustique a frappé l'oreille des corybantes. Ils sortent, en chantant à leur tour, des grottes secrètes où l'amour leur fit des abris. — Hosannah! paix à la terre et gloire aux cieux!

Sur les montagnes de l'Hymalaya une petite fleur est née. — Ne m'oubliez pas! — Le regard chatoyant d'une étoile s'est fixé un instant sur elle, et une réponse s'est fait entendre dans un doux langage étranger. — *Myosotis!*

Une perle d'argent brillait dans le sable; une perle d'or étincelait au ciel... Le monde était créé. Chastes amours, divins soupirs! enflammez la sainte montagne... car vous avez des frères dans les vallées et des sœurs timides qui se dérobent au sein des bois!

Bosquets embaumés de Paphos, vous ne valez pas ces retraites où l'on respire à pleins poumons l'air vivifiant de la patrie. — Là haut, sur les montagnes, le monde y vit content; le rossignol sauvage fait contentement!

Oh! que ma grande amie est belle! Elle est si grande, qu'elle pardonne au monde, et si bonne, qu'elle m'a pardonné. L'autre nuit, elle était couchée je ne sais dans quel palais, et je ne pouvais la rejoindre. Mon cheval alezan-brûlé se dérobait sous moi. Les rênes brisées flottaient sur sa croupe en sueur, et il me fallut de grands efforts pour l'empêcher de se coucher à terre.

Cette nuit, le bon Saturnin m'est venu en aide, et ma grande amie a pris place à mes côtés sur sa cavale blanche caparaçonnée d'argent. Elle m'a dit: « Courage, frère! car c'est la dernière étape. » Et ses grands yeux dévoraient l'espace, et elle faisait voler dans l'air sa longue chevelure imprégnée des parfums de l'Yémen.

Je reconnus les traits divins de ***. Nous volions au triomphe, et nos ennemis étaient à nos pieds. La huppe messagère nous guidait au plus haut des cieux, et l'arc de lumière éclatait dans les mains divines d'Apollon. Le cor enchanté d'Adonis résonnait à travers les bois.

O Mort! où est ta victoire, puisque le Messie vainqueur chevauchait entre nous deux? Sa robe était d'hyacinthe soufrée, et ses poignets, ainsi que les chevilles de ses pieds, étincelaient de diamants et de rubis. Quand sa houssine légère toucha la porte de nacre de la Jérusalem nouvelle, nous fûmes tous les trois inondés de lumière. C'est alors que je suis descendu parmi les hommes pour leur annoncer l'heureuse nouvelle.

Je sors d'un rêve bien doux : j'ai revu celle que j'avais aimée transfigurée et radieuse. Le ciel s'est ouvert dans toute sa gloire, et j'y ai lu le mot *pardon* signé du sang de Jésus-Christ.

Une étoile a brillé tout à coup et m'a révélé le secret du monde des mondes. Hosannah ! paix à la terre et gloire aux cieux !

Du sein des ténèbres muettes deux notes ont résonné, l'une grave, l'autre aiguë, — et l'orbe éternel s'est mis à tourner aussitôt. Sois bénie, ô première octave qui commenças l'hymne divin ! Du dimanche au dimanche enlace tous les jours dans ton réseau magique. Les monts te chantent aux vallées, les sources aux rivières, les rivières aux fleuves, et les fleuves à l'Océan ; l'air vibre, et la lumière brise harmonieusement les fleurs naissantes. Un soupir, un frisson d'amour sort du sein gonflé de la terre, et le chœur des astres se déroule dans l'infini ; il s'écarte et revient sur lui-même, se resserre et s'épanouit, et sème au loin les germes des créations nouvelles.

Sur la cime d'un mont bleuâtre une petite fleur est née. — Ne m'oubliez pas! — Le regard chatoyant d'une étoile s'est fixé un instant sur elle, et une réponse s'est fait entendre dans un doux langage étranger. — *Myosotis!*

Malheur à toi, dieu du Nord, — qui brises d'un coup de marteau la sainte table composée des sept métaux les plus précieux! car tu n'as pu briser la *Perle rose* qui reposait au centre. Elle a rebondi sous le fer, — et voici que nous nous sommes armés pour elle... Hosannah!

Le *macrocosme*, ou grand monde, a été construit par art cabalistique; le *microcosme*, ou petit monde, est son image réfléchie dans tous les cœurs. La Perle rose a été teinte du sang royal des Walkyries. Malheur à toi, dieu-forgeron, qui as voulu briser un monde!

Cependant le pardon du Christ a été aussi prononcé pour toi!

Sois donc béni toi-même, ô Thor, le géant, — le plus puissant des fils d'Odin! Sois béni dans Héla, ta mère, car souvent le trépas est doux, — et dans ton frère Loki, et dans ton chien Garnur.

Le serpent qui entoure le Monde est béni lui-même, car il relâche ses anneaux, et sa gueule béante aspire la fleur d'anxoka, la fleur soufrée, — la fleur éclatante du soleil!

Que Dieu préserve le divin Balder, le fils d'Odin, et Freya la belle!

———

Je me trouvais *en esprit* à Saardam, que j'ai visitée

l'année dernière. La neige couvrait la terre. Une toute petite fille marchait en glissant sur la terre durcie et se dirigeait, je crois, vers la maison de Pierre le Grand. Son profil majestueux avait quelque chose de bourbonnien. Son cou, d'une éclatante blancheur, sortait à demi d'une palatine de plumes de cygne. De sa petite main rose elle préservait du vent une lampe allumée et allait frapper à la porte verte de la maison, lorsqu'une chatte maigre qui en sortait s'embarrassa dans ses jambes et la fit tomber. — Tiens ! ce n'est qu'un chat ! dit la petite fille en se relevant. — Un chat, c'est quelque chose ! répondit une voix douce. J'étais présent à cette scène, et je portais sur mon bras un petit chat gris qui se mit à miauler. — C'est l'enfant de cette vieille fée ! dit la petite fille. Et elle entra dans la maison.

Cette nuit mon rêve s'est transporté d'abord à Vienne. — On sait que sur chacune des places de cette ville sont élevées de grandes colonnes qu'on appelle *pardons*. Des nuages de marbre s'accumulent en figurant l'ordre salomonique et supportent des globes où président assisent des divinités. Tout à coup, ô merveille ! je me mis à songer à cette auguste sœur de l'empereur de Russie, dont j'ai vu le palais impérial à Weimar. — Une mélancolie pleine de douceur me fit voir les brumes colorées d'un paysage de Norwége éclairé d'un jour gris et doux. Les nuages devinrent transparents, et je vis se creuser devant moi un abîme profond où s'engouffraient tumultueusement les flots de la Baltique glacée. Il semblait que le fleuve entier de la Néwa, aux eaux bleues, dût s'engloutir dans cette fissure du globe. Les vaisseaux de Cronstadt et de Saint-Pétersbourg s'agitaient sur leurs ancres prêts à se détacher et à disparaître dans le gouffre, quand une lumière divine éclaira d'en haut cette scène de désolation.

Sous le vif rayon qui perçait la brume, je vis apparaître aussitôt le rocher qui supporte la statue de Pierre le Grand. Au-dessus de ce solide piédestal vinrent se grouper des nuages qui s'élevaient jusqu'au zénith. Ils étaient chargés de figures radieuses et divines, parmi lesquelles on distinguait les deux Catherine et l'impératrice sainte Hélène, accompagnées des plus belles princesses de Moscovie et de Pologne. Leurs doux regards, dirigés vers la France, rapprochaient l'espace au moyen de longs télescopes de cristal. Je vis par là que notre patrie devenait l'arbitre de la querelle orientale, et qu'elles en attendaient la solution. Mon rêve se termina par le doux espoir que la paix nous serait enfin donnée.

C'est ainsi que je m'encourageais à une audacieuse tentative. Je résolus de fixer le rêve et d'en connaître le secret. Pourquoi, me dis-je, ne point enfin forcer ces portes mystiques, armé de toute ma volonté, et dominer mes sensations au lieu de les subir? N'est-il pas possible de dompter cette chimère attayante et redoutable, d'imposer une règle à ces esprits des nuits qui se jouent de notre raison? Le sommeil occupe le tiers de notre vie. Il est la consolation des peines de nos journées ou la peine de leurs plaisirs; mais je n'ai jamais éprouvé que le sommeil fût un repos. Après un engourdissement de quelques minutes une vie nouvelle commence, affranchie des conditions du temps et de l'espace, et pareille sans doute à celle qui nous attend après la mort. Qui sait s'il n'existe pas un lien entre ces deux existences et s'il n'est pas possible à l'âme de le nouer dès à présent?

De ce moment je m'appliquais à chercher le sens de mes rêves, et cette inquiétude influa sur mes réflexions de l'état de veille. Je crus comprendre qu'il existait entre le monde externe et le monde interne un lien; que l'inattention ou le désordre d'esprit en faussaient seuls les rapports apparents, — et qu'ainsi s'expliquait la bizarrerie de certains tableaux, semblables à ces reflets grimaçants d'objets réels qui s'agitent sur l'eau troublée.

Telles étaient les inspirations de mes nuits; mes journées se passaient doucement dans la compagnie des pauvres malades, dont je m'étais fait des amis. La conscience que désormais j'étais purifié des fautes de ma vie passée me donnait des jouissances morales infinies; la certitude de l'immortalité et de la coexistence de toutes les personnes que j'avais aimées m'était arrivée matériellement, pour ainsi dire, et je bénissais l'âme fraternelle qui, du sein du désespoir, m'avait fait rentrer dans les voies lumineuses de la religion.

Le pauvre garçon de qui la vie intelligente s'était si singulièrement retirée recevait des soins qui triomphaient peu à peu de sa torpeur. Ayant appris qu'il était né à la campagne, je passais des heures entières à lui chanter d'anciennes chansons de village, auxquelles je cherchais à donner l'expression la plus touchante. J'eus le bonheur de voir qu'il les entendait et qu'il répétait certaines parties de ces chants. Un jour, enfin, il ouvrit les yeux un seul instant, et je vis qu'ils étaient bleus comme ceux de l'esprit qui m'était apparu en rêve. Un matin, à quelques jours de là, il tint ses yeux grands ouverts et ne les ferma plus. Il se mit aussitôt à parler, mais seulement par intervalle, et me reconnut, me tutoyant et m'appelant frère. Cependant il ne voulait pas davantage se résoudre à manger. Un jour, revenant du jardin, il me dit : « J'ai soif. »

J'allai lui chercher à boire; le verre toucha ses lèvres sans qu'il pût avaler.

— Pourquoi, lui dis-je, ne veux-tu pas manger et boire comme les autres?

— C'est que je suis mort, dit-il; j'ai été enterré dans tel cimetière, à telle place...

— Et maintenant, où crois-tu être?

— En purgatoire, j'accomplis mon expiation.

Telles sont les idées bizarres que donnent ces sortes de maladies; je reconnus en moi-même que je n'avais pas été loin d'une si étrange persuasion. Les soins que j'avais reçus m'avaient déjà rendu à l'affection de ma famille et de mes amis, et je pouvais juger plus sainement le monde d'illusions où j'avais quelque temps vécu. Toutefois je me sens heureux des convictions que j'ai acquises, et je compare cette série d'épreuves que j'ai traversées à ce qui, pour les anciens, représentait l'idée d'une descente aux enfers.

. . . .
. . . .

Cette page est la dernière de Gérard de Nerval. Ici s'est brisée cette plume du poëte, la plume d'or du sentiment et de la fantaisie.

FRAGMENTS

DE

NICOLAS FLAMEL

SCÈNE PREMIÈRE [1]

Le laboratoire de Flamel.

PERNELLE, sa femme, entre.

Pas de retour encore !... Pauvre Flamel ! si du moins il me rapportait quelque bon espoir, quelque secours inattendu !... Mais de qui viendraient-ils ? — On fuit plus qu'une ladrerie une maison où règne la misère ! — Hélas ! elle se montre ici sous toutes les formes : ces instruments

---

[1] A propos de ce fragment, voici une note intéressante de M. Paul Lacroix :

« Gérard de Nerval, dont je suis le plus ancien ami, puisque notre

d'alchimie, ces fioles d'élixirs, ces livres de science, tout cela a dévoré notre avoir!... et qui sait si cette science n'est pas coupable, si ces instruments ne sont point fabriqués par l'Esprit du mal, et propres seulement à nous ouvrir l'enfer? — Oh non! c'est faire injure à mon époux que de le croire.... — lui, si plein de vertu, de piété! et même sur sa table, voici une Bible ouverte, une Bible toute écrite de sa main! — Lisons : — cette lecture ramènera le calme en mon esprit. (Elle lit.) — *Et duxit illum Diabolus in montem excelsam et ostendit illi omnia regna orbis terræ....*

Entre Flamel.

connaissance remonte à l'année 1824, m'avait remis en 1830 le manuscrit des premières scènes d'un drame-chronique intitulé *Nicolas Flamel*[*], qu'il n'a jamais achevé, mais qu'il se proposait toujours de continuer, puisque, dans une note autographe contenant la liste de ses ouvrages, et dressée au mois de janvier dernier, on voit figurer parmi les drames et opéras *en préparation* : « *Nicolas Flamel*, trois actes, com-« mencé. »

« Au moment où l'on recueille avec soin tous les travaux littéraires de notre Sterne français, nous avons pensé qu'il ne serait pas sans intérêt de publier tout ce qui existe de *Nicolas Flamel*. On remarquera sans doute en lisant ces curieux fragments que le drame se passe justement dans la tour Saint-Jacques-la-Boucherie, près de laquelle Gérard de Nerval est mort d'une façon si tragique et si mystérieuse. Nous nous rappelons que le poëte avait conçu pour cette tour Saint-Jacques une espèce d'amour et de fanatisme : il la visitait souvent, il y pensait sans cesse; il se préoccupait surtout de découvrir le véritable sens des animaux symboliques qui la surmontent, et qui ne seraient, si l'on en croit les archéologues, que les attributs des quatre évangélistes. »

---

[*] Gérard de Nerval a mis en note sur son manuscrit : « L'idée première de ce drame est imitée d'une scène du premier volume des *Soirées de Walter Scott*, publiées par le bibliophile Jacob. »

PERNELLE.

Dieu soit loué, mon ami, te voici !...

Flamel s'assied devant la table, où il appuie sa tête dans ses mains.

— Qu'as-tu, Flamel ?

FLAMEL.

Je n'ai rien.

PERNELLE.

Rien ?

FLAMEL.

N'est-ce pas cela qu'il faut dire, quand on souffre d'un mal qu'on n'ose avouer, et quand on souffre sans remède ?

PERNELLE.

Personne ne veut nous secourir.... Nos parents, — nos amis....

FLAMEL.

Personne. « Je mérite mon sort, disent-ils ; j'avais un bon état de copiste.... Pourquoi l'ai-je quitté pour courir après la science ?... »

PERNELLE.

Hélas !

FLAMEL.

Les découvertes que j'ai faites, les lumières que j'ai apportées, tout cela arrêté, peut-être anéanti à jamais, faute de quelques misérables secours !

PERNELLE.

Oh ! mon Dieu ! plus d'espoir ! — et nos créanciers qui nous menacent !

FLAMEL.

Ceci est le pire ! Oh ! que c'est chose lourde et humiliante qu'une dette ! quelle dépendance pour une âme qui a quelque fierté ! Flatter, supplier un homme que l'on méprise ; avoir à lui rendre compte du pain que l'on mange et de l'air que l'on respire !... Aujourd'hui encore, je rencontre un de ces hommes : « Vous vous promeniez, monsieur Flamel ; et mon argent ? — Monsieur, lui dis-je, je n'en ai point.... Que puis-je y faire ? — Vendez votre âme au diable !... et payez-moi ! » Malédiction !

Flamel frappe violemment sur la table et renverse la Bible qui y est ouverte.

PERNELLE, la replaçant sur la table.

Malheureux ! c'est la Bible

Levant les mains au ciel.

— Mon Dieu ! mon Dieu !... il ne l'a pas fait exprès !

On frappe à la porte violemment.

Qui cela peut-il être ?

Elle ouvre. Entre un inconnu, revêtu d'un costume de juif du quatorzième siècle.

L'INCONNU.

Que l'esprit d'Abraham soit avec vous! — C'est à maître Nicolas Flamel que j'ai besoin de parler.

PERNELLE.

Le voici.

L'INCONNU.

A lui.... seul : pour une affaire lucrative et secrète.

Pernelle se retire.

FLAMEL.

Que voulez-vous?

L'INCONNU.

Je suis Israélite, et je m'appelle Manassé : vous connaissez l'édit royal, porté contre mes malheureux coreligionnaires?

FLAMEL.

Sans doute. On vous oblige à quitter la France dans le délai d'un mois. Mais à quoi tend votre visite?

L'INCONNU.

Maître Flamel, vous êtes un homme d'une probité reconnue.

FLAMEL.

Après?

L'INCONNU.

Nous possédons quelques richesses acquises à grande peine, et fugitifs, sans défense comme nous sommes, nous craignons avec raison d'être attendus et pillés sur la route. Nous vous avons choisi pour dépositaire de nos biens ; si vous voulez y consentir, nous vous en offrons à ce titre une moitié ; l'autre vous sera réclamée plus tard sur un billet signé de nous.

FLAMEL.

Et comment sera conçu ce billet ?

L'INCONNU.

Le voici : veuillez l'examiner, et voyez si les termes vous en conviennent.

Flamel pose le parchemin, pour le lire, sur la Bible ouverte devant lui.

FLAMEL.

Qu'est ceci ? votre billet jaunit tout à coup, et les caractères y prennent une couleur de sang !... Se pourrait-il !...

L'INCONNU.

Illusion que tout cela !

FLAMEL.

Non. — Regardez-moi en face ! Je commence à comprendre.... et vous m'avez trompé. — Qui êtes-vous ?

L'INCONNU.

Satan.

FLAMEL.

Hâte-toi de disparaître, maudit! Ma science m'a appris à conjurer l'enfer!... N'attends pas les paroles sacrées; — n'attends pas....

SATAN.

Pourquoi crier si fort? Quand tout l'enfer serait ici, tu dois savoir qu'il n'a aucun pouvoir sur toi, si tu ne te livres à lui par un pacte écrit.

FLAMEL.

D'accord. — Mais que prétends-tu?

SATAN.

Au fait, voici : je viens te séduire.

Flamel fait un mouvement.

Ne vas pas t'emporter encore, et remercie-moi plutôt de ne point avoir employé de subalternes pour cet office, et de venir à toi moi-même. — Un esprit de mon rang ne prend d'ordinaire cette peine qu'à l'égard des têtes couronnées ou des princes de l'Église.

FLAMEL.

Et si tu les a tous gagnés et que je sois encore le plus distingué de ce qui te reste à séduire dans ce monde?

SATAN.

Pas mal : mais c'est de l'orgueil.... ou je ne m'y connais pas! Il doit, il est vrai, t'être permis plus qu'à tout autre;

nul mortel dans ce siècle n'est parvenu à une science plus vaste et plus profonde....

FLAMEL.

Ah ! c'est donc par la flatterie que tu prétends me prendre : cela rentre assez dans tes moyens habituels. Cependant je te remercie de ta visite, et je n'en profiterai pas : si les hommes m'abandonnent, je crois encore en la bonté du ciel.

SATAN.

Et pourtant ne vient-on pas de jeter à terre certain livre.... en prononçant certain mot ?

FLAMEL.

Il paraît que l'espionnage est au nombre de tes talents....

SATAN.

Oh ! j'en sais passablement long !

FLAMEL.

Tu te vantes ! mais s'il était vrai, toute entreprise de séduction aurait un succès possible : je ne puis le cacher, l'injustice du ciel et l'ingratitude des hommes ont laissé dans mon âme une impression telle, que l'alliance du démon, le plus horrible de tous les sacrifices qu'un mortel puisse faire, commence à me révolter moins ; mais, je le déclare, si je me décidais jamais à consommer ce sacrifice, il m'en faudrait un digne prix !

SATAN.

Explique-toi !

FLAMEL.

Tu le sais trop!.. tu sais, tu sais qu'une curiosité, qu'un besoin de science insatiable me dévore, que je tends sans cesse avec plus d'impatience la chaîne de l'esprit humain!... Cette chaîne, il faut la briser! cette fortune injuste envers moi, — ces hommes qui me méprisent....

SATAN.

J'entends.

FLAMEL.

Tu n'es pas au bout!... Ces connaissances divines que nul mortel n'a pénétrées, je veux les posséder; je veux....

SATAN.

Tu veux me tenter à mon tour! — Mais ces connaissances dont tu parles, ce n'est pas de l'enfer qu'elles émanent: tu peux attendre de nous des secrets, et non des révélations. — Et ne s'agît-il que de t'éclairer les parties encore obscures dans les sciences des hommes, tu conviendras qu'il serait assez plaisant que je concourusse, moi, aux progrès de l'humanité, donnant ainsi des armes contre moi-même.

FLAMEL.

Et qu'as-tu donc à m'offrir dans ce cas?

SATAN.

Des richesses, de longs jours, les plus rares beautés de l'univers....

FLAMEL.

Et pour qui me prends-tu? — c'est là de quoi peut-être faire le bonheur du premier venu; — mais, moi, Flamel, crois tu que je mette jamais le mien dans tout cela? Tu parles de femmes: j'ai la mienne que j'aime depuis vingt ans d'un amour inaltérable, et, bien qu'elle soit déjà un peu sur le retour, je suis ainsi fait, que je n'ai point encore rencontré de beautés à lui préférer. Quant aux richesses, — merci. — Quelques écus d'or pour les besoins actuels, — c'est tout; si j'avais plus, je ne saurais qu'en faire. Tu vois bien que tu n'as rien à gagner ici : mais je ne suis point fâché de t'avoir vu et de t'avoir démontré que, pour acheter un philosophe de mon espèce, tu n'es point assez riche encore.

SATAN.

Flamel, Flamel!... au revoir; quand tu voudras que nous reprenions cet entretien, qui peut-être n'est pas interrompu pour longtemps, monte sur la tour Saint-Jacques : tu sais, par la tradition, que toute la nuit j'y règne; nous y règlerons nos conditions, sans crainte des importuns, et je pourrai de là te dire, en te montrant l'immense horizon qu'elle embrasse : *Tibi dabo potestatem hanc universam et gloriam illorum.*

Il sort.

FLAMEL, seul.

Au fond, on le fait plus noir qu'il n'est : sa conversation est honnête et agréable, et quant à sa probité, je la garantirais plus solide que celle de bien des hommes. — Je suis surpris seulement qu'il m'ait quitté sans insister davantage.

Entrent des créanciers de Flamel, accompagnés d'huissiers.

UN HUISSIER, lisant.

« Au nom de notre sire monseigneur le roi Charles VI, et de nos seigneurs du parlement, Nicolas Flamel, écrivain, est sommé de payer à Michel Gohorry et Jacques Lebreteux, la somme de vingt sous parisis; faute de quoi inventaire sera fait des ustensiles et objets mobiliers contenus en la maison dudit Flamel, pour être ensuite vendus à l'enchère, dans les formes usitées en pareil cas. »

FLAMEL.

Faites votre métier... Je n'ai pas d'argent.

UN CRÉANCIER.

Messieurs, commençons l'inventaire.

Il commence par un côté de la chambre.

L'HUISSIER.

Un fourneau avec son matras. — Deux cornes. — Un alambic. — Six crapauds enfilés. — Deux fœtus dans l'esprit-de-vin. — Deux creusets à faire de l'or... vides... Une planche chargée de vieux livres, qui sont : *Le Trésor de la médecine chimique.* — *Les prophéties de Raymond Lulle.* — *Le grand éclaircissement de la Pierre philosophale, ou le seul véritable Moyen de faire de l'or...*

FLAMEL.

Arrêtez ! ce livre est de moi. — Il doit me rester.

UN CRÉANCIER.

Pourquoi donc?... (A l'huissier.) Continuez !

L'HUISSIER.

La musique hermétique et la Joie parfaite de moi Nicolas Flamel et de Pernelle, ma femme.

FLAMEL.

Ces livres sont de moi, vous dis-je !... et d'ailleurs, qu'en feriez-vous ?

LE CRÉANCIER.

Mais nous en tirerons de fort bon parchemin... en grattant...

FLAMEL.

Ah ! c'est trop ! Voyez-vous, messieurs, ces livres-là, c'est l'ouvrage de vingt ans d'étude, tout mon bonheur, toute mon espérance pour l'avenir.—Je n'en ai point de copie : et vraiment, c'est quelque chose de moi-même ! quelque chose de plus précieux que ma chair et que mon sang !

LE CRÉANCIER, à l'huissier.

Continuez.

FLAMEL.

Non ! s'il en est ainsi, comptez-moi aussi dans l'inventaire, et vendez-moi !

LE CRÉANCIER, froidement.

La loi ne permet de vendre, au profit du créancier, que les objets mobiliers, ustensiles, livres et bijoux.

FLAMEL.

Oh ! vous êtes sans pitié !... Laissez-moi mes livres, je vous en supplie !

UN CRÉANCIER.

Allons donc !... nous ne trouverons point dans tout cela de quoi payer la moitié de notre créance !

FLAMEL.

Eh bien, — oui ! c'en est fait... — Écoutez, je viens tout à coup de me rappeler un ami... qui me prêtera la somme — sans nul doute ! ayez l'humanité de m'accorder deux heures de répit... deux heures au plus, et vous serez payés jusqu'au dernier liard... sur mon âme !

LE CRÉANCIER.

Monsieur Flamel, vous nous avez déjà leurrés de cet espoir. — Mais vous parlez d'humanité..., c'est notre côté faible.

FLAMEL, à part.

Oh oui !

LE CRÉANCIER, à part, aux autres.

Et puis, que pourrons-nous retirer de tout ce fouillis ? (A Flamel.) Dans deux heures, au plus tard, nous serons ici.

Ils sortent.

PERNELLE, à Flamel.

Quel est cet ami qui te prêtera?

FLAMEL.

C'est... c'est ce vieux juif que tu viens de voir.

PERNELLE.

Ce juif!... Ah! c'est un scélérat!

FLAMEL.

Qui te le fait croire?

PERNELLE.

Je ne sais; — mais tout le temps qu'il a été ici, j'avais un poids énorme sur le cœur! j'ai voulu prier... je n'ai pas pu.

FLAMEL.

Allons donc! est-ce qu'il faut se faire des idées comme cela!... c'est un très-digne personnage, — bien meilleur, en vérité, que tous ces hommes d'encre et de sang! — Adieu, Pernelle!... embrasse-moi.

PERNELLE.

Comme tu me presses dans tes bras!... On dirait que tu te sépares de moi pour un long voyage!

FLAMEL.

Quelle pensée!... Mais, non; — je t'aime... tu sais bien comme je t'aime! (Il l'embrasse encore.)

PERNELLE.

Sainte dame ! ne dirait-on pas des époux de quinze ans !

FLAMEL.

Tu m'aimes bien aussi, n'est-ce pas?

PERNELLE.

Oh! certes... mais pourquoi...

FLAMEL.

Bonne âme!... Comment, tu m'aimerais... quoi qu'il pût m'advenir ! Et si, par malheur... — car où ne conduit pas la misère? — si je devenais un voleur... un meurtrier?...

PERNELLE.

Je pleurerais, et je prierais pour toi.

FLAMEL.

Et tu m'aimerais encore?

PERNELLE.

Ce serait mon devoir : l'épouse de Caïn ne le suivit-elle pas après son crime?... Mais pourquoi toutes ces questions? Jésus! couverais-tu dans ton âme quelque dessein de cette nature?... Oh ! c'est impossible !

FLAMEL.

Je plaisantais... tu n'as donc pas vu que je plaisantais?... Adieu! adieu!

Il sort précipitamment.

SCÈNE II

LA TOUR SAINT-JACQUES-LA-BOUCHERIE

Des toits sur l'avant-scène; au delà un espace vide; puis la tour, sur le sommet de laquelle la scène se passe. Au fond, vue des points les plus élevés de ce côté de Paris : Notre-Dame, la Sainte-Chapelle, etc., rougis d'un dernier rayon de soleil qui s'éteint bientôt.

FLAMEL, sortant de l'escalier.

Qu'elle est haute cette tour! Il semble, à mesure qu'on y monte, que toutes les choses de la terre retombent à ses pieds comme des brouillards. — Paris... tout Paris là; avec son dais de brume déchiré par mille aiguilles! — Là, les misérables entraves où mes pieds sont embarrassés... Ces besoins honteux, ce désespoir de n'atteindre à rien... cet opprobre et cette boue, que le plus vil des hommes peut vous jeter à la face!... Et il y faudra redescendre!... Oh! si je me jetais d'ici à ces flots de toits et de clochers... Cela vaudrait mieux peut-être : je serais mort avant d'être en bas... mort dans les airs! Mais non; je m'accrocherais sans doute en tombant, — là, — à ces arêtes de pierre... j'y demeurerais toute la nuit... presque tué, les jambes rompues, et les reins brisés... quelle souffrance! Puis, un jour, viendrait là-dessous la foule moqueuse... et mes créanciers qui s'écrieraient qu'en disposant de ma vie c'est un vol que je leur ai fait! — Oh! non, — non! suivons plutôt leur conseil... J'aime encore mieux appartenir au diable qu'à un misérable de mon espèce!... — Du courage! et prenons garde que ma voix ne tremble! — Satan!

SATAN.

Quoi!

FLAMEL.

Me voici.

SATAN.

Je t'attendais. — Quand plaît-il à monsieur le docteur que j'entre à son service?

FLAMEL.

J'ai besoin d'argent, voilà tout. — Écoute, je ne puis me décider à vendre mon âme, mais je l'engagerai volontiers. Prête-moi sur cette garantie; je te rendrai plus tard ton argent et les intérêts.

SATAN.

Me prends-tu pour un juif?

FLAMEL.

Eh bien! que veux-tu?... le reste de ma vie... mon sang à boire?... et donne-moi seulement de quoi payer mes dettes, et faire vivre ma femme, quand je ne serai plus !

SATAN.

Allons donc ! j'avais meilleure opinion de toi !...

FLAMEL.

Mais l'enfer... mais souffrir pour l'éternité... n'est-ce rien que cela ?

SATAN.

Mon ami, se peut-il qu'une âme comme la tienne soit imprégnée encore de toutes ces terreurs d'enfant, de tous ces préjugés de vieilles ?... Des flammes, des chaudières !... tu crois à tout cela ? As-tu donc une idée si basse et si mesquine de celui qui fut un instant le rival de Dieu, et qui entraîna la moitié du ciel dans sa cause !...

FLAMEL.

Il est vrai, Satan, cette action fut grande !

SATAN.

Ah ! le crime et la honte sont aux vaincus, quand les vainqueurs restent seuls à raconter l'histoire ! — Flamel, te répugne-t-il de croire à deux principes contraires, mais égaux en gloire et en grandeur, et dont les symboles peuvent être le noir... et le blanc, la nuit... et le jour ? — Un mont est quelque chose de beau, n'est-ce pas ? un abîme l'est-il moins ?... où donc est le mauvais, le méprisable ? Au milieu ! c'est ce qui n'est ni *élevé* ni *profond*.

— Tu as assez de sens pour concevoir mon raisonnement, sans que je le développe davantage, et pour arriver de toi-même à cette conclusion, qu'il est deux séjours préférables à celui de la terre : le ciel et l'enfer; et qu'il est deux êtres plus grands, plus nobles et meilleurs qu'aucun homme : Dieu — et Satan !

FLAMEL.

Le paradoxe est ton arme favorite; mal me prendrait de sophistiquer avec un tel docteur! mais, dis-moi, si j'en venais à me décider... en attendant le monde que tu me vantes, combien me promettrais-tu d'années de puissance dans celui-ci?

SATAN.

Ah! peu m'importe !... j'en puis perdre sans les compter. — Quand tu me diras : Partons, j'en ai assez! — alors.....

FLAMEL.

Cette clause est vraiment attrayante. — Eh bien! puisqu'il faut toujours être esclave, qu'importe que ce soit de toi ou de tout autre? — Je me suis trop enflé, j'ai heurté trop violemment les barrières éternelles de ce monde, et, après le désir inaccompli d'aller jusqu'*au haut*, il ne m'en reste qu'un, c'est d'aller jusqu'*au fond*.

SATAN.

Alors, signe ceci : les hommes l'appellent un pacte, tu verras que c'est un contrat.

FLAMEL.

Mais... je serais bien aise de lire les clauses...

SATAN.

C'est juste.
Il lève devant Flamel sa main qui devient lumineuse.

FLAMEL, lisant le pacte.

Que vois-je?... FLAMEL, ET PERNELLE, SA FEMME... — Raye ce dernier nom : je ne suis pas assez cruel pour vouloir l'entraîner dans ma chute!

SATAN.

Pourtant ta femme et toi, ce n'est qu'un.

FLAMEL.

Démon!...

SATAN.

Que dirais-tu d'un homme qui, en changeant pour jamais de prince et de patrie, n'emmènerait pas sa famille avec lui?

FLAMEL.

Ah! je te reconnais là, esprit du sophisme et du mensonge!... et déjà tu me fais horreur! la damner avec moi... elle! si pieuse, si bonne, - non!... je n'y consentirai jamais; et si c'est ton dernier mot, que tout soit fini entre nous!

SATAN.

Mon ami, j'en suis fâché : mais, dans ce temps-ci, les débiteurs sont de si mauvaise foi, qu'on ne peut trop prendre ses précautions. — En vérité, les hommes seront bientôt plus fins que les autres, et alors seulement nous cesserons de paraître sur la terre : cela se verra dans trois à quatre siècles au plus. — Mais je ne m'en plains point : tant de gens feront alors nos affaires dans ce monde, que nous n'aurons plus qu'à nous reposer. En attendant, crois-tu donc que je veuille risquer que ta femme, si pieuse, dis-tu, et si bonne, te ravisse à moi en obtenant du ciel ta grâce, ou qu'après que tu auras joui de mes avances, elle parvienne à t'amener quelque jour au repentir et à l'expiation ? ce serait un marché de dupe. Bref, voici le pacte; pas un mot n'en sortira... Signe !

FLAMEL.

Eh bien ! je ne consens point, et tout est rompu.

SATAN.

Non pas; crois-tu donc que tu m'auras dérangé pour rien, et fait perdre ici mon temps et ma logique?... Je vais te précipiter du haut de cette tour, comme le Fils de l'homme, et puis m'emparer de ton âme, qui se trouve ici en état de péché mortel.

FLAMEL.

Ah ! maudit !

Satan le saisit par un bras.

FLAMEL, faisant avec l'autre bras le signe de la croix.

In nomine Patris, et Filii, et Spiritus sancti.

La tour Saint-Jacques devient toute rouge.

SATAN.

Ventre-Mahon ! les pieds me brûlent... Un nuage !

Il se jette sur un nuage, tandis que Flamel, à genoux et priant, reste sans danger sur la tour, qui refroidit à mesure que Satan s'éloigne.

SCÈNE III

UN CABARET DE LA CITÉ

UN GUEUX, chantant.

Entervez, marpeaux et mions,
Que je rouscaille une chanson :
    J'aime l'artic,
    J'aime la pie !
J'aime la croûte de parfond ;

UN COMPAGNON.

Lorsque je bois ce vin beaunois,
Si vous saviez ce que je vois :
Paris et ces blanches maisons
Semblent un troupeau de moutons,
    Et ses clochers
    Sont les bergers
Qui les conduisent par la plaine
    Boire à la Seine.

LE GUEUX, l'interrompant.

Dans les pougeois nous trimardons...

DEUXIÈME COMPAGNON.

Paix donc, là, braillard!... je ne bois jamais qu'un verre de vin à la fois, et je n'écoute qu'une chanson.

UN ÉCOLIER.

Dirait-on pas ici la cour plénière du roi de l'Argot !

LE GUEUX.

Prends garde que je ne t'efface la figure d'un soufflet !

L'ÉCOLIER.

Oui ! — si ce n'était ta manche qui te retient le bras !...

PREMIER COMPAGNON.

Silence donc! — Le second couplet. Ici on casse les verres et l'on jette les bouteilles au travers des vitres, — les bouteilles vides s'entend ; car vous savez : bouteille sans vin, c'est corps sans âme.

Il reprend.

Qui les conduisent par la plaine
　　Boire à la Seine :
Mais, auprès de l'eau quel danger !
Trois loups sont là pour les manger :
Dans la Cité c'est le Palais ;
Aux deux bords, les deux Châtelets...

L'ÉCOLIER.

C'est bien craché, chanté ! l'ami : seulement, assez sur

ce point! Je ne te conseille pas de gloser sur messeigneurs de la justice, tu leur devras quelque jour ton élévation.

LE COMPAGNON.

Pas d'équivoque, mons de la Basoche!

L'ÉCOLIER.

Qu'est-ce à dire? ne seras-tu pas glorieux de servir de pendants d'oreille à madame la Potence!

LE COMPAGNON.

Voirement... si elle est ta mère, tu lui fais honneur!

L'ÉCOLIER.

Tu voltigeras en l'air, comme les anges!

LE GUEUX.

Qu'a donc ce compagnon à rôder devant la porte, sans savoir s'il doit entrer? — Entrez donc, messire! la société est honnête et joyeuse; c'est la Cour des Miracles en raccourci. Tous princes ou voleurs!

Entre Nicolas Flamel.

FLAMEL avance, en réfléchissant, sur le devant de la scène.

Au fait... j'ai faim! et point d'argent!... Pourtant me voilà rentré presque malgré moi... Comment faire? si je leur offrais de payer mon écot avec quelques tours de physique amusante! C'est chose bien honteuse et malséante à un philosophe hermétique; mais que de grands esprits se sont vus réduits à des extrémités pareilles, et sans parler du bon Homère!...

LE GUEUX.

Ohé! monsieur mon ami, que faites-vous donc là debout, et vous carrant comme un pot à deux anses?

L'ÉCOLIER.

Laisse-le donc! Tu vois bien que c'est quelque poétiseur en inspiration. — *Numine afflatur*.

LE GUEUX, s'étant approché de Flamel.

Eh non, — tiens! il n'ose pas se mettre à table, parce que son escarcelle est vide... N'est-ce pas, monsieur?

FLAMEL.

C'est possible, — mais d'où le savez-vous?

LE GUEUX, lui rendant sa bourse vide.

C'est que... la voici!

L'ÉCOLIER.

L'argument est sans réplique.

LE GUEUX.

Ça ne fait rien, mon compagnon, vous êtes ici avec des honnêtes gens, des vieux chrétiens; et quand vous seriez sec comme un pendu d'été, voici de quoi graisser vos ressorts.

Il le fait asseoir devant un plat de viande.

— Une bonne cuisine de Dieu!... — Vrai-bot! comme vous y allez! (Lui versant à boire.) Faisons couler ça, — et attaquons vivement ce maître lapin — ou baptisé tel!...

FLAMEL.

Messieurs, je suis bien reconnaissant de votre bon accueil, et j'espère pouvoir m'en acquitter en vous faisant participer à quelques secrets merveilleux que la science m'a révélés. — Je viens de remarquer avec ennui que le vin de céans était peu digne de braves compagnons comme vous!

L'ÉCOLIER.

Oui dà! et saurais-tu donc quelque moyen de renouveler le miracle des noces de Cana?

FLAMEL.

Mieux que cela! je puis, par artifice chimique, et non autrement, vous donner à choisir entre les meilleurs vins dont vous ayez ouï parler.

L'ÉCOLIER, aux autres.

C'est quelque jongleur!

FLAMEL.

Passez-moi ce broc que j'aperçois là-bas, plein jusqu'aux bords... (Il le goûte.) C'est du vrai vin de Nanterre, bon seulement à se mettre le gosier en couleur! (Il jette une poudre dans le vin.) Maintenant, qui veut de l'excellent vin bourguignon?

TOUS, buvant.

Moi! moi! — plein! — délicieux! — la belle science!

FLAMEL.

Du champenois? (Il verse.)

TOUS.

Merci! — très-bon! — Oh! la magnifique invention!

FLAMEL.

Voici un certain vin d'Espagne dont vous me direz votre avis!

TOUS.

Ah! — ah! — celui-là, jamais je n'en ai bu de tel! c'est comme si le bon Dieu y avait craché!...

L'ÉTUDIANT.

C'est la véritable ambroisie! — Pardon de vous avoir tutoyé... N'êtes-vous pas monseigneur Bacchus en personne?

LE GUEUX.

Mon compagnon!... c'est moi qui vous ai invité, vous savez. — Vous êtes un homme merveilleux! Foi de truand! je vous jure une amitié inaltérable! Ne nous séparons plus... Si vous n'avez pas d'argent, j'en ai à votre service dans ma poche... ou dans celle du premier venu, ça revient au même!... Tenez, c'est au point que je veux vous faire recevoir argotier dès ce soir, sans épreuves et sans préparation! c'est un honneur qu'on ne ferait pas au roi!... Après ça, vous pourrez maquiller dans les pougeois et sur les grands trimards, sans que... — Ah! vrai-bot! voici quelqu'un là-bas qui nous fait la grimace, comme un ribleur au pilori !...

UN ÉTRANGER.

C'est que vous êtes là tous à vous émerveiller de cet homme, autant que si c'était le diable !... et, ventre de pape ! il n'y a pas si mince physicien qui ne sache mille tours plus singuliers.

LE GUEUX.

N'en cherchons pas d'autres !... celui-là me plaît, et seulement, faites-nous-en autant, pour voir !... Aussi bien, la cruche est vide...

L'ÉTRANGER.

Messieurs ! après le vin, les liqueurs... n'est-ce pas juste ? — De l'eau ! et tendez vos verres.

, ...

(La suite manque.)

HENRI HEINE

I

LA MER DU NORD

———

Dans ce moment où l'Europe est en feu, il y a peut-être quelque courage à s'occuper de simple poésie, à traduire un écrivain qui a été le chef de la jeune Allemagne et a exercé une grande influence sur le mouvement des esprits, non pas pour ses chants révolutionnaires, mais pour ses ballades les plus détachées, ses stances les plus sereines. Nous aurions pu, dans l'œuvre d'Henri Heine, vous former un faisceau de baguettes républicaines auquel n'aurait pas même manqué la hache du licteur. Nous préférons vous offrir un simple bouquet de fleurs de fantaisie, aux parfums pénétrants, aux couleurs éclatantes. Il faut bien que quelque fidèle, en ce temps de tumulte où les cris enroués de la place publique ne se taisent jamais, vienne réciter tout bas sa prière à l'autel de la poésie.

On a pu apprécier le talent d'Henri Heine dans ses

poëmes satiriques. *Atta-Troll* et le *Voyage d'Hiver* sont encore dans toutes les mémoires. Cette fois nous donnons comme une anthologie tirée de ses divers recueils du *Buch der Lieder* (Livre des Chants). Avant de citer ces pièces, qui perdent nécessairement beaucoup, privées des grâces du style et du rhythme, nous voudrions tenter une appréciation du talent poétique d'Henri Heine, ce Byron de l'Allemagne à qui il n'a manqué, pour être aussi populaire en France, que le titre de lord, la mise en scène de son génie, — et une traduction complète.

Henri Heine est, si ces mots peuvent s'accoupler, un Voltaire pittoresque et sentimental, un sceptique du dix-huitième siècle, argenté par les doux rayons bleus du clair de lune allemand. Rien n'est plus singulier et plus inattendu que ce mélange involontaire d'où résulte l'originalité du poëte. A l'opposé de beaucoup de ses compatriotes, farouches Teutons et *gallophages*, qui ne jurent que par Hermann, Henri Heine a toujours beaucoup aimé les Français ; si la Prusse est la patrie de son corps, la France est la patrie de son esprit. Le Rhin ne sépare pas si profondément qu'on veut bien le dire les deux pays, et souvent la brise de France, franchissant les eaux vertes où gémit la Lurley sur son rocher, balaye, de l'autre côté, l'épaisse brume du Nord et apporte quelque gai refrain de liberté et d'incrédulité joyeuse, que l'on ne peut s'empêcher de retenir. Heine en a retenu plus que tout autre, de ces chansons aimablement impies et férocement légères, et il est devenu un terrible railleur, ayant toujours son carquois plein de flèches sarcastiques, qui vont loin, ne manquent jamais leur but et pénètrent avant. Ah ! plus d'un qui n'en dit rien, et tâche de faire bonne contenance, quoiqu'il soit mort depuis longtemps de sa blessure, a dans le flanc le fer de l'un de ces dards empennés de métaphores brillantes. Tous ont été criblés, les dieux anciens et les dieux nouveaux, les potentats et les conseillers auliques, les poëtes barbares ou sentimentaux, les tartufes et les cuistres de toute robe et de tout plumage. Nul tireur, fût-il aussi adroit qu'un chasseur tyrolien, n'a abattu un pareil nombre des noirs corbeaux qui tournent et croassent au-dessus du Kyffhauser, la montagne sous laquelle dort l'empereur Frédéric Barberousse, et si l'Épiménide couronné ne se réveille point, certes, ce n'est pas la faute du brave Henri; dans son ardeur de viser et d'atteindre, il a même lancé à travers sa sarbacane, sur la patrie allemande, sur la *vieille femme de là-bas*, comme il l'appelle, quelques pois et quelques houppes de laine rouge, cachant une fine pointe, qui ont dû réveiller parfois, dans son fauteuil d'ancêtre, la pauvre grand'mère rêvassant et radotant.

Il n'a pas manqué jusqu'à présent de ces esprits secs, haineux, d'une lucidité impitoyable, qui ont manié l'ironie, cette hache luisante et glacée, avec l'adresse froide et l'impassibilité joviale du bourreau; mais Henri Heine, quoiqu'il soit aussi cruellement habile que pas un d'eux, en diffère essentiellement au fond. Avec la haine, il possède l'amour, un amour aussi brûlant que la haine est féroce; il adore ceux qu'il tue; il met le dictame sur les blessures qu'il a faites et des baisers sur ses morsures. Avec quel profond étonnement il voit jaillir le sang de ses victimes, et comme il éponge bien vite les filets pourpres et les lave de ses larmes!

Ce n'est pas un vain cliquetis d'antithèses de dire littérairement d'Henri Heine qu'il est cruel et tendre, naïf et perfide, sceptique et crédule, lyrique et prosaïque, sentimental et railleur, passionné et glacial, spirituel et pittoresque, antique et moderne, *moyen âge* et révolutionnaire. Il a toutes les qualités et même, si vous voulez, tous les défauts qui s'excluent; c'est l'homme des contraires, et cela sans effort, sans parti pris, par le fait d'une nature panthéiste qui éprouve toutes les émotions et perçoit toutes les images. Jamais Protée n'a pris plus de formes, jamais dieu de l'Inde n'a promené son âme divine dans une si longue série d'avatars. Ce qui suit le poëte à travers ces mutations perpétuelles et ce qui le fait reconnaître, c'est son incomparable perfection plastique. Il taille comme un bloc de marbre grec les troncs noueux et difformes de cette vieille forêt inextricable et touffue du langage allemand à travers laquelle on n'avançait jadis qu'avec la hache et le feu; grâce à lui, l'on peut marcher maintenant dans cet idiome sans être arrêté à chaque pas par les lianes, les racines tortueuses et les chicots mal déracinés des arbres centenaires; — dans le vieux chêne teutonique, où l'on n'avait pu si longtemps qu'ébaucher à coups de serpe l'idole informe d'Irmensul, il a sculpté la statue harmonieuse d'Apollon; il a transformé en langue universelle ce dialecte que les Allemands seuls pouvaient écrire et parler sans cependant toujours se comprendre eux-mêmes.

Apparu dans le ciel littéraire un peu plus tard, mais avec non moins d'éclat que la brillante pléiade où brillaient Wieland, Klopstock, Schiller et Gœthe, il a pu éviter plusieurs défauts de ses prédécesseurs. On peut reprocher à Klopstock une fatigante profondeur, à Wieland une légèreté outrée, à Schiller un idéalisme parfois absurde; enfin, Gœthe, affectant de réunir la sensation, le sentiment et l'esprit, pèche souvent par une froideur glaciale. Comme nous l'avons dit, Henri Heine est naturellement sensible, idéal, plastique, et avant tout spirituel. Il n'est rien entré de Klopstock dans la formation de son talent, parce que sa nature répugne à tout ce qui est ennuyeux; il a de Wieland la sensualité, de Schiller le sentiment, de Gœthe la spiritualité panthéistique; il ne tient que de lui-même son incroyable puissance de réalisation. Chez lui, l'idée et la forme s'identifient complétement; personne n'a poussé aussi loin le relief et la couleur. Chacune de ses phrases est un microcosme animé et brillant; ses images semblent vues dans la chambre noire; ses figures se détachent du fond et vous causent par l'intensité de l'illusion la même surprise craintive que des portraits qui descendraient de leur cadre pour vous dire bonjour. Les mots chez lui ne désignent pas les objets, ils les évoquent. Ce n'est plus une lecture qu'on fait, c'est une scène magique à laquelle on assiste; vous vous sentez enfermer dans le cercle avec le poëte, et alors autour de vous se pressent avec un tumulte silencieux des êtres fantastiques d'une vérité saisissante; il passe devant vos yeux des tableaux si impossiblement réels, que vous éprouvez une sorte de vertige.

Rien n'est plus singulier pour nous que cet esprit à la fois si français et si allemand. Telle page étincelante d'ironie et qu'on croirait arrachée à Candide a pour verso une légende digne de figurer dans la collection des frères Grimm, et souvent, dans la même strophe, le docteur Pangloss philosophe avec une *elfe* ou une *nixe*. Au rire strident de Voltaire, l'enfant au cor merveilleux mêle une note mélancolique où revivent les poésies secrètes de la forêt et les fraîches inspirations du printemps; le railleur s'installe familièrement dans un donjon gothique ou se promène sous les arceaux d'une cathédrale; il commence par se moquer des hauts barons et des prêtres, mais bientôt le sentiment du passé le pénètre, les armures bruissent le long des murailles; les couleurs des blasons se ravivent, les roses des vitraux étincellent, l'orgue murmure; le paladin sort de son château féodal sur son coursier caparaçonné; le prêtre, la chasuble au dos, monte les marches de l'autel, et jamais poëte épris de chevalerie et d'art catholique, ni Uhland, ni Tieck, ni Schlegel, dont il a tant de fois tourné le romantisme en ridicule, n'ont si fidèlement dépeint et si bien compris le moyen âge. La force des images et le sentiment de la beauté ont rendu pour quelques strophes notre ricaneur sérieux; mais voilà qu'il se moque de sa propre émotion et passe sur ses yeux remplis de larmes sa manche bariolée de bouffon, et fait sonner bien fort ses grelots et vous éclate de rire au nez. Vous avez été sa dupe; il vous a tendu un piége sentimental où vous êtes tombé comme un simple Philistin. — Il le dit, mais il ment; il a été attendri en effet, car tout est sincère dans cette nature multiple. Ne l'écoutez pas, quand il vous dit de ne croire ni à son rire ni à ses pleurs; rire d'hyène, larmes de crocodile; — pleurs et rires ne s'imitent pas ainsi !

Le *Buch der Lieder* (Livre des Chants) contient plusieurs ballades où, malgré l'accent railleur, palpite la vie intime des temps passés. *Le chevalier Olaf* se fait remarquer par le plus habile mélange de grâce et de terreur. Cela est charmant et cela donne froid dans le dos. — Olaf a séduit la fille du roi; il faut qu'il l'épouse pour légitimer sa faute, mais il doit payer, la noce achevée, sa hardiesse de sa tête ! La princesse est pâle comme une morte, le roi sombre et soucieux, le bourreau attendri; le chevalier Olaf seul salue d'un air gai son beau-père et sourit de ses lèvres vermeilles; il ne regrette pas ce qu'il a fait et ne trouve pas son bonheur acheté trop cher. Il envoie un adieu plein de reconnaissance à tout ce qui l'entoure, à la nature, à la Providence, aux beaux yeux *couleur de violette* qui lui ont été si fatals et si doux ! — Quel tableau grandiose et fantastique que celui du roi Harald Harfagar endormi au fond de la mer dans les bras d'une ondine amoureuse, et qui tressaille lorsque les vaisseaux des pirates normands passent au-dessus de sa tête ! — Et dans la ballade d'Almanzor, qui, voyant dans la mosquée de Cordoue les colonnes de porphyre continuer à soutenir les voûtes de l'église du dieu des chrétiens comme elles avaient porté la coupole du temple d'Allah, courbe sa tête sous l'eau du baptême et trouve le moyen de rester le dernier à la fête d'une galante châtelaine, si bien que les colonnes indignées se rompent et croulent en débris, faisant hurler de douleur anges et saints sous leurs décombres, — quelle verve sceptique ! quelle haute philosophie à travers le luxe éblouissant des images et l'enchantement oriental de la poésie ! Le *Romancero morisco* n'a rien de plus vif, de plus éclatant, de plus arabe ; mais à quoi bon donner un échantillon, quand on peut ouvrir l'écrin lui-même ?

LE CHEVALIER OLAF

I

Devant le dôme se tiennent deux hommes, portant tous deux des manteaux rouges ; l'un est le roi, l'autre est le bourreau.

Et le roi dit au bourreau : — Au chant des prêtres, je

vois que la cérémonie va finir; tiens prête ta bonne hache.

Les cloches sonnent, les orgues ronflent, et le peuple s'écoule de l'église. Au milieu du cortége bigarré sont les nouveaux époux en costume d'apparat.

L'une est la fille du roi : elle est triste, inquiète, pâle comme une morte; l'autre est sire Olaf, qui marche avec assurance et sérénité : sa bouche vermeille sourit.

Et, avec le sourire sur ses lèvres vermeilles, il dit au roi, sombre et soucieux: « Je te salue, beau-père; c'est aujourd'hui que je dois te livrer ma tête.

« Je dois mourir aujourd'hui.... Oh! laisse-moi vivre seulement jusqu'à minuit, afin que je fête mes noces par un festin et par des danses.

« Laisse-moi vivre, laisse-moi vivre jusqu'à ce que le dernier verre soit vidé, jusqu'à ce que la dernière danse soit dansée... Laisse-moi vivre jusqu'à minuit. »

Et le roi dit au bourreau : « Nous octroyons à notre gendre la prolongation de sa vie jusqu'à minuit.... Tiens prête ta bonne hache. »

II

Sire Olaf est assis au banquet de ses noces, il vide son dernier verre; l'épousée s'appuie sur son épaule et gémit. — Le bourreau se tient devant la porte.

Le bal commence, et sire Olaf étreint sa jeune femme, et, dans une valse emportée, ils dansent à la lueur des flambeaux la dernière danse. — Le bourreau se tient devant la porte.

Les violons jettent des sons joyeux, les flûtes soupirent tristes et inquiètes; les spectateurs ont le cœur serré en voyant danser les deux époux. — Le bourreau se tient devant la porte.

Et, tandis qu'ils dansent dans la salle resplendissante, sire Olaf murmure à l'oreille de sa femme : « Tu ne sais pas combien je t'aime ! Il fera si froid dans le tombeau ! » — Le bourreau se tient devant la porte.

III

« Sire Olaf, il est minuit ; ta vie est écoulée ! Tu la perds en expiation d'avoir suborné une fille de roi. »

Les moines murmurent les prières des agonisants : l'homme au manteau rouge attend, armé de sa hache brillante, auprès du noir billot.

Sire Olaf descend le perron de la cour, où luisent des torches et des épées.

Un sourire voltige sur les lèvres vermeilles du chevalier, et, de sa bouche souriante, il dit :

« Je bénis le soleil, je bénis la lune et les astres qui étoilent le ciel. Je bénis aussi les petits oiseaux qui gazouillent dans l'air.

« Je bénis la mer, je bénis la terre et les fleurs qui émaillent les prés ; je bénis les violettes, elles sont aussi douces que les yeux de mon épousée.

« O les doux yeux de mon épousée, les yeux couleur de violettes, c'est par eux que je meurs !... Je bénis aussi le feuillage embaumé du sureau sous lequel tu t'es donnée à moi. »

HARALD HARFAGAR.

Le roi Harald Harfagar habite les profondeurs de l'Océan avec une belle fée de la mer ; les années viennent et s'écoulent.

Retenu par le charme et les enchantements de l'ondine, il ne peut ni vivre ni mourir ; voilà déjà deux cents ans que dure son bienheureux martyre.

La tête du roi repose sur le sein de la douce enchanteresse, dont il regarde les yeux avec une amoureuse langueur ; il ne peut jamais les regarder assez.

Sa chevelure d'or est devenue gris d'argent ; les pommettes de ses joues saillissent sous sa peau jaunie ; son corps est flétri et cassé.

Parfois il s'arrache tout à coup à son rêve d'amour, quand les flots bruissent violemment au-dessus de sa tête et que le palais de cristal tremble.

Parfois il croit entendre au-dessus des vagues, dans le vent qui passe, un cri de guerre normand ; il se lève en sursaut, il tressaille de joie, il étend ses bras, mais ses bras retombent lourdement.

Parfois il croit entendre au-dessus de lui des marins qui chantent et célèbrent dans leurs chansons guerrières les exploits du roi Harald Harfagar.

Alors le roi gémit, sanglote et pleure du fond de son cœur. La fée de la mer se penche vivement sur lui et lui donne un baiser de sa bouche rieuse.

ALMANZOR.

I

Dans le dôme de Cordoue s'élèvent treize cents colonnes, treize cents colonnes gigantesques soutiennent la vaste coupole.

Et colonnes, coupole et murailles sont couvertes depuis le haut jusqu'en bas de sentences du Coran, arabesques charmantes artistement enlacées.

Les rois mores, jadis, bâtirent cette maison à la gloire d'Allah, mais les temps ont changé, et avec les temps l'aspect des choses.

Sur la tour où le muezzin appelait à la prière bourdonne maintenant le glas mélancolique des cloches chrétiennes.

Sur les degrés où les croyants chantaient la parole du prophète, les moines tonsurés célèbrent maintenant la lugubre facétie de leur messe.

Et ce sont des génuflexions et des contorsions devant des poupées de bois peint, et tout cela beugle et mugit, et de sottes bougies jettent leurs lueurs sur des nuages d'encens.

Dans le dôme de Cordoue se tient debout Almanzor-ben-Abdullah, qui regarde tranquillement les colonnes et murmure ces mots :

« O vous, colonnes, fortes et puissantes autrefois, vous embellissiez la maison d'Allah, maintenant vous rendez servilement hommage à l'odieux culte du Christ!

« Vous vous accommodez aux temps, et vous portez patiennent votre fardeau. Hélas ! et moi qui suis d'une matière plus faible, ne dois-je encore plus patiemment accepter ma charge ? »

Et le visage serein, Almanzor-ben-Abdullah courba sa tête sur le splendide baptistère du dôme de Cordoue.

II

Il sort vivement du dôme et s'élance au galop de son coursier arabe, les boucles de ses cheveux encore trempées d'eau bénite, et les plumes de son chapeau flottent au vent.

Sur la route d'Alkoléa, où coule le Guadalquivir, où fleurissent les amandiers blancs, où les oranges d'or répandent leurs senteurs,

Sur cette route, le joyeux chevalier chevauche, siffle et chante de plaisir, et sa voix se mêle au gazouillement des oiseaux et au bruissement du fleuve.

Au château d'Alkoléa demeure Clara d'Alvarès, et, pendant que son père se bat en Navarre, elle se réjouit sans contrainte.

Et Almanzor entend au loin retentir les cymbales et les tambours de la fête, et il voit les lumières du château scintiller à travers l'épais feuillage des arbres.

Au château d'Alkoléa dansent douze dames parées ; douze chevaliers parés dansent avec elles. Cependant Almanzor est le plus brillant de ces paladins.

Comme il papillonne dans la salle, en belle humeur, sachant dire à toutes les dames les flatteries les plus charmantes !

Il baise vivement la belle main d'Isabelle et s'échappe

aussitôt, puis il s'assied devant Elvire et la regarde hardiment dans les yeux.

Il demande en riant à Léonore s'il lui plaît aujourd'hui, et il montre la croix d'or brodée sur son pourpoint.

Il jure à chaque dame qu'elle règne seule dans son cœur, et « aussi vrai que je suis chrétien ! » jure-t-il trente fois dans la même soirée.

III

Au château d'Alkoléa, le plaisir et le bruit ont cessé. Dames et chevaliers ont disparu, et les lumières sont éteintes.

Dona Clara et Almanzor sont restés seuls dans la salle : la dernière lampe verse sur eux sa lueur solitaire.

La dame est assise sur un fauteuil, le chevalier est placé sur un escabeau, et sa tête, alourdie par le sommeil, repose sur les genoux de sa bien-aimée.

La dame, affectueuse et attentive, verse d'un flacon d'or de l'essence de rose sur les boucles brunes d'Almanzor, et il soupire du plus profond de son cœur.

De ses lèvres suaves, la dame, affectueuse et attentive, dépose un doux baiser sur les boucles brunes d'Almanzor, et un nuage assombrit le front du chevalier endormi.

La dame, affectueuse et attentive, pleure, et un flot de larmes tombe de ses yeux brillants sur les boucles brunes d'Almanzor, et les lèvres du chevalier frémissent.

Et il rêve : il se retrouve la tête profondément courbée et mouillée par l'eau du baptême dans le dôme de Cordoue, et il entend beaucoup de voix confuses.

Il entend murmurer toutes les colonnes gigantesques,

— elles ne veulent plus porter leur fardeau, et tremblent de colère et chancellent.

Et elles se brisent violemment ; le peuple et les prêtres blêmissent, la coupole s'écroule avec fracas, et les dieux chrétiens se lamentent sous les décombres.

L'ÉVOCATION.

Le jeune franciscain est assis solitaire dans sa cellule, il lit dans le vieux grimoire intitulé la *Contrainte de l'Enfer*.

Et comme minuit sonne, il n'y tient plus, et, les lèvres blêmies par la peur, il appelle les esprits infernaux : Esprits ! tirez-moi de la tombe le corps de la plus belle femme, prêtez-lui la vie pour cette nuit ; — je veux m'édifier sur ses charmes.

Il prononce la terrible formule d'évocation, et aussitôt sa fatale volonté s'accomplit ; la pauvre beauté morte arrive enveloppée de blancs tissus.

Son regard est triste. De sa froide poitrine s'élèvent de douloureux soupirs. La morte s'assied près du moine ; — ils se regardent et se taisent.

LES ONDINES.

Les flots battent la plage solitaire ; la lune est levée ; le chevalier repose étendu sur la dune blanche, et se laisse aller aux milles rêveries de sa pensée.

Les belles ondines, vêtues de voiles blancs, quittent les profondeurs des eaux. Elles s'approchent à pas légers du jeune homme, qu'elles croient réellement endormi.

L'une touche avec curiosité les plumes de sa barette; l'autre examine son baudrier et son heaume.

La troisième sourit, et son œil étincelle; elle tire l'épée du fourreau, et, appuyée sur l'acier brillant, elle contemple le chevalier avec ravissement.

La quatrième sautille çà et là autour de lui, et chantonne tout bas : « Oh ! que ne suis-je ta maîtresse, chère fleur de chevalerie ! »

La cinquième baise la main du chevalier avec une ardeur voluptueuse; la sixième hésite, et s'enhardit enfin à lui baiser les lèvres et les joues.

Le chevalier n'est pas un sot; il se garde bien d'ouvrir les yeux, et se laisse tranquillement embrasser par les belles ondines au clair de lune.

LE TAMBOUR-MAJOR.

C'est le tambour-major. Comme il est déchu ! Du temps de l'Empire, il florissait, il était pimpant et joyeux.

Il balançait sa grande canne avec le sourire du contentement; les tresses d'argent de son habit resplendissaient aux rayons du soleil.

Lorsqu'aux roulements du tambour, il entrait dans les villes et les villages, il trouvait de l'écho dans le cœur des femmes et des filles.

Il venait, voyait — et triomphait de toutes les belles; sa noire moustache était trempée des larmes sentimentales de nos Allemandes.

Il nous fallait bien le souffrir! Dans chaque pays où passaient les conquérants étrangers, l'empereur subjuguait les hommes, le tambour-major les femmes.

Nous avons longtemps supporté cette affliction, patients comme des chênes allemands, jusqu'au jour où nos gouvernants légitimes nous insinuèrent l'ordre de nous affranchir.

Comme le taureau dans l'arène du combat, nous avons levé les cornes, secoué le joug français et entonné les dithyrambes de Kœrner.

O les terribles vers! Ils firent un effroyable mal aux oreilles des tyrans! L'empereur et le tambour-major s'enfuirent terrifiés par ces accents.

Tous les deux ils reçurent le châtiment de leurs péchés, et ils firent une misérable fin. L'empereur Napoléon tomba aux mains des Anglais.

Sur le rocher de Sainte-Hélène, ils lui infligèrent un infâme supplice. Il mourut à la fin d'un cancer à l'estomac.

Le tambour-major fut également destitué de sa position. Pour ne pas mourir de faim, il est réduit à servir comme portier dans notre hôtel.

Il allume les poêles, frotte les parquets, porte le bois et l'eau. Avec sa tête grise et branlante, il monte haletant les escaliers.

Chaque fois que mon ami Fritz vient me faire visite, il ne se refuse jamais le plaisir de railler et de tourmenter ce pauvre homme au corps si maigre et si long.

Laisse là la raillerie, ô Fritz! Il ne sied pas aux fils de la Germanie d'accabler de sottes plaisanteries la grandeur déchue.

Tu dois, il me semble, traiter avec respect des gens de

cette espèce ; — il se peut bien que ce vieux soit ton père
du côté maternel.

———

Nous ne pouvons que mentionner ici quelques autres
ballades déjà connues en France. Les *Deux Grenadiers*,
par exemple, où se trouve l'idée de la *Revue nocturne* de Sedlitz, qui ne parut que longtemps après. *Dona Clara* est pour ainsi dire le pendant d'*Almanzor*. Là, c'est
un musulman qui trahit sa foi pour l'amour d'une chrétienne ; ici, un juif prend le costume d'un chevalier pour
séduire la fille d'un alcade. La scène se passe dans des jardins délicieux ; c'est une longue causerie amoureuse où la
jeune fille laisse échapper çà et là des railleries contre les
juifs sans savoir qu'elles vont frapper douloureusement au
cœur de l'amant. La conclusion est que le faux chevalier,
après avoir pressé dans ses bras la jeune Espagnole, lui
avoue qu'il est le fils du grand rabbin de Saragosse. Le
trait railleur manque rarement, chez Heine, au dénoûment des ballades les plus colorées et les plus amoureuses.
Pourtant le *Pèlerinage à Kewlaar* est une légende toute
catholique, dont rien ne dérange le sentiment religieux.
Il s'agit d'un pèlerinage vers une certaine chapelle où la
sainte Vierge guérit tous les malades. L'un lui présente
un pied, l'autre une main de cire, selon l'usage, pour indiquer la partie de son corps qui souffre. Un jeune homme
apporte à la Vierge un petit cœur de cire, car il est malade
d'amour.—La nuit suivante, le jeune homme est endormi ;
sa mère, en le veillant, s'est endormie aussi ; mais elle
voit en rêve la mère de Dieu qui entre dans la chambre
sur la pointe du pied. Marie se penche sur le malade, ap-

puis doucement la main sur son cœur et disparaît. — Les chiens aboyaient si fort dans la cour, que la vieille femme se réveilla. Son fils était mort, « les lueurs rouges du matin se jouaient sur ses joues blanches. »

« La mère joignit pieusement les mains, et pieusement à voix basse, elle chanta : Gloire à toi, Marie ! »

Mais il faudrait en citer bien d'autres ; — achevons plutôt d'apprécier encore les caractères généraux du talent d'Henri Heine. Il a, entre autres qualités, le sentiment le plus profond de la poésie du Nord, quoique méridional par tempérament, comme lord Byron, qui, né dans la brumeuse Angleterre, n'en est pas moins un fils du soleil ; — il comprend à merveille ces légendes de la Baltique, ces tours où sont enfermées des filles de rois, ces femmes au plumage de cygne, ces héros aux cuirasses d'azur, ces dieux à qui les corbeaux parlent à l'oreille, ces luttes géantes sur un frêle esquif ou sur une banquise à la dérive. Un reflet de l'Edda colore ses ballades comme une aurore boréale ; ces scènes de carnage et d'amour, de voluptés fatales et d'influences mystérieuses, conviennent à sa manière contrastée. Mais, ce à quoi il excelle, c'est à la peinture de tous les êtres charmants et perfides, ondines, elfes, nixes, wilis, dont la séduction cache un piége, et dont les bras blancs et glacés vous entraînent au fond des eaux dans la noire vase, sous les larges feuilles des nénufars. Il faut dire que malgré les galanteries italiennes de ses terzines, les hyperboles et les concetti de ses sonnets, toute femme est pour Heine quelque peu nixe ou wili ; et lorsque dans un de ses livres il s'écrie, à propos de Lusignan, amant de Mélusine : « Heureux homme dont la maîtresse n'était serpent qu'à moitié ? » il livre en une phrase le secret intime de sa théorie de l'amour.

Henri Heine, dans ses poésies les plus amoureuses et les plus abandonnées, a toujours quelque chose de soupçonneux et d'inquiet; l'amour est pour lui un jardin plein de fleurs et d'ombrages, mais de fleurs vénéneuses et d'ombrages mortifères; des sphinx au visage de vierge, à la gorge de femme, à la croupe de lionne, aiguisent leurs griffes, tout en souriant du haut de leurs socles de marbre; au milieu de l'étang jouent avec les cygnes de belles nymphes nues qui ont leurs raisons pour ne pas se montrer plus bas que la ceinture; dans ce dangereux paradis, les chants sont des incantations, le regard fascine, les parfums causent le vertige, les couleurs éblouissent, la grâce est perfide, la beauté fatale; les bouches froides donnent des baisers brûlants, les bouches brûlantes des baisers de glace; toute séduction trompe, tout charme est un danger, l'idée de la trahison et de la mort se reproduit à chaque instant; le poëte a l'air d'un homme qui caresse un tigre, joue avec le serpent cobra-capello, ou fait vis-à-vis à quelque charmante morte dans un bal de fantômes; cependant ce péril lui plaît et l'attire; il vient comme l'oiseau, au sifflement de la vipère, et il aime à cueillir le *vergiss-mein nicht* au bord des rives glissantes.

Dans la *Nord-Sée* (mer du Nord), le poëte a peint des marines bien supérieures à celles de Backhuysen, de Van de Velde et de Joseph Vernet; ses strophes ont la grandeur de l'Océan, et son rhythme se balance comme les vagues. Il rend à merveille les splendides écroulements des nuages, les volutes de la houle brodant le rivage d'une frange argentée, tous les aspects du ciel et de l'eau dans le calme et dans l'orage. Shelley et Byron seuls ont possédé à ce degré l'amour et le sentiment de la mer; mais, par un caprice singulier, au bord de cette Baltique, devant ces flots glacés qui viennent du pôle, notre Allemand se fait Grec. C'est Poseidon qui lève sa tête au-dessus de cette eau bleue et froide, gonflée par la fonte des glaciers polaires. Au lieu des *évêques de mer* et des ondines, il fait jouer dans l'écume des tritons classiques, par un anachronisme et une transposition volontaires, comme s'en sont permis de tout temps les grands coloristes, Rubens et Paul Véronèse entre autres ; il introduit dans la cabane de la fille du pêcheur un dieu d'Homère déguisé, — et lui-même ne représente pas mal Phébus-Apollon, avec une chemise rouge de matelot, des braies goudronnées, et condamné, non plus à garder les troupeaux chez Admète, mais à pêcher le hareng dans la mer du Nord.

Ceci est pour le côté purement pittoresque et descriptif ; mais à la contemplation de la nature se mêlent des rêveries philosophiques et des souvenirs d'amour. L'immensité rend sérieux ; la bouche du poëte, cet arc rouge qui décochait tant de sarcasmes, se détend. Éloigné du danger, c'est-à-dire de la femme, Henri Heine se tient moins sur ses gardes ; la mer interposée le rassure ; l'idéal chaste et noble se reforme ; l'ange pur succède au monstre gracieux, et, en se penchant sur la mer, le poëte aperçoit au fond de l'abîme et dans la transparence des eaux, la ville engloutie et vivante où s'accoude à la fenêtre la belle jeune fille qu'il aimerait sans crainte et sans jalousie.

Nous regrettons de ne pouvoir citer l'ensemble de ce poëme étrange, où se déroulent tant d'impressions poétiques, rêveries, amours, souffrances, fantaisie, enthousiasme, ivresse. C'est l'analyse entière de l'âme du poëte, avec ses contrastes les plus variés. Dans cette courte traversée de Hambourg à Héligoland, puis de cette île à Brême probablement, sur quelque mauvais paquebot chargé de grossiers matelots et de passagers ennuyeux, la pensée du rêveur s'isole et se fait grande comme l'infini. Quel est cet amour qui l'oppresse cependant, et qui, çà et là, traverse comme un éclair ces vagues idées, parfois imprégnées des brumes du Nord, parfois affectant une précision classique? C'est dans un autre de ses poëmes, intitulé *Intermezzo*, qu'on trouverait peut-être le secret de ces aspirations, de ces souffrances. Là se découpe plus nettement la forme adorée, la beauté à la fois idéale et réelle qui fut pour Heine ce qu'est Laure pour Pétrarque, Béatrice pour Dante. Mais c'est assez d'avoir osé rendre quelques pages du *Livre des Chants*. La traduction n'est peut-être qu'un tableau menteur, qui ne peut fixer d'aussi vagues images, merveilleuses et fugitives comme les brumes colorées du soir.

COURONNEMENT.

Chansons! mes bonnes chansons! debout, debout, et prenez vos armes! Faites sonner les trompettes et élevez-moi sur le pavois cette jeune belle qui désormais doit régner sur mon cœur en souveraine.

Salut à toi, jeune reine!

Du soleil qui luit là-haut j'arracherai l'or rutilant et radieux, et j'en formerai un diadème pour ton front sacré.
— Du satin azuré qui flotte à la voûte du ciel, et où scintillent les diamants de la nuit, je veux arracher un magnifique lambeau, et j'en ferai un manteau de parade pour tes royales épaules. Je te donnerai une cour de pimpants sonnets, de fières terzines et de stances élégantes; mon esprit te servira de coureur, ma fantaisie de bouffon, et

mon *humour* sera ton héraut blasonné. Mais, moi-même, je me jetterai à tes pieds, reine, et, agenouillé sur un coussin de velours rouge, je te ferai hommage du reste de raison qu'a daigné me laisser l'auguste princesse qui t'a précédée dans mon cœur.

LE CRÉPUSCULE.

Sur le pâle rivage de la mer je m'assis rêveur et solitaire. Le soleil déclinait et jetait des rayons ardents sur l'eau, et les blanches, larges vagues, poussées par le reflux, s'avançaient, écumeuses et mugissantes ; c'était un fracas étrange ; un chuchotement, un sifflement, des rires et des murmures, des soupirs et des râles, entremêlés de sons caressants comme des chants de berceuses. — Il me semblait ouïr les récits du vieux temps, les charmants contes des féeries qu'autrefois, tout petit encore, j'entendais raconter aux enfants du voisinage, alors que, par une soirée d'été, accroupis sur les degrés de pierre de la porte, nous écoutions en silence le narrateur, avec nos jeunes cœurs attentifs et nos yeux tout ouverts par la curiosité ; pendant que les grandes filles, assises à la fenêtre au-dessus de nous, près des pots de fleurs odorantes, et semblables à des roses, souriaient aux lueurs du clair de lune.

LA NUIT SUR LA PLAGE

La nuit est froide et sans étoiles ; la mer fermente, et sur la mer, à plat ventre étendu, l'informe vent du nord, comme un vieillard grognon, babille d'une voix gémissante et mystérieuse, et raconte de folles histoires, des contes de géants, de vieilles légendes islandaises remplies de combats et de bouffonneries historiques, et, par intervalles, il rit et hurle les incantations de l'Edda, les évocations runiques, et tout cela avec tant de gaieté féroce, avec tant de rage burlesque, que les blancs enfants de la mer bondissent en l'air et poussent des cris d'allégresse.

Cependant sur la plage, sur le sable où la marée a laissé son humidité, s'avance un étranger dont le cœur est encore plus agité que le vent et les vagues. Partout où il marche, ses pieds font jaillir des étincelles et craquer des coquillages ; il s'enveloppe dans un manteau gris, et va, d'un pas rapide, à travers la nuit et le vent, guidé par une petite lumière qui luit douce et séduisante dans la cabane solitaire du pêcheur.

Le père et le frère sont sur la mer, et, toute seule dans la cabane, est restée la fille du pêcheur, la fille du pêcheur belle à ravir. Elle est assise près du foyer et écoute le bruissement sourd et fantasque de la chaudière. Elle jette des ramilles pétillantes au feu et souffle dessus, de sorte que les lueurs rouges et flamboyantes se reflètent magiquement sur son frais visage, sur ses épaules qui ressortent si blanches et si délicates de sa grossière et grise chemise, et sur la petite main soigneuse qui noue solidement le jupon court sur la fine cambrure de ses reins.

Mais tout à coup la porte s'ouvre, et le nocturne étranger s'avance dans la cabane ; il repose un œil doux et assuré sur la blanche et frêle jeune fille qui se tient frissonnante devant lui, semblable à un lis effrayé, et il jette son manteau à terre, sourit et dit :

« Vois-tu, mon enfant, je tiens parole et je suis revenu,

et, avec moi, revient l'ancien temps où les dieux du ciel s'abaissaient aux filles des hommes et, avec elles, engendraient ces lignées de rois porte-sceptres, et ces héros merveilles du monde. — Pourtant, mon enfant, cesse de t'effrayer de ma divinité, et fais-moi, je t'en prie, chauffer du thé avec du rhum, car la bise était forte sur la plage, et, par de telles nuits, nous avons froid aussi, nous autres dieux, et nous avons bientôt fait d'attraper un divin rhumatisme et une toux immortelle. »

POSEIDON

Les feux du soleil se jouaient sur la mer houleuse ; au loin sur la rade se dessinait le vaisseau qui devait me porter dans ma patrie, mais j'attendais un vent favorable, et je m'assis tranquillement sur la dune blanche, au bord du rivage, et je lus le chant d'Odysseus, ce vieux chant éternellement jeune, retentissant du bruit des vagues et dans les feuilles duquel je respirais l'haleine ambrosienne des dieux, le splendide printemps de l'humanité et le ciel éclatant d'Hellas.

Mon généreux cœur accompagnait fidèlement le fils de Laëte dans ses pérégrinations aventureuses ; je m'asseyais avec lui, la tristesse dans l'âme, aux foyers hospitaliers où les reines filent de la pourpre, et je l'aidais à mentir et à s'échapper heureusement de l'antre du géant ou des bras d'une nymphe enchanteresse ; je le suivais dans la nuit cimmérienne et dans la tempête et le naufrage, et je supportais avec lui d'ineffables angoisses.

Je disais en soupirant : O cruel Poseidon, ton courroux

est redoutable; et moi aussi, j'ai peur de ne pas revoir ma patrie.

A peine eus-je prononcé ces mots, que la mer se couvrit d'écume, et que des blanches vagues sortit la tête couronnée d'ajoncs du dieu de la mer, qui me dit d'un ton railleur :

« Ne crains rien, mon cher poétereau ! Je n'ai nulle envie de briser ton pauvre petit esquif ni d'inquiéter ton innocente vie par des secousses trop périlleuses; car toi, poëte, tu ne m'as jamais irrité, tu n'as pas ébréché la moindre tourelle de la citadelle sacrée de Priam, tu n'as pas arraché le plus léger cil à l'œil de mon fils Polyphème, et tu n'as jamais reçu de conseils de la déesse de la sagesse, Pallas Athéné. »

Ainsi parla Poseidon, et il se replongea dans la mer; et cette saillie grossière du dieu marin fit rire sous l'eau Amphitrite, la divine poissarde, et les sottes filles de Nérée.

DANS LA CAJUTE, LA NUIT

La mer a ses perles, le ciel a ses étoiles, mais mon cœur, mon cœur, mon cœur a son amour.

Grande est la mer et grand le ciel, mais plus grand est mon cœur; et plus beau que les perles et les étoiles brille mon amour.

A toi, jeune fille, à toi est ce cœur tout entier; mon cœur et la mer et le ciel se confondent dans un seul amour.

A la voûte azurée du ciel, où luisent les belles étoiles, je voudrais coller mes lèvres dans un ardent baiser et verser des torrents de larmes.

Ces étoiles sont les yeux de ma bien-aimée ; ils scintillent et m'envoient mille gracieux saluts de la voûte azurée du ciel.

Vers la voûte azurée du ciel, vers les yeux de ma bien-aimée, je lève dévotement les bras, et je prie et j'implore.

Doux yeux, gracieuses lumières, donnez le bonheur à mon âme ; faites-moi mourir, et que je vous possède et tout votre ciel.

Bercé par les vagues et par mes rêveries, je suis étendu tranquillement dans une couchette de la *cajute*.

A travers la lucarne ouverte, je regarde là-haut les claires étoiles, les chers et doux yeux de ma chère bien-aimée.

Les chers et doux yeux veillent sur ma tête, et ils brillent et clignotent du haut de la voûte azurée du ciel.

A la voûte azurée du ciel je regardais heureux, durant de longues heures, jusqu'à ce qu'un voile de brume blanche me dérobât les yeux chers et doux.

Contre la cloison où s'appuie ma tête rêveuse viennent battre les vagues, les vagues furieuses ; elles bruissent et murmurent à mon oreille : « Pauvre fou ! ton bras est court et le ciel est loin, et les étoiles sont solidement fixées là-haut avec des clous d'or. — Vains désirs, vaines prières ! tu ferais mieux de t'endormir. »

Je rêvai d'une lande déserte, toute couverte d'une muette et blanche neige, et sous la neige blanche j'étais enterré et je dormais du froid sommeil de la mort.

Pourtant là-haut, de la sombre voûte du ciel, les étoiles, ces doux yeux de ma bien-aimée, contemplaient mon tombeau, et ces doux yeux brillaient d'une sérénité victorieuse et calme, mais pleine d'amour.

LE CALME.

La mer est calme. Le soleil reflète ses rayons dans l'eau, et sur la surface onduleuse et argentée le navire trace des sillons d'émeraude.

Le bosseman est couché sur le ventre, près du gouvernail, et ronfle légèrement. Près du grand mât, raccommodant des voiles, est accroupi le mousse goudronné.

Sa rougeur perce à travers la crasse de ses joues, sa large bouche est agitée de tressaillements nerveux, et il regarde çà et là tristement avec ses grands beaux yeux.

Car le capitaine se tient devant lui, tempête et jure et le traite de voleur : « Coquin ! tu m'as volé un hareng dans le tonneau ! »

La mer est calme. Un petit poisson monte à la surface de l'onde, chauffe sa petite tête au soleil et remue joyeusement l'eau avec sa petite queue.

Cependant, du haut des airs, la mouette fond sur le petit poisson, et, sa proie frétillant dans son bec, s'élève et plane dans l'azur du ciel.

AU FOND DE LA MER.

J'étais couché sur le bordage du vaisseau et je regardais, les yeux rêveurs, dans le clair miroir de l'eau, et je plongeais mes regards de plus en plus avant, lorsqu'au fond de la mer j'aperçus, d'abord comme une brume crépusculaire, puis peu à peu, avec des couleurs plus distinctes, des coupoles et des tours, et enfin, éclairée par le soleil, toute une antique ville néerlandaise pleine de vie et de mouvement. Des hommes âgés, enveloppés de manteaux noirs, avec des fraises blanches et des chaînes d'honneur, de longues épées et de longues figures, se promènent sur la place, près de l'hôtel de ville, orné de dentelures et d'empereurs de pierre naïvement sculptés, avec leurs sceptres et leurs longues épées. Non loin de là, devant une file de maisons aux vitres brillantes, sous des tilleuls taillés en pyramides, se promènent, avec des frôlements soyeux, de jeunes femmes, de sveltes beautés dont les visages de rose sortent décemment de leurs coiffes noires et dont les cheveux blonds ruissellent en boucles d'or. Une foule de beaux cavaliers costumés à l'espagnole se pavanent près d'elles et leur lancent des œillades. Des matrones vêtues de mantelets bruns, un livre d'heures et un rosaire dans les mains, se dirigent à pas menus vers le grand dôme, attirées par le son des cloches et le ronflement de l'orgue.

A ces sons lointains, un secret frisson s'empare de moi. De vagues désirs, une profonde tristesse, envahissent mon cœur, mon cœur à peine guéri. Il me semble que mes blessures, pressées par des lèvres chéries, saignent de nouveau ; leurs chaudes et rouges gouttes tombent lentement, une à une, sur une vieille maison qui est là dans la ville sous-marine, sur une vieille maison au pignon élevé, qui semble veuve de tous ses habitants, et dans laquelle est assise, à une fenêtre basse, une jeune fille qui appuie sa tête sur son bras. — Et je te connais, pauvre enfant ! Si loin, au fond de la mer même, tu t'es cachée de moi dans un accès d'humeur enfantine, et tu n'as pas pu remonter, et tu t'es assise étrangère parmi des étrangers, durant un siècle, pendant que moi, l'âme pleine de chagrin, je te cherchais par toute la terre, et toujours je te cherchais, toi toujours aimée, depuis si longtemps aimée, toi que j'ai retrouvée enfin ! Je t'ai retrouvée et je revois ton doux visage, tes yeux intelligents et calmes, ton fin sourire. — Et jamais je ne te quitterai plus, et je viens à toi, et, les bras étendus, je me précipite sur ton cœur.

Mais le capitaine me saisit à temps par le pied, et, me tirant sur le bord du vaisseau, me dit d'un ton bourru : « Docteur ! docteur ! êtes-vous poussé du diable ? »

PURIFICATION.

Reste au fond de la mer, rêve insensé, qui autrefois, la nuit, as si souvent affligé mon cœur d'un faux bonheur, et qui, encore à présent, spectre marin, viens me tourmenter en plein jour. — Reste là, sous les ondes, durant l'éternité, et je te jette encore tous mes maux et tous mes péchés, et le bonnet de la folie dont les grelots ont si longtemps résonné autour de ma tête, et la froide dissimulation, cette peau lisse de serpent qui m'a si longtemps enveloppé l'âme..., mon âme malade reniant Dieu et reniant les anges, mon âme maudite et damnée... — Hoiho ! hoiho ! voici le vent ! dépliez les voiles ! elles flottent et s'enflent ! Sur le miroir placide et périlleux des eaux, le vaisseau glisse, et l'âme délivrée pousse des cris de joie.

LA PAIX.

Le soleil était au plus haut du ciel, environné de nuages blancs, la mer était calme, et j'étais couché près du gouvernail, et je songeais et je rêvais; — et, moitié éveillé, moitié sommeillant, je vis Christus, le sauveur du monde. Vêtu d'une robe blanche flottante et grand comme un géant, il marchait sur la terre et sur la mer; sa tête touchait au ciel, et de ces mains étendues il bénissait la mer et la terre, et, comme un cœur dans sa poitrine, il portait le soleil, le rouge et ardent soleil, — et ce cœur radieux et enflammé, foyer d'amour et de clarté, épandait ses gracieux rayons et sa lumière sur la terre et sur la mer.

Des sons de cloche, résonnant çà et là, attiraient comme des cygnes, et en se jouant, le navire, qui glissa vers un rivage verdoyant où des hommes habitent une cité resplendissante.

O merveille de la paix! comme la ville est tranquille! Le sourd bourdonnement des vaines et babillardes affaires, le bruissement des métiers, tout se tait, et à travers les rues claires et resplendissantes se promènent des hommes vêtus de blanc et portant des palmes, et, lorsque deux personnes se rencontrent, elles se regardent d'un air d'intelligence, et, dans un tressaillement d'amour et de douce renonciation, elles s'embrassent au front et lèvent les yeux vers le cœur radieux du Sauveur, vers ce cœur qui est le soleil et qui verse allégrement la pourpre de son sang réconciliateur sur le monde, et elles disent trois fois dans un transport de béatitude : Béni soit Christus !

SALUT DU MATIN.

Thalatta! Thalatta[1]! Je te salue, mer éternelle! Je te salue dix mille fois d'un cœur joyeux, comme autrefois te saluèrent dix mille cœurs grecs, cœurs malheureux dans les combats, soupirant après leur patrie, cœurs illustres dans l'histoire du monde.

Les flots s'agitaient et mugissaient; le soleil versait sur la mer ses clartés roses; des volées de mouettes s'enfuyaient effarouchées en poussant des cris aigus; les chevaux piaffaient; les boucliers résonnaient d'un cliquetis joyeux. Comme un chant de victoire retentissait le cri : Thalatta! Thalatta !

Je te salue, mer éternelle! Je retrouve dans le bruissement de tes ondes comme un écho de la patrie, et je crois voir les rêves de mon enfance scintiller à la surface de tes vagues, et il me revient de vieux souvenirs de tous les chers et nobles jouets, de tous les brillants cadeaux de Noël, de tous les coraux rouges, des perles et des coquillages dorés que tu conserves mystérieusement dans des coffrets de cristal !

Oh! combien j'ai souffert des ennuis de la terre étrangère! Comme une fleur fanée dans l'étui de fer-blanc du botaniste, mon cœur se desséchait dans ma poitrine. Il me semble que, durant l'hiver, je m'asseyais comme un malade dans une chambre sombre et malsaine, et maintenant voilà que je l'ai quittée tout à coup, et le vert printemps,

[1] *Thalatta* ou *Thalassa*, mer.

éveillé par le soleil, resplendit à mes yeux éblouis, et j'entends le bruissement des arbres chargés d'une neige parfumée, et les jeunes fleurs me regardent avec leurs yeux odorants et bariolés, et l'atmosphère pleure et bruit, et respire et sourit, et dans l'azur du ciel les oiseaux chantent: Thalatta! Thalatta!

O cœur vaillant, qui as mis ton courage à fuir! combien de fois les beautés barbares du Nord t'ont amoureusement tourmenté! — De leurs grands yeux vainqueurs, elles me lançaient des traits enflammés; avec leurs paroles à double tranchant, elles s'exerçaient à me fendre le cœur; avec de longues épîtres assommantes, elles étourdissaient ma pauvre cervelle. Vainement je leur opposais le bouclier, les flèches sifflaient, les coups retentissaient; elles ont fini par me pousser, ces beautés barbares du Nord, jusqu'au rivage de la mer, et, respirant enfin librement, je salue la mer, la mer aimée et libératrice. — Thalatta! Thalatta!

L'ORAGE.

L'orage couve sourdement sur la mer, à travers la noire muraille des nuages palpite la foudre dentelée, qui luit et s'éteint comme un trait d'esprit sorti de la tête de Zeus-Kronion. Sur l'onde déserte et agitée roule longuement le tonnerre et bondissent les blancs coursiers de Poseidon, que Borée lui-même a jadis engendrés avec les cavales échevelées d'Érichthon, et les oiseaux de mer s'agitent, inquiets comme les ombres des morts que Caron, au bord du Styx, repousse de sa barque surchargée.

Il y a un pauvre petit navire qui danse là-bas une danse

bien périlleuse! Éole lui envoie les plus fougueux musiciens de sa bande, qui le harcellent cruellement de leur branle folâtre; l'un siffle, l'autre souffle, le troisième joue de la basse, — et le pilote chancelant se tient au gouvernail et observe sans cesse la boussole, cette âme tremblante du navire, et, tendant des mains suppliantes vers le ciel, il s'écrie: Oh! sauve-moi, Castor, vaillant cavalier, et toi, glorieux athlète, Pollux!

LE NAUFRAGE.

Espoir et amour! Tout est brisé, et moi-même, comme un cadavre que la mer a rejeté avec mépris, je gis là étendu sur le rivage, sur le rivage désert et nu. — Devant moi s'étale le grand désert des eaux; derrière moi, il n'y a qu'exil et douleur, et au-dessus de ma tête voguent les nuées, ces grises et informes filles de l'air, qui de la mer, avec des sceaux de brouillard, puisent l'eau, la traînent à grand'peine et la laisse retomber dans la mer, besogne triste, et fastidieuse, et inutile, comme ma propre vie.

Les vagues murmurent, les mouettes croassent, de vieux souvenirs me saisissent, des rêves oubliés, des images éteintes me reviennent, tristes et doux.

Il est dans le Nord une femme belle, royalement belle; une volupteuse robe blanche entoure sa frêle taille de cyprès; les boucles noires de ses cheveux, s'échappant comme une nuit bienheureuse de sa tête couronnée de tresses, s'enroulent capricieusement autour de son doux et pâle visage, et dans son doux et pâle visage, grand et puissant, rayonne son œil, semblable à un soleil noir.

Noir soleil, combien de fois tu m'as versé les flammes dévorantes de l'enthousiasme, et combien de fois ne suis-je pas resté chancelant sous l'ivresse de cette boisson! Mais, alors un sourire d'une douceur enfantine voltigeait autour de ses lèvres fièrement arquées, et ces lèvres fièrement arquées exhalaient des mots gracieux comme le clair de lune et suaves comme l'haleine de la rose. Et mon âme alors s'élevait et planait avec allégresse jusqu'au ciel.

Faites silence, vagues et mouettes! Bonheur et espoir! espoir et amour! tout est fini. Je gis à terre, misérable naufragé, et je presse mon visage brûlant sur le sable humide de la plage.

LES DIEUX GRECS.

Sous la lumière de la lune, la mer brille comme de l'or en fusion : une clarté, qui a l'éclat du jour et la mollesse enchantée des nuits, illumine la vaste plage, et dans l'azur du ciel sans étoiles planent les nuages blancs comme de colossales figures de dieux taillées en marbre étincelant.

Non, ce ne sont point des nuages! Ce sont les dieux d'Hellas eux-mêmes, qui jadis gouvernaient si joyeusement le monde, et qui maintenant, après leur chute et leur trépas, à l'heure de minuit, errent au ciel, spectres gigantesques.

Étonné et fasciné, je regardai ce Panthéon aérien, ces colossales figures qui se mouvaient avec un silence solennel. — Voici Kronion, le roi du ciel ; les hivers ont neigé sur les boucles de ses cheveux, de ces cheveux célèbres qui, en s'agitant, faisaient trembler l'Olympe. Il tient à la main sa foudre éteinte. Son visage, où résident le malheur et le chagrin, n'a pas encore perdu son antique fierté. C'étaient de meilleurs temps, ô Zeus ! ceux où tu rassasias ta céleste convoitise de jeunes nymphes, de mignons et d'hécatombes ; mais les dieux eux-mêmes ne règnent pas éternellement, les jeunes chassent les vieux, comme tu as, toi aussi, chassé jadis tes oncles, les Titans, et ton vieux père, — Jupiter parricide. Je te reconnais aussi, altière Junon ! En dépit de toutes tes cabales jalouses, une autre a pris le sceptre, et tu n'es plus la reine des cieux, et ton grand œil de génisse est immobile, et tes bras de lis sont impuissants, et ta vengeance n'atteint plus la jeune fille qui renferme dans ses flancs le fruit divin, ni le miraculeux fils du dieu. — Je te reconnais aussi, Pallas Athéné. Avec ton égide et ta sagesse, as-tu pu empêcher la ruine des dieux? Je te reconnais aussi, toi, Aphrodite, autrefois aux cheveux d'or, maintenant à la chevelure d'argent ! Tu es encore parée de ta fameuse ceinture de séduction ; cependant ta beauté me cause une secrète terreur, et si, à l'instar d'autres héros je devais posséder ton beau corps, je mourrais d'angoisse. — Tu n'es plus qu'une déesse de la mort, Vénus Libitina !

Le terrible Arès ne te regarde plus d'un œil amoureux. Le jeune Phébus Apollo penche tristement la tête. Sa lyre, qui résonnait d'allégresse au banquet des dieux, est détendue. Héphaistos semble encore plus sombre, et véritablement le boiteux n'empiète plus sur les fonctions d'Hébé, et ne verse plus, empressé, le doux nectar à l'assemblée céleste... Et depuis longtemps s'est éteint l'inextinguible rire des dieux. — Je ne vous ai jamais aimés, vieux dieux ! Pourtant une sainte pitié et une ardente compassion s'emparent de mon cœur, lorsque je vous vois là-haut, dieux abandonnés, ombres mortes et errantes, images nébuleuses que le vent disperse effrayées, et, quand je songe combien lâches et hypocrites sont les dieux qui vous ont vaincus, les nouveaux et tristes dieux qui règnent maintenant au ciel, renards avides sous la peau de l'humble agneau... oh! alors une sombre colère me saisit, et je voudrais briser les nouveaux temples et combattre pour vous, antiques dieux, pour vous et votre bon droit parfumé d'ambroisie ; et devant vos autels relevés et chargés d'offrandes, je voudrais adorer, et prier, et lever des bras suppliants....

Il est vrai qu'autrefois, vieux dieux, vous avez toujours, dans les batailles des hommes, pris le parti des vainqueurs ; mais l'homme a l'âme plus généreuse que vous, et, dans les combats des dieux, moi, je prends le parti des dieux vaincus.

Et ainsi je parlais, et dans le ciel ces pâles simulacres de vapeurs rougirent sensiblement et me regardèrent d'un air agonisant, comme transfigurés par la douleur, et s'évanouirent soudain. La lune venait de se cacher derrière les nuées, qui s'épaississaient de plus en plus ; la mer éleva sa voix sonore, et de la tente céleste sortirent victorieusement les étoiles éternelles.

QUESTIONS.

Au bord de la mer, au bord de la mer déserte et nocturne, se tient un jeune homme, la poitrine pleine de tristesse, la tête pleine de doute, et d'un air morne il dit aux flots :

« Oh! expliquez-moi l'énigme de la vie, la douloureuse et vieille énigme qui a tourmenté tant de têtes : têtes coiffées de mitres hiéroglyphiques, têtes en turbans et en bonnets carrés, têtes à perruques, et mille autres pauvres et bouillantes têtes humaines. Dites-moi ce que signifie l'homme? d'où il vient? où il va? qui habite là-haut au-dessus des étoiles dorées? »

Les flots murmurent leur éternel murmure, le vent souffle, les nuages fuient, les étoiles scintillent, froides et indifférentes, — et un fou attend une réponse.

LE PORT.

Heureux l'homme qui, ayant touché le port et laissé derrière lui la mer et les tempêtes, s'assied chaudement et tranquillement dans la bonne taverne le *Rathskeller* de Brême!

Comme le monde se réfléchit fidèlement et délicieusement dans un *rœmer* de vert cristal, et comme ce microcosme mouvant descend splendidement dans le cœur altéré! Je vois tout ensemble dans ce verre l'histoire des peuples anciens et modernes, les Turcs et les Grecs, Hegel et Gans, des bois de citronniers et des parades militaires; Berlin, et Schilda, et Tunis, et Hambourg; mais, avant tout, l'image de la bien-aimée, la petite tête d'ange, sur un fond doré de vin du Rhin.

Oh! que tu es belle, bien-aimée! Tu es comme une rose! non comme la rose de Schiraz, la maîtresse du rossignol chantée par Hafiz, non comme la rose de Sâron, la sainte et rougissante fleur célébrée par les prophètes. Tu ressembles à la rose du *Rathskeller* de Brême: c'est la rose des roses; plus elle vieillit, plus elle fleurit délicieusement, et son divin parfum m'a rendu heureux, il m'a enthousiasmé, enivré, et, si le sommelier du *Rathskeller* de Brême ne m'eût retenu ferme par la nuque, j'aurais été culbuté du coup!

Le brave homme! Nous étions assis ensemble et nous buvions fraternellement, nous agitions de hautes et mystérieuses questions, nous soupirions et nous tombions dans les bras l'un de l'autre, et il m'a ramené à la vraie foi de l'amour. — J'ai bu à la santé de mes plus cruels ennemis, et j'ai pardonné à tous les mauvais poëtes, comme à moi-même il doit être pardonné. — J'ai pleuré de componction, et, à la fin, j'ai vu s'ouvrir à moi les portes du salut, le sanctuaire du caveau où douze grands tonneaux, qu'on nomme les saints apôtres, prêchent en silence,... et pourtant dans un langage universel.

Ce sont là des hommes! simples à l'extérieur, dans leurs robes de bois, ils sont, au dedans, plus beaux et plus brillants que tous les orgueilleux lévites du temple et que les trabans et les courtisans d'Hérode, parés d'or et de pourpre. — J'ai toujours dit que le roi des cieux passait sa vie, non parmi les gens du commun, mais bien au milieu de la meilleure compagnie!

Alleluiah! comme les palmiers de Bethel m'envoient des senteurs délicieuses! Quel parfum la myrrhe d'Hébron exhale! comme le Jourdain murmure et se balance d'allégresse! — Et mon âme bienheureuse se balance et chancelle aussi, et je chancelle avec elle; et, chancelant, le brave sommelier du *Rathskeller* de Brême m'emporte au haut de l'escalier, à la lumière du jour.

Brave sommelier du *Rathskeller* de Brême! regarde; sur le toit des maisons, les anges sont assis; ils sont ivres et chantent; l'ardent soleil là-haut n'est réellement qu'un rouge-trogne, le nez de l'esprit du monde, et, autour de ce nez flamboyant, se meut l'univers en goguette.

ÉPILOGUE.

Comme les épis de blé dans un champ, les pensées poussent et ondulent dans l'esprit de l'homme; mais les douces pensées de l'amour sont comme des fleurs bleues et rouges qui s'épanouissent gaiement entre les épis.

Fleurs bleues et rouges! le moissonneur bourru vous rejette comme inutiles; les rustres, armés de fléaux, vous écrasent avec dédain; le simple promeneur même, que votre vue récrée et réjouit, secoue la tête et vous traite de mauvaises herbes. Mais la jeune villageoise, qui tresse des couronnes, vous honore et vous recueille, et vous place dans ses cheveux, et, ainsi parée, elle court au bal, où résonnent fifres et violons, à moins qu'elle ne s'échappe pour chercher l'ombrage discret des tilleuls où la voix du bien-aimé résonne encore plus délicieusement que les fifres et les violons!

Certes, Henri Heine n'a pas longtemps été ce rêveur inutile dont les pensées d'amour ne font qu'émailler l'or des blés, — son esprit a produit aussi de riches moissons pour les rustres armés de fléaux qui n'apprécient que ce qui leur profite. Lui seul a tenu tête longtemps à la réaction féodale qui ensevelissait l'esprit vivant de l'Allemagne sous la poussière du passé. Il avait compris que, de la France, devait jaillir encore une fois la lumière promise au monde, et il se tournait invariablement vers cette seconde patrie. Nous apprécierons un jour cette phase importante de sa vie littéraire, nous dirons ce que lui doit notre pays, si concentré en lui-même, si ignorant au fond du mouvement des esprits à l'étranger. — Hélas! le long séjour de Heine parmi nous ne lui a guère profité pourtant. Frappé à la fois de cécité et de paralysie, le poëte souffre, jeune encore, des plus tristes infirmités de la vieillesse. Le destin d'Homère serait, pour lui, digne d'envie! — qu'il obtienne du moins un peu de cette gloire qui, pour la plupart des poëtes, ne fleurit que sur leurs tombeaux.

II

L'INTERMEZZO

Henri Heine a rempli une double mission : il n'a pas seulement renversé l'école historique, qui tentait de reconstruire le moyen âge, il a aussi prévu l'avenir politique de l'Allemagne, et même il l'a raillé d'avance. En littérature, il renversait d'un souffle en même temps l'école de fausse sensiblerie des poëtes souabes, école parasite, mauvaise queue de Gœthe, véritable poésie d'album. Ses poésies à lui, pleines d'amour brûlant et pour ainsi dire palpable, revendiquaient le droit du beau contre le faux idéal et les franchises de la vraie liberté contre l'hypocrisie religieuse. On a souvent dit que Heine ne respectait rien, que rien ne lui était sacré : — cela est vrai dans ce sens qu'il attaque ce que les petits poëtes et les petits princes respectent avant tout, c'est-à-dire leur fausse grandeur et leur fausse vertu ; mais Heine respecte et fait respecter le vrai beau partout où il le rencontre. — Dans ce sens, on l'a appelé à juste titre un païen. Il est en effet Grec avant tout. Il admire la forme quand cette forme est belle et divine, il saisit l'idée quand c'est vraiment une idée pleine et entière, non un clair-obscur du sentimentalisme allemand. Sa forme, à lui, est resplendissante de beauté, il la travaille et la cisèle, ou ne lui laisse que des négligences calculées. Personne plus que Heine n'a le souci du style. Ce style n'a ni la période courte française ni la période longue allemande ; c'est la période grecque, simple, coulante, facile à saisir, et aussi harmonieuse à l'oreille qu'à la vue.

Heine n'a jamais fait, à proprement dire, un livre de vers ; ses chants lui sont venus un à un, — suggérés toujours soit par un objet qui le frappe, soit par une idée qui le poursuit, soit par un ridicule qu'il poursuit lui-même. Ce qu'on peut lui reprocher, c'est d'avoir attaqué, souvent avec trop de cruauté, ses ennemis personnels. C'est là l'ombre de sa lumière. Plus tard il a reconnu ce tort, mais personne ne le lui reprochait plus, car, même quand il a tort, même quand celui qu'il frappe est une victime digne de pitié, on reconnaît la main du maître en ces sortes d'exécutions : il ne la fait pas souffrir longtemps, il l'abat d'un coup de stylet ou la dépouille en un instant de ses deux mains, comme Apollon arrachant la peau de Marsyas. Dans les poëmes politiques, il s'attache souvent à des personnalités pour en faire jaillir quelques idées justes et frappantes ; il châtie en faisant rire. C'est un Aristophane philosophe qui a le bonheur de s'attaquer à d'autres qu'à Socrate.

Heine n'a jamais créé de système, il est trop universel pour cela ; il n'a songé qu'à retrouver les traces et les contours oubliés de la beauté antique et divine. C'est le Julien de la poésie, plutôt encore que Gœthe; parce que, chez Gœthe, l'élément spiritualiste et nerveux prédomine beaucoup moins. On le reconnaîtra facilement par la citation que nous allons faire de l'un de ses poëmes. Nous ne craignons pas de jeter cette analyse poétique au milieu des préoccupations du moment, parce qu'il y a des sentiments qui font éternellement vibrer le cœur. L'histoire du cœur d'un grand poëte n'est indifférente à personne. Chacun se reconnaît pour une part dans une telle analyse, comme, en voyant une pièce anatomique, on retrouve avec surprise les nerfs, les muscles et les veines que l'on sent vibrer en soi-même. Seulement un système particulier prédomine dans chaque organisation. A ce point de vue, tel poëte, Gœthe, par exemple, serait d'une nature musculeuse et sanguine. C'est le génie harmonieux de l'antiquité résultant de la force et du calme suprême. Une glaciale impartialité préside aux rapports qu'il établit entre lui et les autres, et l'on peut s'assurer que l'amour même aura chez lui des allures solennelles et classiques. Il lui faudra des obstacles calculés, des motifs tragiques de jalousie ou de désespoir; il aimera la femme de son ami et se tuera de douleur, comme Werther, ou bien il adorera la sœur d'un prince et deviendra fou comme le Tasse, ou encore, ce sera un chassé-croisé de sentiments contraires comme dans *les Affinités électives*, ou bien l'amour dans des classes différentes comme l'amour d'Hermann pour Dorothée, de Claire pour Egmont. Dans *Faust*, on trouvera même des amours imprégnées de supernaturalisme; mais l'analyse patiente et maladive d'un amour ordinaire, sans contrastes et sans obstacles, et tirant de sa substance propre ce qui le rend douloureux ou fatal, voilà ce qui appartient à une nature où la sensibilité nerveuse prédomine, comme celle de Henri Heine. L'antiquité n'a point laissé de traces d'une telle psychologie, qui prend évidemment sa source dans le sentiment biblique et chrétien.

Le poëme intitulé *Intermezzo* est, à notre sens, l'œuvre peut-être la plus originale de Henri Heine. Ce titre, volontairement bizarre et d'une négligence un peu affectée, cache plutôt qu'il ne désigne une suite de petites pièces isolées et marquées par des numéros, qui, sans avoir de liaison apparente entre elles, se rattachent à la même idée. L'auteur a retiré le fil du collier, mais aucune perle ne lui manque. Toutes ces strophes décousues ont une unité, — l'amour. C'est là un amour entièrement inédit, — non qu'il ait rien de singulier, car chacun y reconnaîtra son histoire ; ce qui fait sa nouveauté, c'est qu'il est vieux comme le monde, et les choses qu'on dit les dernières sont les choses naturelles. — Ni les Grecs, ni les Romains, ni Mimnerme, que l'antiquité disait supérieur à Homère, ni le doux Tibulle, ni l'ardent Properce, ni l'ingénieux Ovide, ni Dante avec son platonisme, ni Pétrarque avec ses galants *concetti*, n'ont jamais rien écrit de semblable. Léon l'Hébreu n'a compris rien de pareil dans ses analyses scolastiques de la *Philosophie d'amour*. Pour trouver quelque chose d'analogue, il faudrait remonter jusqu'au *Cantique des Cantiques*, jusqu'à la magnificence des inspirations orientales. Son origine hébraïque fait retrouver au voltairien Henri Heine des accents et des touches dignes de Salomon, le premier écrivain qui ait confondu dans le même lyrisme le sentiment de l'amour et le sentiment de Dieu.

Quel est le sujet de l'*Intermezzo* ? Une jeune fille d'abord aimée par le poëte, et qui le quitte pour un fiancé ou pour tout autre amant riche ou stupide. Rien de plus, rien de moins ; la chose arrive tous les jours. La jeune fille est jolie, coquette, frivole, un peu méchante, moitié par caprice, moitié par ignorance. Les anciens représentaient l'âme sous la forme d'un papillon. Comme Psyché, cette femme tient dans ses mains l'âme délicate de son amant, et lui fait subir toutes les tortures que les enfants font souffrir aux papillons. Ce n'est pas toujours mauvaise intention sans doute ; cependant la poussière bleue et rouge lui reste aux doigts, la frêle gaze se déchire, et le pauvre insecte s'échappe tout froissé. Du reste, chez cette jeune fille peut-être aucun don particulier, ni beauté surhumaine, ni charme souverain ; — des yeux bleus, de petites joues fraîches, un sourire vermeil, une peau douce, de l'esprit comme une rose et du goût comme un fruit, voilà tout. Qui n'a dans ses souvenirs de jeunesse un portrait de ce genre à moitié effacé ? Cette donnée toute vulgaire, qui ne fournirait pas deux pages de roman, est devenue entre les mains de Henri Heine un admirable poëme, dont les péripéties sont toutes morales ; toute l'âme humaine vibre dans ces petites pièces, dont les plus longues ont trois ou quatre strophes. Passion, tristesse, ironie, vif sentiment de la nature et de la beauté plastique, tout cela s'y mélange dans la proportion la plus imprévue et la plus heureuse ; il y a çà et là des pensées de moraliste condensées en deux vers, en deux mots ; un trait comique vous fait pleurer, une apostrophe pathétique vous fait rire ; — les larmes à chaque instant vous viennent aux paupières et le sourire aux lèvres, sans qu'on puisse dire pourquoi, tant la fibre secrète a été touchée d'une main légère ! En lisant l'*Intermezzo*, l'on éprouve comme une espèce d'effroi : vous rougissez comme surpris dans votre secret ; les battements de votre cœur sont rhythmés par ces strophes, par ces vers, de huit syllabes pour la plupart. Ces pleurs que vous aviez versés tout seul, au fond de votre chambre, les voilà figés et cristallisés sur une trame immortelle. — Il semble que le poëte ait entendu vos sanglots, et pourtant ce sont les siens qu'il a notés.

Un doux clair de lune éclaire toujours un côté des figures, et la rêverie allemande, bien que raillée avec une grâce extrême, se fait jour à travers l'ironie française et l'humeur byronienne. Ce qu'il y a de surprenant, c'est que ces images si fugitives, ces impressions si vaporeuses, sont taillées et ciselées dans le plus pur marbre antique, et cela sans fatigue, sans travail apparent, sans que jamais la forme gêne la pensée. La traduction laissera-t-elle subsister quelque chose de cette plastique intellectuelle ? Le lecteur pourra s'appliquer à la recomposer du moins.

INTERMEZZO.

I

Au splendide mois de mai, alors que tous les bourgeons rompaient l'écorce, l'amour s'épanouit dans mon cœur.

Au splendide mois de mai, alors que tous les oiseaux commençaient à chanter, j'ai confessé à ma toute belle mes vœux et mes tendres désirs.

II

De mes larmes naît une multitude de fleurs brillantes, et mes soupirs deviennent un chœur de rossignols.

Et si tu veux m'aimer, petite, toutes ces fleurs sont à toi, et devant ta fenêtre retentira le chant des rossignols.

III

Roses, lis, colombes, soleil, autrefois j'aimais tout cela avec délices ; maintenant je ne l'aime plus, je n'aime que toi, source de tout amour, et qui es à la foi pour moi la rose, le lys, la colombe et le soleil.

IV

Quand je vois tes yeux, j'oublie mon mal et ma douleur, et, quand je baise ta bouche, je me sens guéri tout à fait.

Si je m'appuie sur ton sein, une joie céleste plane au-dessus de moi ; pourtant si tu dis : Je t'aime ! soudain je pleure amèrement.

V

Appuie ta joue sur ma joue, afin que nos pleurs se confondent ; presse ton cœur contre mon cœur, pour qu'ils ne brûlent que d'une seule flamme.

Et quand dans cette grande flamme coulera le torrent

de nos larmes, et que mon bras t'étreindra avec force, alors je mourrai de bonheur dans un transport d'amour.

VI

Je voudrais plonger mon âme dans le calice d'un lys blanc ; le lys doit soupirer une chanson pour ma bien-aimée.

La chanson doit trembler et frissonner comme le baiser que m'ont donné autrefois ses lèvres dans une heure mystérieuse et tendre.

VII

Là-haut, depuis des milliers d'années se tiennent immobiles les étoiles, et elles se regardent avec un douloureux amour.

Elles parlent une langue fort riche et fort belle ; pourtant aucun philologue ne saurait comprendre cette langue.

Moi, je l'ai apprise, et je ne l'oublierai jamais ; le visage de ma bien-aimée m'a servi de grammaire.

VIII

Sur l'aile de mes chants je te transporterai ; je te transporterai jusqu'aux rives du Gange ; là, je sais un endroit délicieux.

Là fleurit un jardin embaumé sous les calmes rayons de

la lune ; les fleurs du lotus attendent leur chère petite sœur.

Les violettes rient et jasent entre elles, et clignotent du regard avec les étoiles ; les roses se content à l'oreille des propos parfumés.

Les timides et bondissantes gazelles s'approchent et écoutent, et, dans le lointain bruissent les eaux du fleuve sacré.

Là nous nous étendrons sous les palmiers dont l'ombre nous versera des rêves du ciel !

IX

Le lotus ne peut supporter la splendeur du soleil, et, la tête penchée, il attend en rêvant la nuit.

La lune, qui est son amante, l'éveille avec sa lumière, et il lui dévoile amoureusement son doux visage de fleur.

Il fleurit, rougit et brille, et se dresse muet dans l'air ; il soupire, pleure et tressaille d'amour et d'angoisse d'amour.

X

Dans les eaux du Rhin, le saint fleuve, se joue, avec son grand dôme, la grande, la sainte Cologne.

Dans le dôme est une figure peinte sur cuir doré ; sur le désert de ma vie elle a doucement rayonné.

Des fleurs et des anges flottent au-dessus de Notre-Dame; les yeux, les lèvres, les joues, ressemblent à ceux de ma bien-aimée.

XI

Tu ne m'aimes pas, tu ne m'aimes pas : ce n'est pas cela qui me chagrine ; cependant, pourvu que je puisse regarder tes yeux, je suis content comme un roi.

Tu vas me haïr, tu me hais ; ta bouche rose me le dit. Tends ta bouche rose à mon baiser, et je serai consolé.

XII

Oh ! ne jure pas, et embrasse-moi seulement ; je ne crois pas aux serments des femmes. Ta parole est douce, mais plus doux encore est le baiser que je t'ai ravi. Je te possède, et je crois que la parole n'est qu'un souffle vain.

Oh ! jure, ma bien-aimée, jure toujours : je te crois sur un seul mot. Je me laisse tomber sur ton sein, et je crois que je suis bien heureux ; je crois, ma bien-aimée, que tu m'aimeras éternellement et plus longtemps encore.

XIII

Sur les yeux de ma bien-aimée j'ai fait les plus beaux canzones ; sur la petite bouche de ma bien-aimée j'ai fait les meilleurs terzines ; sur les yeux de ma bien-aimée j'ai fait les plus magnifiques stances. Et si ma bien-aimée avait un cœur, je lui ferais sur son cœur quelque beau sonnet.

XIV

Le monde est stupide, le monde est aveugle; il devient tous les jours plus absurde : il dit de toi, ma belle petite, que tu n'as pas un bon caractère.

Le monde est stupide, le monde est aveugle, et il te méconnaitra toujours : il ne sait pas combien tes étreintes sont douces et combien tes baisers sont brûlants.

XV

Ma bien-aimée, il faut que tu me le dises aujourd'hui : es-tu une de ces visions qui, aux jours étouffants de l'été, sortent du cerveau du poëte?

Mais non : une si jolie petite bouche, des yeux si enchanteurs, une si belle, si aimable enfant, un poëte ne crée pas cela.

Des basilics et des vampires, des dragons et des monstres, tous ces vilains animaux fabuleux, l'imagination du poëte les crée.

Mais toi, et ta malice, et ton gracieux visage, et tes perfides et doux regards, le poëte ne crée pas cela.

XVI

Comme Vénus sortant des ondes écumeuses, ma bien-aimée rayonne dans tout l'éclat de sa beauté, car c'est aujourd'hui son jour de noces.

Mon cœur, mon cœur, toi qui es si patient, ne lui garde

pas rancune de cette trahison ; supporte la douleur, supporte et excuse, quelque chose que la chère folle est faite. »

XVII

Je ne t'en veux pas ; et si mon cœur se brise, bien-aimée que j'ai perdue pour toujours, je ne t'en veux pas ! Tu brilles de tout l'éclat de tes diamants, mais aucun rayon ne tombe dans la nuit de ton cœur.

Je le sais depuis longtemps. Je t'ai vue naguère en rêve, et j'ai vu la nuit qui remplit ton âme et les vipères qui serpentent dans cette nuit. J'ai vu, ma bien-aimée, combien au fond tu es malheureuse.

XVIII

Oui, tu es malheureuse, et je ne t'en veux pas ; ma chère bien-aimée, nous devons être malheureux tous les deux. Jusqu'à ce que la mort brise notre cœur, ma chère bien-aimée, nous devons être malheureux.

Je vois bien la moquerie qui voltige autour de tes lèvres, je vois l'éclat insolent de tes yeux, je vois l'orgueil qui gonfle ton sein, et pourtant je dis : Tu es aussi misérable que moi-même.

Une invisible souffrance fait palpiter tes lèvres; une larme cachée ternit l'éclat de tes yeux, une plaie secrète ronge ton sein orgueilleux ; ma chère bien-aimée, nous devons être misérables tous les deux !

XIX

Tu as donc entièrement oublié que bien longtemps j'ai possédé ton cœur, ton petit cœur si doux, si faux et si mignon, que rien au monde ne peut être plus mignon et plus faux ?

Tu as donc oublié l'amour et le chagrin qui me serraient à la fois le cœur?... Je ne sais pas si l'amour était plus grand que le chagrin, je sais qu'ils étaient suffisamment grands tous les deux.

XX

Et si les fleurs, les bonnes petites, savaient combien mon cœur est profondément blessé, elles pleureraient avec moi pour guérir ma souffrance.

Et si les rossignols savaient combien je suis triste et malade, ils feraient entendre un chant joyeux pour me distraire.

Et si, là-haut, les étoiles d'or savaient ma douleur, elles quitteraient le firmament et viendraient m'apporter des consolations.

Aucun d'entre tous, personne ne peut savoir ma peine; elle seule la connaît, elle qui m'a déchiré le cœur!

XXI

Pourquoi les roses sont-elles si pâles, dis-moi, ma bien-aimée, pourquoi?

Pourquoi dans le vert gazon les violettes sont-elles si attristées?

Pourquoi l'alouette chante-t-elle d'une voix si mélancolique dans l'air? Pourquoi s'exhale-t-il du baume des jardins une odeur funéraire?

Pourquoi le soleil éclaire-t-il les prairies d'une lueur si chagrine et si froide? Pourquoi toute la terre est-elle grise et morne comme une tombe?

Pourquoi suis-je moi-même si malade et si triste, ma chère bien-aimée? dis-le-moi. Oh! dis-moi, chère bien-aimée de mon cœur, pourquoi m'as-tu abandonné?

XXII

Ils ont beaucoup jasé sur mon compte et fait bien des plaintes; mais ce qui réellement accablait mon âme, ils ne te l'ont pas dit.

Ils ont pris de grands airs et secoué gravement la tête; ils m'ont appelé le diable, et tu as tout cru.

Cependant, le pire de tout, ils ne l'ont pas su; ce qu'il y avait de pire et de plus stupide, je le tenais bien caché dans mon cœur.

XXIII

Le tilleul fleurissait, le rossignol chantait, le soleil souriait d'un air gracieux; tu m'embrassais alors, et ton bras était enlacé autour de moi; alors tu me pressais sur ta poitrine agitée.

Les feuilles tombaient, le corbeau croassait, le soleil jetait sur nous des regards maussades ; alors nous nous disions froidement : « Adieu ! » et tu me faisais poliment la révérence la plus civile du monde.

XXIV

Nous nous sommes beaucoup aimés, et pourtant nous nous sommes toujours parfaitement accordés. Nous avons souvent joué *au mari et à la femme*, et pourtant nous ne nous sommes ni chamaillés ni battus. Nous avons ri et plaisanté ensemble, et nous nous sommes donné de tendres baisers. Enfin, évoquant les plaisirs de notre enfance, nous avons joué à *caché-cache* dans les champs et les bois, et nous avons si bien su nous cacher, que nous ne nous retrouverons jamais !

XXV

Tu m'es restée fidèle longtemps, tu t'es intéressée pour moi, tu m'as consolé et assisté dans mes misères et dans mes angoisses.

Tu m'as donné le boire et le manger ; tu m'as prêté de l'argent, fourni du linge et le passe-port pour le voyage.

Ma bien-aimée ! que Dieu te préserve encore longtemps du chaud et du froid, et *qu'il ne récompense jamais du bien que tu m'as fait !*

XXVI

Et, tandis que je m'attardais si longtemps à rêvasser et

à extravaguer dans des pays étrangers, le temps parut long à ma bien-aimée, et elle se fit faire une robe de noces, et elle entoura de ses tendres bras le plus sot des fiancés.

Ma bien-aimée est si belle et si charmante, sa gracieuse image est encore devant mes yeux; les violettes de ses yeux, les roses de ses petites joues brillent et fleurissent toute l'année. Croire que je pusse m'éloigner d'une telle maîtresse était la plus sotte de mes sottises.

XXVII

Ma douce bien-aimée, quand tu seras couchée dans le sombre tombeau, je descendrai à tes côtés et je me serrerai près de toi.

Je t'embrasse, je t'enlace, je te presse avec ardeur, toi muette, toi froide, toi blanche! Je crie, je frissonne, je tressaille, je meurs.

Minuit les appelle, les morts se lèvent, ils dansent en troupes nébuleuses. Quant à nous, nous resterons tous les deux dans la fosse, l'un dans les bras de l'autre.

Les morts se lèvent, le jour du jugement les appelle aux joies et aux tortures; quant à nous, nous ne nous inquiéterons de rien et nous resterons couchés et enlacés.

XXVIII

Un sapin isolé se dresse sur une montagne aride du Nord. Il sommeille; la glace et la neige l'enveloppent d'un manteau blanc.

Il rêve d'un palmier qui, là-bas, dans l'Orient lointain, se désole solitaire et taciturne sur la pente d'un rocher brûlant.

XXIX

La tête dit : Ah ! si j'étais seulement le tabouret où reposent les pieds de la bien-aimée ! Elle trépignerait sur moi que je ne ferais pas même entendre une plainte.

Le cœur dit : Ah ! si j'étais seulement la pelotte sur laquelle elle plante ses aiguilles ! Elle me piquerait jusqu'au sang que je me réjouirais de ma blessure.

La chanson dit : Ah ! si j'étais seulement le chiffon de papier dont elle se sert pour faire des papillotes ! Je lui murmurerais à l'oreille tout ce qui vit et respire en moi.

XXX

Lorsque ma bien-aimée était loin de moi, je perdais entièrement le rire. Beaucoup de pauvres hères s'évertuaient à dire de mauvaises plaisanteries; mais moi, je ne pouvais pas rire.

Depuis que je l'ai perdue, je n'ai plus la faculté de pleurer, mon cœur se brise de douleur, mais je ne puis pas pleurer.

XXXI

De mes grands chagrins je fais de petites chansons; elles agitent leur plumage sonore et prennent leur vol vers le cœur de ma bien-aimée.

Elles en trouvent le chemin, puis elles reviennent et se plaignent; elles se plaignent et ne veulent pas dire ce qu'elles ont vu dans son cœur.

XXXII

Je ne puis pas oublier, ma maîtresse, ma douce amie, que je t'ai autrefois possédée corps et âme.

Pour le corps, je voudrais encore le posséder, ce corps si svelte et si jeune; quant à l'âme, vous pouvez bien la mettre en terre... J'ai assez d'âme moi-même.

Je veux partager mon âme et t'en insuffler la moitié, puis je m'entrelacerai avec toi et nous formerons un tout de corps et d'âme.

XXXIII

Des bourgeois endimanchés s'ébaudissent parmi les bois et les prés; ils poussent des cris de joie, ils bondissent comme des chevreaux, saluant la belle nature.

Ils regardent avec des yeux éblouis la romantique efflorescence de la verdure nouvelle. Ils absorbent avec leurs longues oreilles les mélodies des moineaux.

Moi, je couvre la fenêtre de ma chambre d'un rideau sombre, cela me vaut en plein jour une visite de mes spectres chéris.

L'amour défunt m'apparaît, il s'élève du royaume des ombres, il s'assied près de moi, et par ses larmes me navre le cœur.

XXXIV

Maintes images des temps oubliés sortent de leur tombe et me montrent comment je vivais jadis près de toi, ma bien-aimée.

Le jour je vaguais en rêvant par les rues, les voisins me regardaient étonnés, tant j'étais triste et taciturne.

La nuit, c'était mieux; les rues étaient vides; moi et mon ombre nous errions silencieusement de compagnie.

D'un pas retentissant j'arpentais le pont; la lune perçait les nuages et me saluait d'un air sérieux.

Je me tenais immobile devant ta maison, et je regardais en l'air; je regardais vers ta fenêtre, et le cœur me saignait.

Je sais que tu as fort souvent jeté un regard du haut de ta fenêtre, et que tu as bien pu m'apercevoir au clair de lune planté là comme une colonne.

XXXV

Un jeune homme aime une jeune fille, laquelle en a choisi un autre; l'autre en aime une autre, et il s'est marié avec elle.

De chagrin, la jeune fille épouse le premier homme venu qu'elle rencontre sur son chemin; le jeune homme s'en trouve fort mal.

C'est une vieille histoire qui reste toujours nouvelle, et celui à qui elle vient d'arriver en a le cœur brisé.

XXXVI

Quand j'entends résonner la petite chanson que ma bien-aimée chantait autrefois, il me semble que ma poitrine va se briser sous l'étreinte de ma douleur.

Un obscur désir me pousse vers les hauteurs des bois, là se dissout en larmes mon immense chagrin.

XXXVII

J'ai rêvé d'une enfant de roi aux joues pâles et humides; nous étions assis sous les tilleuls verts, et nous nous tenions amoureusement embrassés.

« Je ne veux pas le trône de ton père, je ne veux pas son sceptre d'or, je ne veux pas sa couronne de diamants; je veux toi-même, toi, fleur de beauté !

— Cela ne se peut pas, me répondit-elle; j'habite la tombe, et je ne peux venir à toi que la nuit, et je viens parce que je t'aime. »

XXXVIII

Ma chère bien-aimée, nous nous étions tendrement assis ensemble dans une nacelle légère. La nuit était calme, et nous voguions sur une vaste nappe d'eau.

La mystérieuse île des esprits se dessinait vaguement aux lueurs du clair de lune; là résonnaient des sons délicieux, là flottaient des danses nébuleuses.

Les sons devenaient de plus en plus suaves, la ronde tourbillonnait plus entraînante....

Cependant, nous deux, nous voguions sans espoir sur la vaste mer.

XXXIX

Je t'ai aimée, et je t'aime encore! Et le monde s'écroulerait, que de ses ruines s'élanceraient encore les flammes de mon amour.

XL

Par une brillante matinée, je me promenais dans le jardin. Les fleurs chuchotaient et parlaient ensemble, mais moi, je marchais silencieux.

Les fleurs chuchotaient et parlaient, et me regardaient avec compassion. Ne te fâche pas contre notre sœur, ô toi, triste et pâle amoureux!

XLI

Mon amour luit dans sa sombre magnificence comme un conte mélancolique raconté dans une nuit d'été.

Dans un jardin enchanté, deux amants erraient solitaires et muets. Les rossignols chantaient, la lune brillait.

La jeune fille s'arrêta calme comme une statue; le chevalier s'agenouilla devant elle. — Vint le géant du désert, la timide jeune fille s'enfuit.

Le chevalier tomba sanglant sur la terre; le géant retourna lourdement dans sa demeure. On n'a plus qu'à m'enterrer, et le conte est fini.

XLII

Ils m'ont tourmenté, fait pâlir et blêmir de chagrin, les uns avec leur amour, les autres avec leur haine.

Ils ont empoisonné mon pain, versé du poison dans mon verre, les uns avec leur haine, les autres avec leur amour.

Pourtant la personne qui m'a le plus tourmenté, chagriné et navré, est celle qui ne m'a jamais haï et ne m'a jamais aimé.

XLIII

L'été brûlant réside sur tes joues ; l'hiver, le froid hiver habite dans ton cœur.

Cela changera un jour, ô ma bien-aimée ! L'hiver sera sur tes joues, l'été sera dans ton cœur.

XLIV

Lorsque deux amants se quittent, ils se donnent la main et se mettent à pleurer et à soupirer sans fin.

Nous n'avons pas pleuré, nous n'avons pas soupiré : les larmes et les soupirs ne sont venus qu'après.

XLV

Assis autour d'une table de thé, ils parlaient beaucoup

de l'amour. Les hommes faisaient de l'esthétique, les dames du sentiment.

L'amour doit être platonique, dit le maigre conseiller. La conseillère sourit ironiquement, et cependant elle soupira tout bas : Hélas !

Le chanoine ouvrit une large bouche : L'amour ne doit pas être trop sensuel; autrement, il nuit à la santé. La jeune demoiselle murmura : Pourquoi donc?

La comtesse dit d'un air dolent : L'amour est une passion ! Et elle présenta poliment une tasse à M. le baron.

Il y avait encore à la table une petite place ; ma chère, tu y manquais. Toi, tu aurais si bien dit ton opinion sur l'amour !

XLVI

Mes chants sont empoisonnés : comment pourrait-il en être autrement? Tu as versé du poison sur la fleur de ma vie.

Mes chants sont empoisonnés : comment pourrait-il en être autrement? Je porte dans le cœur une multitude de serpents, et toi, ma bien-aimée !

XLVII

Mon ancien rêve m'est revenu : c'était par une nuit du mois de mai; nous étions assis sous les tilleuls, et nous nous jurions une fidélité éternelle;

Et les serments succédaient aux serments, entremêlés de rires, de confidences et de baisers; pour que je me souvienne du serment, tu m'as mordu la main !

O bien-aimée aux yeux bleus! ô bien-aimée aux blanches dents! le serment aurait bien suffi : la morsure était de trop.

XLVIII

Je montai au sommet de la montagne et je fus sentimental. Si j'étais un oiseau! soupirai-je plusieurs millions de fois.

Si j'étais une hirondelle, je volerais vers toi, ma petite, et je bâtirais mon petit nid sous les corniches de ta fenêtre.

Si j'étais un rossignol, je volerais vers toi, ma petite, et, du milieu des verts tilleuls, je t'enverrais, la nuit, mes chansons.

Si j'étais un perroquet bavard, je volerais aussitôt vers ton cœur, car tu aimes les perroquets, et tu te réjouis de leur bavardage.

XLIX

J'ai pleuré en rêve; je rêvais que tu étais morte; je m'éveillai, et les larmes coulèrent le long de mes joues.

J'ai pleuré en rêve; je rêvais que tu me quittais; je m'éveillai, et je pleurai amèrement longtemps encore.

J'ai pleuré en rêve; je rêvais que tu m'aimais encore; je m'éveillai, et le torrent de mes larmes coule toujours.

L

Toutes les nuits je te vois en rêve, et je te vois souriant

gracieusement, et je me précipite en sanglotant à tes pieds chéris.

Tu me regardes d'un air triste, et tu secoues ta blonde petite tête ; de tes yeux coulent les perles humides de tes larmes.

Tu me dis tout bas un mot, et tu me donnes un bouquet de cyprès. Je m'éveille, et le bouquet est disparu, et je veux oublier le mot.

LI

La pluie et le vent d'automne hurlent et mugissent dans la nuit; où peut s'être attardée ma pauvre, ma timide enfant?

Je la vois appuyée à sa fenêtre, dans sa chambrette solitaire ; les yeux remplis de larmes, elle plonge ses regards dans la nuit profonde.

LII

Le vent d'automne secoue les arbres, la nuit est humide et froide ; enveloppé d'un manteau gris, je traverse à cheval le bois.

Et, tandis que je chevauche, des pensées me galopent l'esprit ; elles me portent léger et joyeux à la maison de ma bien-aimée.

Les chiens aboient, les valets paraissent avec des flambeaux ; je gravis l'escalier en faisant retentir mes éperons sonores.

Dans une chambre garnie de tapis et brillamment éclairée, au milieu d'une atmosphère tiède et parfumée, ma bien-aimée m'attend. — Je me précipite dans ses bras.

Le vent murmure dans les feuilles, le chêne chuchote dans ses rameaux : « Que veux-tu, fou cavalier, avec ton rêve insensé ? »

LIII

Une étoile tombe de son étincelante demeure ; c'est l'étoile de l'amour que je vois tomber !

Il tombe des pommiers beaucoup de feuilles blanches ; les vents taquins les emportent et se jouent avec elles.

Le cygne chante dans l'étang, il s'approche et s'éloigne du rivage, et, toujours chantant plus bas, il plonge dans sa tombe liquide.

Tout alentour est calme et sombre ; feuilles et fleurs sont emportées ; l'étoile est triste dans sa chute, et le chant du cygne a cessé.

LIV

Un rêve m'a transporté dans un château gigantesque, rempli de lumières et de vapeurs magiques, et où une foule bariolée se répandait à travers le dédale des appartements. La troupe, blême, cherchait la porte de sortie en se tordant convulsivement les mains et en poussant des cris d'angoisse. Des dames et des chevaliers se tordaient dans la foule ; je me vis moi-même entraîné par la cohue.

Cependant je me trouvai seul tout à coup, et je me demandai comment cette multitude avait pu s'évanouir aussi promptement, et je me mis à marcher, me précipitant à travers les salles, qui s'embrouillaient étrangement. Mes pieds étaient de plomb, une angoisse mortelle m'étreignait le cœur ; je désespérai bientôt de trouver une issue. — J'arrivai enfin à la dernière porte ; j'allais la franchir... O Dieu ! qui m'en défend le passage ?

C'était ma bien-aimée qui se tenait devant la porte, le chagrin sur les lèvres, le souci sur le front. Je dus reculer, elle me fit signe de la main ; je ne savais si c'était un avertissement ou un reproche. Pourtant, dans ses yeux brillait un doux feu qui me fit tressaillir le cœur. Tandis qu'elle me regardait d'un air sévère et singulier, mais pourtant si plein d'amour... Je m'éveillai.

LV

La nuit était froide et muette ; je parcourais lamentablement la forêt. J'ai secoué les arbres de leur sommeil, ils ont hoché la tête d'un air de compassion.

LVI

Au carrefour sont enterrés ceux qui ont péri par le suicide ; une fleur bleue s'épanouit là ; on la nomme la fleur de l'âme damnée.

Je m'arrêtai au carrefour et je soupirai ; la nuit était froide et muette. Au clair de la lune, se balançait lentement la fleur de l'âme damnée.

LVII

D'épaisses ténèbres m'enveloppent depuis que la lumière de tes yeux ne m'éblouit plus, ma bien-aimée.

Pour moi s'est éteinte la douce clarté de l'étoile d'amour; un abîme s'ouvre à mes pieds : engloutis-moi, nuit éternelle !

LVIII

La nuit s'étendait sur mes yeux, j'avais du plomb sur ma bouche; le cœur et la tête engourdis, je gisais au fond de la tombe.

Après avoir dormi je ne puis dire pendant combien de temps, je m'éveillai, et il me sembla qu'on frappait à mon tombeau.

« Ne vas-tu pas te lever, Henri? Le jour éternel luit, les morts sont ressuscités : l'éternelle félicité commence.

— Mon amour, je ne puis me lever, car je suis toujours aveugle; à force de pleurer, mes yeux se sont éteints.

— Je veux par mes baisers, Henri, enlever la nuit qui te couvre les yeux; il faut que tu voies les anges et la splendeur des cieux.

— Mon amour, je ne puis me lever : la blessure qu'un mot de toi m'a faite au cœur saigne toujours.

— Je pose légèrement la main sur ton cœur, Henri; cela ne saignera plus; ta blessure est guérie.

— Mon amour, je ne puis me lever : j'ai aussi une blessure qui saigne à la tête; je m'y suis logé une balle de plomb lorsque tu m'as été ravie.

— Avec les boucles de mes cheveux, Henri, je bouche la blessure de ta tête, et j'arrête le flot de ton sang, et je te rends la tête saine. »

La voix priait d'une façon si charmante et si douce, que je ne pus résister ; je voulus me lever et aller vers la bien-aimée.

Soudain mes blessures se rouvrirent, un flot de sang s'élança avec violence de ma tête et de ma poitrine, et voilà que je suis éveillé.

ÉPILOGUE.

Il s'agit d'enterrer les vieilles et mauvaises chansons, les lourds et tristes rêves ; allez me chercher un grand cercueil.

J'y mettrai bien des choses, vous le verrez bien ; il faut que le cercueil soit encore plus grand que la grosse tonne de Heidelberg.

Allez me chercher aussi une bière de planches solides et épaisses ; il faut qu'elle soit plus longue que le pont de Mayence.

Et amenez-moi aussi douze géants encore plus forts que le vigoureux Christophe du dôme de Cologne sur le Rhin.

Il faut qu'ils transportent le cercueil et le jettent à la mer ; un aussi grand cercueil demande une grande fosse.

Savez-vous pourquoi il faut que ce cercueil soit si grand et si lourd ? J'y déposerai en même temps mon amour et mes souffrances.

Après ce poëme navrant, que citerait-on dans les autres vers du poëte? Nous avons déjà traduit bien des pages inspirées, pittoresques, humoristiques, — étudiant au hasard ces rhythmes insoucieux jetés parfois aux vents des mers, — romances, ballades, canzones, où l'éclat du soleil méridional rayonne de mille nuances à travers les brumes d'opale de la Baltique; mais, après cette élégie douloureuse que nous venons de citer, après ces vers où chaque strophe est une goutte du sang pourpré qu'exprime la main convulsive du poëte en pressant son noble cœur, en exposant sa blessure mortelle aux regards de la foule indifférente, qu'extrairions-nous encore de ces pages, sinon des complaintes funèbres qu'éclaire par instant le rire amer de ce doute obstiné qui succède à la foi trahie? Et d'abord étudions l'énigme que propose le pâle sphinx qui sert de préface aux *Traumbilder* (Images de rêves).

LE SPHINX.

C'est l'antique forêt aux enchantements. On y respire la senteur des fleurs du tilleul; le merveilleux éclat de la lune emplit mon cœur de délices.

J'allais, et, comme j'avançais, il se fit quelque bruit dans l'air : c'est le rossignol qui chante d'amour et de tourments d'amour.

Il chante l'amour et ses peines, et ses larmes et ses sourires; il s'égaye si tristement, il se lamente si gaiement, que mes rêves oubliés se réveillent!

J'allai plus loin, et, comme j'avançais, je vis s'élever devant moi, dans une clairière, un grand château à la haute toiture.

Les fenêtres étaient closes, et tout, aux alentours, était empreint de deuil et de tristesse; on eût dit que la mort taciturne demeurait dans ces tristes murs.

Devant la porte était un sphinx d'un aspect à la fois effrayant et attrayant, avec le corps et les griffes d'un lion, la tête et les reins d'une femme.

Une belle femme! son regard blanc appelait de sauvages voluptés; le sourire de ses lèvres arquées était plein de douces promesses.

Le rossignol chantait si délicieusement! Je ne pus résister, et, dès que j'eus donné un baiser à cette bouche mystérieuse, je me sentis pris dans le charme.

La figure de marbre devint vivante. La pierre commençait à jeter des soupirs Elle but toute la flamme de mon baiser avec une soif dévorante.

Elle aspira presque le dernier souffle de ma vie, et enfin, haletante de volupté, elle étreignit et déchira mon pauvre corps avec ses griffes de lion.

Délicieux martyre, jouissance douloureuse, souffrance et plaisirs infinis! Tandis que le baiser de cette bouche ravissante m'enivrait, les ongles des griffes me faisaient de cruelles plaies.

Le rossignol chanta : « O toi, beau sphinx, ô amour! pourquoi mêles-tu de si mortelles douleurs à toutes les félicités?

« O beau sphinx! ô amour! révèle-moi cette énigme fatale. — Moi, j'y ai réfléchi déjà depuis près de mille ans. »

Le premier rêve est un sombre début, mais il a le charme enivrant des fleurs dangereuses dont le parfum donne la mort. C'est la Vénus Libitina, qui, de ses lèvres violettes, donne au poëte le dernier baiser.

LE RÊVE.

Un rêve, certes bien étrange, m'a tout ensemble charmé et rempli d'effroi. Mainte image lugubre flotte encore devant mes yeux et fait tressaillir mon cœur.

C'était un jardin merveilleux de beauté; — je voulus m'y promener gaiement; tant de belles fleurs m'y regardaient; à mon tour, je les regardais avec plaisir.

Il y avait des oiseaux qui gazouillaient de tendres mélodies; un soleil rouge rayonnant sur un fond d'or colorait la pelouse bigarrée.

Des senteurs parfumées s'élevaient des herbes. L'air était doux et caressant, et tout éclatait, tout souriait, tout m'invitait à jouir de cette magnificence.

Au milieu du parterre, on rencontrait une claire fontaine de marbre; là je vis une belle jeune fille qui lavait un vêtement blanc.

Des joues vermeilles, des yeux clairs, une blonde image de sainte aux cheveux bouclés! — Et, comme je la regardais, je trouvai qu'elle m'était étrangère, et pourtant si bien connue!

La belle jeune fille se hâtait à l'ouvrage en chantant un refrain très-étrange : « Coule, coule, eau de la fontaine, lave-moi ce tissu de lin. »

Je m'approchai d'elle et je lui dis tout bas : « Apprends-moi donc, ô douce et belle jeune fille! pour qui est ce vêtement blanc? »

Elle répondit aussitôt : « Prépare-toi, je lave ton linceul de mort. » Et, comme elle achevait ces mots, toute la vision se fondit comme une écume.

Et je me vis transporté ainsi que par magie au sein d'une obscure forêt. Les arbres s'élevaient jusqu'au ciel, et, tout surpris, je méditais, je méditais.

Mais écoutez ; quel sourd résonnement ! C'est comme l'écho d'une hache dans le lointain. Et, courant à travers buissons et halliers, j'arrivai à une place découverte.

Au milieu de la verte clairière, il y avait un chêne immense ! et voyez, ma jeune fille merveilleuse frappait à coups de hache le tronc du chêne !

Et, coup sur coup, brandissant sa hache et frappant, elle chantait : « Acier clair, acier brillant, taille-moi des planches pour une bière. »

Je m'approchai d'elle et je lui dis tout bas : « Apprends-moi, belle jeune fille, pourquoi tailles-tu ce coffre de chêne ? »

Elle dit aussitôt : « Le temps presse ; c'est ton cercueil que je construis. » Et à peine eut-elle parlé que toute la vision se fondit comme une écume.

Et autour de moi s'étendait une lande pâle et chenue. Je ne savais plus ce qui m'était arrivé. Je me tins là immobile et frissonnant. Et, comme j'allais au hasard, j'aperçus une forme blanche ; je courus de ce côté, et voilà que je reconnus encore la belle jeune fille. Elle était penchée sur la pâle lande et s'occupait à creuser la terre avec une pioche. Je m'avançai lentement pour la regarder encore ; c'était à la fois une beauté et une épouvante.

La belle jeune fille qui se hâtait chantait un refrain bizarre : « Pioche, pioche au fer large et tranchant, creuse une fosse large et profonde. »

mort. C'est la Vénus Libitina, qui, de ses lèvres violettes, donne au poëte le dernier baiser.

LE RÊVE.

Un rêve, certes bien étrange, m'a tout ensemble charmé et rempli d'effroi. Mainte image lugubre flotte encore devant mes yeux et fait tressaillir mon cœur.

C'était un jardin merveilleux de beauté; — je voulus m'y promener gaiement; tant de belles fleurs m'y regardaient; à mon tour, je les regardais avec plaisir.

Il y avait des oiseaux qui gazouillaient de tendres mélodies; un soleil rouge rayonnant sur un fond d'or colorait la pelouse bigarrée.

Des senteurs parfumées s'élevaient des herbes. L'air était doux et caressant, et tout éclatait, tout souriait, tout m'invitait à jouir de cette magnificence.

Au milieu du parterre, on rencontrait une claire fontaine de marbre; là je vis une belle jeune fille qui lavait un vêtement blanc.

Des joues vermeilles, des yeux clairs, une blonde image de sainte aux cheveux bouclés! — Et, comme je la regardais, je trouvai qu'elle m'était étrangère, et pourtant si bien connue!

La belle jeune fille se hâtait à l'ouvrage en chantant un refrain très-étrange: « Coule, coule, eau de la fontaine, lave-moi ce tissu de lin. »

Je m'approchai d'elle et je lui dis tout bas: « Apprends-moi donc, ô douce et belle jeune fille! pour qui est ce vêtement blanc? »

Elle répondit aussitôt : « Prépare-toi, je lave ton linceul de mort. » Et, comme elle achevait ces mots, toute la vision se fondit comme une écume.

Et je me vis transporté ainsi que par magie au sein d'une obscure forêt. Les arbres s'élevaient jusqu'au ciel, et, tout surpris, je méditais, je méditais.

Mais écoutez ; quel sourd résonnement ! C'est comme l'écho d'une hache dans le lointain. Et, courant à travers buissons et halliers, j'arrivai à une place découverte.

Au milieu de la verte clairière, il y avait un chêne immense ! et voyez, ma jeune fille merveilleuse frappait à coups de hache le tronc du chêne !

Et, coup sur coup, brandissant sa hache et frappant, elle chantait : « Acier clair, acier brillant, taille-moi des planches pour une bière. »

Je m'approchai d'elle et je lui dis tout bas : « Apprends-moi, belle jeune fille, pourquoi tailles-tu ce coffre de chêne ? ».

Elle dit aussitôt : « Le temps presse ; c'est ton cercueil que je construis. » Et à peine eut-elle parlé que toute la vision se fondit comme une écume.

Et autour de moi s'étendait une lande pâle et chenue. Je ne savais plus ce qui m'était arrivé. Je me tins là immobile et frissonnant. Et, comme j'allais au hasard, j'aperçus une forme blanche ; je courus de ce côté, et voilà que je reconnus encore la belle jeune fille. Elle était penchée sur la pâle lande et s'occupait à creuser la terre avec une pioche. Je m'avançai lentement pour la regarder encore ; c'était à la fois une beauté et une épouvante.

La belle jeune fille qui se hâtait chantait un refrain bizarre : « Pioche, pioche au fer large et tranchant, creuse une fosse large et profonde. »

LES ARTS

A CONSTANTINOPLE

AU DIRECTEUR DE L'ARTISTE

Vous me demandez mon opinion sur la situation des arts à Constantinople. Les journaux d'Orient vous ont appris dernièrement que le sultan avait consacré de fortes sommes à la restauration de *Sainte-Sophie*, et vous avez pensé qu'au moment où la civilisation européenne semble si peu s'intéresser aux merveilles de l'imagination et de l'exécution artistiques, il serait beau que les Muses trouvassent à se réfugier sur ces rivages du Bosphore d'où elles nous sont venues. Rien ne peut empêcher cela, en vérité.

J'ai eu déjà occasion de m'élever dans l'*Artiste* contre le préjugé qui présentait les nations orientales comme ennemies des tableaux et des statues. C'est là une vieille récrimination bonne à ranger près de celle qui attribua aux lieutenants d'Omar la destruction de la bibliothèque d'Alexandrie, laquelle, bien longtemps auparavant, avait été dispersée par les chrétiens après l'incendie et le ravage du *Sérapéon*.

Nous savons tous qu'il existe des tableaux peints sur parchemin à l'Alhambra de Grenade, et que l'un des rois maures de cette ville avait fait dresser la statue de sa maîtresse dans un lieu qu'on appela depuis *Jardin de la Fille*. Il est également certain que l'on trouve dans une des salles du sérail, à Constantinople, une collection de portraits des sultans, dont les plus anciens ont été peints par les *Belin* de Venise, qu'on avait, à grands frais, conviés à ce travail [1].

J'ai eu moi-même l'occasion d'assister à une exposition de tableaux à Constantinople, qui eut lieu pendant les fêtes du Ramazan, dans le faubourg de Galata, près de l'entrée du pont de bateaux qui traverse la *Corne d'or*. Il faut avouer toutefois que cette exhibition aurait laissé beaucoup à désirer à la critique parisienne. Ainsi l'anatomie y manquait complétement, tandis que le paysage et la nature morte dominaient avec uniformité.

Il y avait là cinq ou six cents tableaux encadrés de noir, qui pouvaient se diviser ainsi : tableaux de religion, batailles, paysages, marines, animaux. Les premiers consistaient dans la reproduction de toutes les mosquées les plus saintes de l'empire ottoman ; c'était purement de l'architecture avec tout au plus quelques arbres faisant valoir les minarets. Un ciel d'indigo, un terrain d'ocre, des briques rouges et des coupoles grises, voilà jusqu'où s'élevaient

---

[1] Le dernier portrait de cette curieuse collection, qui forme une sorte d'arbre généalogique, a été peint par Camille Rogier.

ces peintures peu variées, tyrannisées par une sorte de convention hiératique. Quant aux batailles, l'exécution en était gênée singulièrement par l'impossibilité établie par le dogme religieux de représenter aucune créature vivante fût-ce un cheval, fût-ce un chameau, fût-ce même un hanneton. Voici comment s'en tirent les peintres musulmans : ils supposent le spectateur extrêmement éloigné du lieu de la lutte; les plis de terrain, les montagnes et les rivières se dessinent seuls avec quelque netteté; le plan des villes, les angles et les lignes des fortifications et des tranchées, la position des carrés et des batteries, sont indiqués avec grand soin; de gros canons faisant feu et des mortiers d'où s'élance la courbe enflammée des bombes animent le spectacle et représentent l'*action*. Quelquefois les hommes sont marqués par des points. Les tentes et les drapeaux indiquent les nationalités diverses, et une légende inscrite au bas du tableau apprend au public le nom du chef victorieux. Dans les combats de mer, l'effet devient plus saisissant par la présence des navires, dont la lutte a relativement quelque chose d'animé; le mouvement de ces tableaux gagne aussi beaucoup d'effet, grâce à certains groupes de *souffleurs* et d'amphibies qu'il est permis de rendre spectateurs des triomphes maritimes du croissant.

Il est en effet assez singulier de voir que l'islamisme permet seulement la représentation de quelques animaux rangés dans la classe des monstres. Tel est une sorte de sphinx dont on rencontre les représentations par milliers dans les cafés et chez les barbiers de Constantinople. C'est une fort belle tête de femme sur un corps d'hippogriffe; ses cheveux noirs à longues tresses se répandent sur le dos et sur le poitrail, ses yeux tendres sont cernés de brun, et ses sourcils arqués se rejoignent sur son front ; chaque peintre peut lui donner les traits de sa maîtresse, et tous ceux qui la voient peuvent rêver en elle l'idéal de la beauté, car c'est au fond la représentation d'une créature céleste, de la jument qui emporta Mahomet au septième paradis.

C'est donc la seule étude de figure possible ; un musulman ne peut donner son portrait à sa bien-aimée ou à ses parents. Cependant il a un moyen de les doter d'une image chérie et parfaitement orthodoxe : c'est de faire peindre en grand ou en miniature, sur des boîtes ou des médaillons, la représentation de la mosquée qui lui plaît le plus à Constantinople ou ailleurs. Cela veut dire : « Là se trouve mon cœur, il brûle pour vous sous le regard de Dieu. » On rencontre le long de la place du Séraskier, près de la mosquée de Bayézid, où les colombes voltigent par milliers, une rangée de petites boutiques occupées par des peintres et des miniaturistes. C'est là que les amoureux et les époux fidèles se rendent à certains anniversaires et se font dessiner ces mosquées sentimentales : chacun donne ses idées sur la couleur et sur les accessoires ; ils y font ajouter d'ordinaire quelques vers qui peignent leurs sentiments.

On ne comprend pas trop comment le préjugé musulman s'arrange des figures d'ombres chinoises, très-bien découpées et finement peintes, qui servent dans les représentations de *Caragueuz*. Il faut citer encore certaines monnaies et médailles d'autrefois, et même des étendards de l'ancienne milice des janissaires, qui portaient des figures d'animaux. Le vaisseau même du sultan est orné d'un aigle d'or aux ailes étendues.

Par une autre anomalie singulière, il est d'usage au Caire de couvrir de peinture la maison de tout pèlerin qui vient de faire le voyage de la Mecque ; dans l'idée sans doute de figurer les pays qu'il a vus, car dans cette seule circonstance on se permet d'y représenter des personnages qu'on a bien de la peine, du reste, à reconnaître pour vivants.

Ce préjugé contre les figures n'existe, comme vous savez, que chez les musulmans de la secte d'Omar; car ceux de la secte d'Ali ont des peintures et des miniatures de toutes sortes. Il ne faut donc pas accuser l'islamisme entier d'une disposition fatale aux arts. Le différend porte sur l'interprétation d'un texte saint qui laisse penser qu'il n'est pas permis à l'homme de créer des formes[1], puisqu'il ne peut créer des esprits. Un voyageur anglais dessinait un jour des figures sous les yeux d'un Arabe du désert, qui lui dit fort sérieusement : « Lorsqu'au jugement dernier toutes les figures que tu as faites se présenteront devant toi, et que Dieu te dira : Les voilà qui viennent se plaindre d'exister, et cependant de ne pouvoir vivre : tu leur as fait un corps, à présent donne-leur une âme !... alors que répondras-tu ? — Je répondrai au Créateur, dit l'Anglais, Seigneur, quant à ce qui est de faire des âmes, vous vous en acquittez trop bien pour que je me permette de lutter

---

[1] La note suivante, tirée du *Journal de Constantinople*, prouve un progrès favorable aux arts plus marqué d'année en année : « Bien des préjugés ont été vaincus sur l'article du dessin, art cultivé avec succès par beaucoup d'élèves, comme l'attestait une exposition variée d'épures, d'aquarelles, de paysages, etc. Nous avons remarqué une Vue du pont Neuf, à Paris, prise de la plate forme où se trouve la statue de Henri IV, de manière que l'on puisse voir toute la perspective des quais et du Louvre jusqu'aux Tuileries, par Tahsin-Effendi, de Galata, élève de quatrième année ; une vue des Tuileries, prise du grand bassin, avec l'obélisque de Lougsor au dernier plan, par Abdullah-Effendi ; les Cascades de Saint-Cloud, par le même, » etc.

avec vous... Mais, si ces figures vous paraissent dignes de vivre, faites-moi la grâce de les animer. »

L'Arabe trouva cette réponse satisfaisante, ou du moins ne sut que dire pour y répondre. L'idée du peintre anglais m'a paru fort ingénieuse ; et, si Dieu voulait en effet, au jugement dernier, donner la vie à toutes les figures peintes ou sculptées par les grands maîtres, il repeuplerait le monde d'une foule d'admirables créatures, très-dignes de séjourner dans la Jérusalem nouvelle de l'apôtre saint Jean [1].

Il est bon de remarquer, du reste, que les Turcs ont respecté beaucoup plus qu'on ne croit les monuments des arts dans les lieux soumis à leur puissance. C'est à leur tolérance et à leur respect pour les antiquités que l'on doit la conservation d'une foule d'antiquités assyriennes, grecques et romaines que la lutte des religions diverses aurait détruites dans le cours des siècles. Quoi qu'on en ait pu dire, la destruction des figures n'a eu lieu qu'aux premières époques du fanatisme, alors seulement que certaines populations étaient soupçonnées de leur rendre un culte religieux. Aujourd'hui la plus grande preuve de la tolérance des Turcs à cet égard nous est donnée par l'existence d'un obélisque placé au centre de la place de l'*Atmeïdan*, en face de la mosquée du sultan Sélim, et dont la base est couverte de bas-reliefs byzantins, où l'on distingue plus

[1] Ils disent que les statues et figures peintes comparaîtront toutes au tribunal de Dieu pour accuser ceux qui les ont faites et leur reprocher de les avoir travaillées si au naturel, quoique ne pouvant leur donner la vie qui leur eût permis de louer Dieu. Les Turcs croient aussi que les anges ne peuvent entrer dans une maison où il y a des portraits ou ressemblances humaines. (*Littérature des Turcs*, de l'abbé Toderini.)

de soixante figures parfaitement conservées. Il y a encore sur cette même place, la plus grande de Constantinople, et où se font la plupart des cérémonies du Bairam, un autre monument des plus curieux : c'est une colonne de bronze composée de trois serpents entrelacés, et qui n'est autre, dit-on, que le fameux trépied du temple de Delphes. Il serait difficile toutefois de citer d'autres sculptures d'êtres animés conservées dans l'intérieur de Constantinople, hormis celles que contiennent les églises catholiques. Dans le dôme de Sainte-Sophie, les figures des apôtres en mosaïque avaient été couvertes d'une couche de peinture où l'on avait représenté des arabesques et des fleurs. L'Annonciation de la Vierge était seulement voilée. Dans l'église des Quarante-Martyrs, située près de l'aqueduc de Valentinien, les images en mosaïque ont été conservées, bien que l'édifice soit devenu une mosquée.

Pour en finir avec les figures publiquement exposées, je me rappelle encore un certain cabaret situé à l'extrémité de Péra, au bord d'une route qui sépare ce faubourg du village assez mal famé de *San Dimitri*. Cette route est formée par le lit d'un ravin, au fond duquel coule un ruisseau qui devient fleuve les jours d'orage. L'emplacement est des plus pittoresques, grâce à l'horizon mouvementé des collines qui s'étendent du petit champ des morts jusqu'à la côte européenne du Bosphore. Les maisons peintes, entremêlées de verdure, consacrées la plupart à des guinguettes ou à des cafés, se dessinent par centaines sur les crêtes et les pentes des hauteurs. La foule bigarrée se presse autour des divers établissements de cette Courtille musulmane. Les pâtissiers, les frituriers, les vendeurs de fruits et de pastèques, vous assourdissent de leurs cris bizarres. Vous entendez des Grecs crier le raisin à *déka paras* (10 *paras*, un peu plus d'un sou); puis ce sont des pyramides d'épis de maïs bouillis dans une eau safranée. Entrons maintenant dans le cabaret : l'intérieur en est immense; de hautes galeries à balustres de bois tournés règnent autour de la grande salle; à droite se trouve le comptoir du tavernier, occupé sans relâche à verser les vins de Ténédos dans des verres blancs munis d'une anse, où perle la liqueur ambrée; au fond sont les fourneaux du cuisinier, chargés d'une multitude de ragoûts. On s'assied pour dîner sur de petits tabourets, devant des tables rondes qui ne montent qu'à la hauteur du genou; les simples buveurs s'établissent plus près de la porte ou sur les bancs qui entourent la salle. Là, le Grec au tarbouch rouge, l'Arménien à la longue robe, au *kalpac* monstrueux qui semble un bonnet de grenadier renflé à son sommet, et le juif au turban grisâtre, démontrent leur parfaite indépendance des prescriptions de Mahomet. Le complément de ce tableau est la décoration locale que je voulais signaler, composée d'une série de figures peintes à fresque sur le mur du cabaret. C'est la représentation d'une promenade fashionable, qui, si l'on en croit les costumes, remonterait à la fin du siècle dernier. On y voit une vingtaine de personnages, de grandeur naturelle, avec les costumes des diverses nations qui habitent Constantinople. Il y a parmi eux un Franc en costume du Directoire, ce qui donne la date précise de la composition. La couleur est parfaitement conservée, et l'exécution très-suffisante pour une peinture néo-byzantine. Un trait de satire que contient le morceau indique qu'il n'est pas dû à un artiste européen; car on y voit un chien qui lève la patte pour gâter les bas chinés du merveilleux; ce dernier tente sans succès de le repousser avec son rotin. Voilà en vérité le seul tableau à personnages publiquement exposé que j'aie pu découvrir à Constantinople. On voit donc qu'il ne serait pas difficile à un artiste d'y mettre son talent au service des cabaretiers, comme faisait Lantara. Pardonnez-moi la longueur de ce récit, qui peut servir du moins à détruire deux préjugés européens en prouvant qu'il y a à Constantinople et des peintures et des cabarets. Plusieurs de nos artistes y vivent fort bien, du reste, en faisant des portraits et des tableaux de sainteté pour les Arméniens et les riches Grecs du Fanar.

Pour ce qui est de la peinture d'ornement, de la grâce et de l'agencement des arabesques, vous savez quelle est là-dessus la supériorité des Turcs. La jolie fontaine de Topana, que l'on remarque dans le dessin de Rogier, peut édifier vos lecteurs sur le génie de l'ornementation à Constantinople.

UN TOUR DANS LE NORD

ANGLETERRE ET FLANDRE

Vous savez, mon cher Houssaye, quelle fête je me faisois depuis longtemps de profiter du trait d'union qui joint enfin Paris à ces bonnes provinces flamandes où nous avons déjà voyagé tous les deux. Se trouver à quelques heures des Rubens d'Anvers et des Rembrandt d'Amsterdam sans les aller voir au moins une fois, serait la conduite d'un barbare. Aussi bien toute la jeune presse, et même, selon l'expression de Préault, les *vieux de la jeune* avaient déjà bravé les dangers (trop réels) d'une inauguration hâtive. — Quel malheur cependant si les tourbières de Fampoux avaient englouti ce jour-là tant de sommités littéraires et politiques entassés dans de frêles waggons! Paris se réveillait le lendemain sans feuilletons, sans *pre-*

mier-Paris, sans discours... Mais certainement cette réflexion a dû être faite bien des fois depuis mon départ! — Il faut vous figurer, mon ami, que je suis étranger à tout journal français depuis un mois, que je vous écris d'un bateau voguant sur la Moselle, et, si mes idées sont arriérées, excusez-moi, j'ai trois jours à vivre ainsi d'une existence purement mécanique en remontant de Coblentz jusqu'à Metz; — je vous ennuie pour me désennuyer.

Maintenant, il faut bien l'avouer, la courbe parabolique que j'ai tracée pour éviter ce malencontreux chemin du Nord m'a promené déjà sur deux mers et sur plusieurs fleuves; l'Océan a eu pour moi des tempêtes et des sourires; — le Rhin m'a reconnu comme un vieil ami de ses vignes et de ses bords.

Mais pourquoi, me direz-vous, avoir évité si soigneusement un désastre qui n'existait pas encore le jour de votre départ? Mon ami, les poëtes ne sont-ils pas quelque peu des augures? Théophile, parti le jour de l'inauguration, nous a écrit positivement qu'il ne se passerait pas une semaine sans qu'un malheur arrivât sur ce chemin. Pour moi, je m'étais rendu à l'embarcadère et je me préparais à prendre ma place, lorsque je ne sais quelle intuition, quel *genius* caché, me fit changer d'idée en un instant. Le coup de sifflet du départ était sinistre; le surveillant qui m'indiquait le bureau avait une mine de vampire; le *convoi*, que j'entrevoyais par les portes, me fit songer à de tout autres convois... En quoi je me trompais quelque peu, car c'était la veille de l'accident que cela se passait; — mais songez aussi que j'avais résolu de m'arrêter un jour à Amiens, et que, par conséquent, j'aurais pris le fatal convoi du lendemain pour gagner Anvers. Au reste, je me suis toujours bien trouvé d'obéir aux pressentiments. — Sur quoi j'ai repris l'omnibus et me suis dirigé vers le chemin de Rouen. Trois heures après je descendais dans la patrie de Corneille et de Boïeldieu.

Ces deux maîtres coulés en bronze sont toujours à la même place, l'un sur le pont, l'autre sur le quai qui sert de Bourse et de promenade; la flèche en fer creux de M. Alavoine défigure toujours la cathédrale; on continue d'abattre les vieilles maisons si pittoresques du quinzième siècle qui donnaient un dernier cachet d'originalité à cette ville, — descendue aujourd'hui du premier rang de cité gothique au troisième rang tout au plus des villes propres et symétriques, destinées à contenter l'œil d'un maire et le cœur d'un préfet.

Rouen ne peut plus même soutenir ses deux théâtres, depuis longtemps fermés. On y fait voir pour tout divertissement dramatique un *âne sans pareil* et un enfant à trois jambes. Il y avait autrefois un seul cabinet de lecture; il a disparu. J'ai passé toute ma soirée à boire du cidre en relisant les journaux de Paris dans ceux de l'endroit.

Le bateau du Havre m'emportait le lendemain entre ces rives magiques, tant de fois célébrées, qui déroulent pendant huit heures leur double panorama de châteaux et de paysages. La côte de Honfleur se découpait admirablement aux derniers rayons du couchant. L'autre falaise tournait à pic, inhospitalière et sombre, nous abandonnant aux menaces de l'Océan irrité. Ce lieu grandiose et terrible a inspiré de belles pages à Bernardin de Saint-Pierre et à Chateaubriand.

On est très-secoué pendant une heure avant d'arriver à cette grosse tour de François Ier, dont la vue ou le souvenir a dû faire battre bien des cœurs de marins et de passagers depuis trois siècles. Le tumulte des flots vient expirer là ; nous voilà dans un bassin paisible garni à gauche d'un quai de fort belle apparence. La nuit est tombée depuis longtemps, mais de joyeuses farandoles retentissent sur le rivage; hommes et femmes dansent en chantant, comme on faisait à Paris dans ma jeunesse. Paris ne chante guère et n'a plus de ces danses naïves aujourd'hui. Vingt cabarets à cidre, espacés sur le quai, s'ouvraient à la foule altérée, qui se composait en grande partie d'Allemands, d'Anglais et d'Américains.

Je n'ai point de prétexte plausible pour m'arrêter à la description du Havre; c'est un grand port de mer et une petite ville en réalité. Casimir Delavigne y pouvait voir « Paris et Naples en un tableau » et déclarer par la bouche de Danville « qu'après Constantinople, il n'est rien de si beau; » mais, quand on n'est point né au Havre, on n'a pas de pareils devoirs. Il faut avouer que l'ensemble en est fort propre et fort gai. Les grands bassins coupent la ville en trois parties populeuses et animées; l'enceinte des fortifications l'empêche de s'étendre davantage. Seulement toute la côte d'Ingouville, admirablement située, dominant la ville et la mer, s'est couverte de riantes habitations. Chaque famille du Havre a sur la côte sa maison de campagne, qu'elle peut apercevoir de sa maison de ville, et réciproquement. Cela est très-commode pour une population de négociants. — On appelle au Havre ces maisons de la côte les *pavillons*.

Quant au voyageur, il a l'agrément de se promener sur une multitude de quais et de se faire ouvrir des huîtres fraîches en buvant du cidre. Les restaurateurs regorgent de poissons divers et de homards qui sont à peine plus chers qu'à Paris. On va prendre ensuite son café, près du théâtre, dans de magnifiques établissements qui donnent sur une promenade en quinconce, située à l'extrémité du principal bassin. Le coup d'œil est fort beau de ce point-là, on ne peut le nier, l'ensemble est grandiose, et je dirais que cela vaut bien la Canebière, si je n'avais pas des amis marseillais.

Mais, à propos d'amis, vous comprenez bien que je n'ai pas tardé à m'informer de la demeure d'Alph. K. L'omnibus de Sainte-Adresse stationnait justement au coin de la place. Après un trajet d'une demi-heure le long de la côte, au milieu des villas et des guinguettes, le conducteur, sur le nom seul de mon ami, s'inclinait et me disait : « *La propriété* de M. Alphonse! Oh! nous allons passer tout près. » Un peu plus loin, il arrêtait et m'indiquait des sentiers fort touffus où je ne tardai pas à m'égarer.

Je n'y avais nul regret d'ailleurs, l'endroit étant le plus pittoresque, le plus frais et le plus champêtre du monde. Imaginez les prés Saint-Gervais, ceux d'autrefois, à deux pas de la mer! Un hameau se tapit dans ce labyrinthe de verdure traversé d'eaux courantes; des clôtures d'arbrisseaux fleuris séparent les jardins ; çà et là des échappées laissent apercevoir la mer qui tranche l'horizon et qui vient mourir au pied des arbres sur sa bordure de galets. J'ai fini par rencontrer une paysanne, et je lui ai demandé la demeure d'Alphonse K. « Oh! monsieur, c'est bien facile, prenez le long du ruisseau, tournez à gauche, vous verrez une porte au coin d'un mur; c'est la propriété de M. Alphonse; c'est à lui. » Je me remis en marche un peu fier de connaître un littérateur si notoirement propriétaire. Enfin j'arrivai à une porte cintrée, peinte en brun, ombragée de vieux arbres qui dominaient le mur, et la porte en s'ouvrant me découvrit tout un idéal de roman intime, des allées, des parterres, des pavillons tapissés de fleurs, l'eau gazouillant sous les arbres, quelque chose du *landhaus* allemand et du cottage anglais. Je ne demanderais pas mieux que de décrire aussi l'intérieur, mais par malheur le maître était absent. « Monsieur est en mer, me dit la servante, il vient de mettre à la voile ; il ne reviendra pas avant six heures. — A six heures, dis-je, je serai moi-même en mer. » Sur quoi je suis reparti pour le Havre en faisant des vœux à Neptune.

La mer n'était pas trop belle, et je ne sais si je ne m'applaudissais pas au fond d'être venu trop tard pour accompagner mon ami Alphonse sur la *Guêpe* de Sainte-Adresse. Il est peut-être imprudent, me disais-je, de cultiver l'amitié d'un patron de barque à voile.

C'était ainsi que je me consolais de ma visite perdue. Toutefois j'avais fait une promenade charmante ; je traversai de nouveau les fortifications du Havre pour y rentrer. Les remparts intérieurs étaient garnis d'une population nomade, qui habite des tentes et des cabanes formées de planches et de branchages. Les femmes et les enfants s'empressaient autour des feux de cuisine allumés entre les pierres, et leurs cheveux d'un blond déteint révélaient assez ces pauvres familles allemandes qui viennent au Havre s'embarquer pour l'Amérique. Ces bonnes gens attendent ainsi le jour du départ et les vents favorables, car la plupart n'ont pas les moyens de faire la traversée par les bateaux à vapeur. Les moins pauvres habitent la ville et occupent un quartier tout allemand. — Je n'ai jamais vu de si gros navires que les paquebots américains destinés à ces voyages. Ce sont de véritables villes, dont les constructions intérieures s'élèvent souvent de plusieurs étages, comme les *châteaux* des anciennes galères. Il y avait encore sur le quai de vastes tentes pour la population non casée.

Depuis quelque temps le Havre devient artiste. Il possédait déjà un théâtre monumental, il a voulu aussi avoir un musée. On a approprié un ancien bâtiment à cette destination. L'entrée et l'escalier sont magnifiques. Malheureusement, tout cela fait, on ne savait quoi y placer pour justifier ce titre du musée du Havre. — Il y avait un brave homme qui montrait sur la jetée une collection d'animaux empaillés et de coquillages : on a acheté cela dix mille francs. Maintenant on s'est aperçu que les mammifères perdaient leurs poils et les oiseaux leurs plumes. Ne serait-il pas plus simple et aussi curieux de commander quelques tableaux à de pauvres artistes de talent? Tâchons, mon cher Houssaye, d'amener à cette idée le conseil municipal du Havre. Dites à nos sculpteurs aussi que cette ville a besoin d'une statue de Bernardin de Saint-Pierre et d'une autre de Casimir Delavigne.

Du reste, en traversant la partie centrale de la ville, j'ai trouvé sur la façade d'une maison, dans la rue de la Halle, cette inscription en lettres d'or : « Ici naquit Bernardin de Pierre, l'an 1757. »

Il ne reste plus à remarquer au Havre que l'immense quantité de perroquets suspendus dans des cages aux portes des maisons. Ils répètent tous avec plus ou moins de perfection la phrase si connue : « As-tu déjeuné? » etc., qui trahit une préoccupation de mouton rôti certainement étrangère à l'imagination granivore de ces oiseaux.

Vers six heures, la mer commençait à moutonner fortement, et il y avait beaucoup de monde sur la jetée pour observer le retour des barques de pêcheurs. C'est un spectacle plein d'intérêt et d'émotion. J'espère que la *Guêpe* de Sainte-Adresse aura regagné la côte sans avarie. Pour moi, je me suis dirigé vers le *steamer*, qui fumait déjà et faisait des manœuvres pour se détacher du quai. Quelques minutes plus tard, nous gagnions le large, ballottés splendidement, mais à peu près sûrs d'arriver en quatorze heures à Southampton.

Il y avait dans les *cadres* trois blondes fort majestueuses qui, au milieu de l'agitation générale, ne songeaient guère à dissimuler leurs bras blancs et à renouer les nappes opulentes de leurs cheveux rougeâtres. On comprend toutefois que le spectacle de leurs convulsions n'avait rien de fort séduisant. Je passai la moitié de la nuit en m'exerçant sur le pont à cette sorte de danse qui consiste à contrarier le tangage du navire en cherchant l'équilibre par des mouvements inverses. Cette polka maritime m'était connue depuis longtemps.

C'est sur ce bateau que j'ai rencontré pour la première fois des Anglais de classe moyenne. A Paris nous ne connaissons que l'ouvrier ou le *milord*. Du moins, l'amour-propre britannique pose toujours au premier rang, tant que l'homme n'appartient pas de toute évidence au dernier. Mais, en approchant de la patrie, ces prétentions s'effacent; les gentlemen du continent se trouvent n'être plus que des avocats en vacances, des mécaniciens, des négociants de la cité, et tout au plus de ces provinciaux aisés que l'on comprend dans la qualification de *gentry*. Alors ces fiers insulaires daignent adresser la parole à l'étranger qui a la chance de les rencontrer et de les reconnaître plus tard, ou qui peut même devenir un utile client; il n'est plus nécessaire de leur *être présenté* pour jouir de leur entretien.

J'ai pu savoir que cette côte blanchâtre et crayeuse qui,

dès le point du jour, garnissait l'horizon, était celle du comté de Kent, et que nous avions à gauche l'île de Wight et à droite la langue de terre où est située Portsmouth.

Bientôt les flots se calmaient; les maisons et les arbres se laissaient voir distinctement ; notre steamer fendait en paix les eaux vertes du long détroit qui sépare l'île de la terre ferme. Quelques voyageurs descendaient à Portsmouth, l'une des plus fortes cités maritimes de l'Angleterre, et qui, me disait un Anglais, avalerait le Havre comme un goujon, s'il n'y avait pas la mer entre deux.

J'apercevais au loin ces énormes vaisseaux, remparts de bois de la vieille Albion, et des dessins de fortifications et d'arsenaux très-compliqués. Mais que feraient ces forces amassées, aujourd'hui que la vapeur permet de débarquer en tout temps et partout ailleurs qu'à Portsmouth ?

Je n'ai nulle envie, d'ailleurs, de pousser qui que ce soit à la conquête des Iles Britanniques, et je partage tout à fait l'opinion de Nestor R***, qui disait qu'une terre où l'on ne peut pénétrer par aucun point sans subir d'atroces coliques, n'est pas un pays. C'est si peu une patrie, en effet, que ses habitants se font, tant qu'ils peuvent, les citoyens du monde entier. On m'a parlé d'un pair d'Angleterre qui, ayant voulu voir le continent, souffrit tellement d'une traversée orageuse, qu'il ne voulut jamais s'exposer à la mer une seconde fois; — il est venu s'établir près de Boulogne et y passe sa vie, les yeux tournés vers cette côte maternelle, où il veut pourtant que son corps aille reposer quelque jour. Il espère qu'après la mort on n'a plus le mal de mer. Grave question.

L'île de Wight offre des points de vue charmants. Une foule de yachts pavoisés animait çà et là ce vert rivage semé de châteaux blancs et de villages rouges. Cela tenait à ce que la reine y séjournait dans le moment. Après avoir remonté pendant six heures environ ce riant bosphore qui se rétrécit un peu de l'autre côté de l'île, j'ai aperçu les tours et les clochers de Southampton, — qu'il s'agit désormais de prononcer Souzampton, en appuyant la langue contre les incisives pour la formation de ce terrible *th* anglais, le shiboleth des commençants.

Une fois sur le quai, personne ne vous demande de passe-port, et vous seriez libre d'aller vous promener, si vous n'aviez la fâcheuse habitude d'emporter soit malle, soit carton, soit valise, toutes choses dont la conséquence est de vous faire passer une heure et demie dans une salle fort triste à hautes fenêtres en tabatière, en proie à une odeur insupportable de charbon de terre, jusqu'à ce qu'on ait appelé votre nom et fait les autres cérémonies douanières.

Vous débarquiez gaiement dans une ville propre et charmante, et voilà que vous comprenez déjà les sombres mystères du spleen ; — de plus, le dernier convoi du chemin de fer part pour Londres dans l'intervalle, et vous en avez pour un jour de perdu et trente francs de dépensés dans une ville insignifiante. Les Français ne se persuaderont-ils jamais que toutes les fois qu'on passe la frontière, c'est une excellente occasion de renouveler ses habits et son linge, attendu qu'il n'est point de pays où ces choses ne soient moitié moins chères et beaucoup meilleures que chez nous?

Souvenons-nous donc que la France ne fournit à l'étranger que des vins, des bronzes d'art et des colifichets de mode. Cette idée est triste pour notre amour-propre; mais pourquoi, nous autres consommateurs, ne dirions-nous pas à nos seigneurs les fabricants qu'ils abusent singulièrement de ce qu'il leur plaît d'appeler le marché national? En parcourant la grande rue de Southampton, je rougissais de la mince valeur de ma garde-robe française, comparée aux splendeurs de costume qu'étalait le prix fixe anglais.

J'ai suivi la grande rue jusqu'à une porte gothique, sorte d'ac de triomphe couvert de sculptures, de légendes et de blasons peints et dorés. La cathédrale est dans ce style un peu nu que l'on appelle gothique anglais; il y a un théâtre et une bourse, des boutiques peu différentes des nôtres. Toutes les maisons sont en brique avec d'énormes fenêtres, des vitres bien nettes, des boiseries bien peintes, des espèces de *verandas* s'avançant sur la rue, quelque chose des villes de Hollande avec moins de caprice; — les rues transversales ont cette physionomie calme et provinciale, cette propreté, cette grâce d'intimité et de ménage que l'on rêve en lisant Goldsmith ou Fielding, de verts ombrages çà et là, de charmants enfants bien portants et bien vêtus, d'alertes servantes avec leurs bras nus et leur figure rose et blonde encadrée dans un chapeau de paille étroit; voilà ce que l'on voit de mieux : le reste est comme partout.

Du reste, on a bien vite satisfait tous les caprices inhérents à la couleur locale, — comme de boire un verre de porter, un verre d'ale, un petit verre de gin, de fumer un manille authentique, d'acheter un journal et d'arroser une tranche de rosbif de quelques tasses de *tea* incontestablement chinois.

Mais c'est anticiper sur les plaisirs de Londres et lui dérober la primeur des sensations qu'elle nous garde. Hâtons-nous de gagner le magnifique embarcadère *du south western rail-way,* qui ne mettra guère que six heures pour nous transporter tout près du Wauxhall-bridge de Londres, à travers des campagnes aussi peu pittoresques qu'admirablement cultivées. — Du reste, on sait qu'il n'y a point de paysage pour le voyageur des chemins de fer.

LES MONTÉNÉGRINS

LES MONTÉNÉGRINS

Les *Monténégrins*[1], avant de parvenir au public, ont parcouru une odyssée d'infortunes, de retards, de mécomptes et de transformations qui serait trop longue à raconter; mais enfin pour eux « le jour de gloire est arrivé! »

Les Monténégrins pourraient, à l'appui de presque tous leurs détails, apporter des documents officiels et des attestations authentiques. Le poëme, dont nous allons rendre compte, est non-seulement vraisemblable, ce qui serait suffisant, mais il est vrai.

Le traité de Presbourg avait cédé à la France les bouches du Cattaro, une partie de la Dalmatie et de l'Illyrie jusqu'à Raguse; un corps russe, venu de Corfou, ayant soulevé les habitants des montagnes, les détachements

---

[1] Comme on ne réimprimera pas les *Monténégrins* dans les œuvres de Gérard de Nerval, l'éditeur a jugé qu'il fallait en donner ici l'analyse par M. Théophile Gautier.

français envoyés pour prendre possession du pays concédé, se trouvèrent enveloppés par une force régulière russe et des hordes de féroces montagnards : le général Molitor, se portant à marches forcées sur Raguse, battit les Russes et les Monténégrins, et délivra ses compatriotes.

Mais voilà bien assez d'histoire et de géographie préalables. Arrivons à la pièce.

Après une ouverture correcte et vigoureuse, où la phrase d'amour, thème principal de l'ouvrage, serpente à travers des phrases fantastiques, agrestes et guerrières, en harmonie avec le poëme qui va se dérouler, la toile se lève et nous laisse voir, devant un cabaret festonné de vigne et orné d'une statue de sainte, de joyeux groupe de soldats français se détachant, avec les vives couleurs de leurs uniformes, sur le fond bleuâtre et glacé d'argent des montagnes lointaines : ils boivent, ils chantent et embrassent, avec un aplomb de hussard, les jolies filles aux jupes bariolées, aux cheveux bruissant de sequins d'or.

Pendant ces ébats, vont et viennent des gaillards moustachus d'un aspect féroce et mystérieux qui chuchotent et complotent dans leur damné dialecte. Ce drôle à la mine demi-turque, à la ceinture chargée de kandjars, est partisan des Russes; cet autre, d'apparence plus honnête, réserve ses sympathies pour les Français; à la guzla qui pend à son dos l'on devine un de ces poëtes chanteurs dans le goût de cet Hyacinthe Maglanowich dont Mérimée a recueilli les ballades et les improvisations, et qui rappellent dans l'école moderne ce que pouvaient être autrefois les bardes et les trouvères : ces deux personnages représentent l'antagonisme de la pièce.

Le capitaine Sergy arrive et demande un guide pour aller à la Maladetta, tour en ruines, espèce de burg démantelé qui, perché sur un roc, ébrèche le ciel de sa silhouette, et s'aperçoit de l'endroit où boivent les hussards. Il a reçu un ordre secret qui lui enjoint d'aller passer la nuit dans ce lieu mal famé.

Au nom de la Maladetta, Monténégrins et Monténégrines surtout, prennent cet air de componction et d'effroi qui fait pressentir une ballade : aussi le barde, raclant du pouce l'unique corde de sa guitare, raconte-t-il, sur un air lugubre, la légende d'Hélène qui revient tous les 15 septembre dans les salles dévastées du château, empruntant, pour mieux séduire l'imprudent qui la visite, les propres traits de celle qu'il aime : Un capitaine de hussards, du temps de l'Empire, n'était pas homme à se laisser effrayer par des contes de nourrice. Aussi se montre-t-il fort peu ému du récit de Ziska, c'est ainsi que se nomme le barde qui, le voyant résolu, s'offre à l'accompagner.

Comme ils vont partir, entre, dans sa folle toilette de tsigane, une bohémienne qui dit la bonne aventure aux jeunes filles, et même au capitaine Sergy, tout incrédule qu'il est. Elle lui raconte des choses assez surprenantes pour qu'il en soit troublé et ravi.

Les hussards n'ont pas, pour la bohémienne, le même penchant que leur capitaine. Ils l'ont vue rôder autour du camp, l'accusent d'être une espionne des Monténégrins révoltés et veulent l'entraîner en prison ; mais la bohémienne se met à chanter certaines paroles mystérieuses qui frappent Sergy d'étonnement. Une nuit, Sergy, tombé dans une embuscade, a été délivré par une femme dont il n'a pu voir les traits, et à qui il a promis une éternelle reconnaissance. La bohémienne vient de lui répéter ses propres paroles : donc, c'est elle qui lui a sauvé la vie. Il ordonne aux hussards grondants de lâcher leur proie.

La conduite de la bohémienne n'a rien d'extraordinaire pour le pays. Dans le Monténégro, les femmes servent toujours d'espion ; elles sont cependant respectées par ceux dont elles viennent observer les forces, et qui ont connaissance de leur mission ; faire la moindre insulte à une femme d'une tribu ennemie serait se déhonorer pour toujours. Mais les hussards n'ont pas cette opinion, et il faut tout l'ascendant de la discipline pour les obliger à obéir. La bohémienne est l'idéal, la maîtresse inconnue et fantastique que poursuivait l'amour romanesque de Sergy ; en sa qualité de diseuse de bonne aventure, de magicienne très-versée dans les choses de l'autre monde, elle dissuade le capitaine d'aller à la Maladetta, car c'est précisément le 15 septembre, le jour de l'apparition de la châtelaine. Sergy, qui a sa mission à remplir, et doit ouvrir dans cette tour une missive cachetée dès que l'aurore paraîtra, n'en persiste pas moins dans sa résolution et part accompagné de Ziska le chanteur, et de Folliquet son *brosseur*, très-brave sur les champs de bataille, très-poltron dans les ruines gothiques, qui n'a pas peur de dix hommes et tremble à l'idée d'un fantôme.

La Maladetta, il faut l'avouer, n'est pas un séjour très-rassurant : par les fenêtres effondrées siffle la bise et passent les oiseaux nocturnes ; les vieilles panoplies pendues aux arceaux rendent de sourds murmures, et les rayons de la lune, qui découpent en blanc les baies des croisées, jettent sur la muraille comme une procession de fantômes. Du balcon, à moitié rompu, on aperçoit la cime des pins et des rochers, et, tout au fond de l'abîme, le bleu noir de la mer. Un portrait enfumé par le temps prend, dans sa demi-teinte, un aspect étrange, une espèce de vie morte qui inquiète l'œil.

C'est dans cette salle un peu moins délabrée que le reste du château, que Sergy et ses deux compagnons doivent passer la nuit. Ils arrivent bientôt munis d'une lanterne sourde et d'un panier de provisions où figure avec honneur le marasquin de Zara dans sa bouteille nattée. Folliquet, à chaque palpitation d'aile de chauve-souris, à chaque craquement de vitre brisée sous sa botte, à chaque craquement de la boiserie, à chaque plainte du vent, pâlit et tressaille malgré les sarcasmes de Sergy. — Il frissonne à l'idée de rester seul dans cette salle dévastée et sinistre, tandis que le capitaine et le barde vont faire une ronde militaire.

Ses craintes sont à moitié justifiées par les obsessions d'un très-joli fantôme, qui profite de l'absence de Sergy et de Ziska pour molester le pauvre Folliquet, qu'un baiser d'ombre ne tente nullement.

La rentrée du Français et du Monténégrin fait évanouir la charmante apparition, et Folliquet, rassuré, allume le feu et met le couvert sur une vieille table boiteuse qui se trouve là.

« Mets trois couverts, dit Sergy. — Mais vous n'êtes que deux, répond le brosseur. — Le troisième couvert est pour la châtelaine, que j'invite à souper ! »

Et Sergy, se tournant vers le portrait qu'éclaire un fauve reflet, porte un toast à la dame de la légende.

Après un moment d'attente solennelle, rien ne paraît.

« Vous voyez bien que votre légende est un conte à dormir debout, dit l'officier au poëte.

— Ce n'est pas encore l'heure, répond gravement celui-ci. Minuit sonne à une horloge lointaine. Un coup de feu retentit.

— Trahison ! s'écrie Folliquet, qui, au bruit de la poudre, a retrouvé tout son courage et se précipite hors de la salle le pistolet au poing.

— Que signifie cette détonation? dit le capitaine surpris.

— Ce coup de feu, répond Ziska, vient d'atteindre celle que vous aimez, et la dame de la légende va vous apparaître sous les traits de la morte, car son ombre prend toujours la forme adorée »

Ziska s'éclipse, et au bout de la longue galerie illuminée par la lune, apparait un blanc fantôme voilé, tenant un flacon d'argent, qui s'avance avec un mouvement immobile et verse d'un geste inerte un vin noir dans la coupe que lui tend d'une main encore ferme le capitaine Sergy.

Alors a lieu une scène de passion pleine de ce charme sinistre et de cette volupté tumulaire qui donnent un si haut intérêt à la fiancée de Corinthe de Gœthe et à l'Inès de las Sierras de Charles Nodier. Madame Ugalde Beaucé a dit avec l'expression la plus pathétique le morceau qui commence ainsi :

Je viens à ton appel, ô toi qui m'as aimée !
Ta voix est descendue au séjour douloureux
Où l'espérance, hélas! sous la tombe enfermée
Est le seul bien des malheureux.

Sergy sent bientôt se mêler à son ivresse un vertige étrange ; un lourd sommeil s'abat sur ses paupières. Va-t-il rejoindre sa bien-aimée dans l'autre monde, ou toute cette fantasmagorie n'est-elle qu'un piége? Le fantôme lui a-t-il versé du poison? Des accents bizarres, comme ceux qu'on entend en rêve, bourdonnent à son oreille ; un chœur mystérieux s'approche, chantant d'abord des paroles étouffées sur une phrase qui murmure, s'enfle, éclate, et devient un ouragan de bruit : ce sont les chefs monténégrins avec leurs bandes. Heureusement Sergy, profitant de la dernière lueur de sa raison submergée, a fait jeter au feu, par la bohémienne ou son spectre, la dépêche qu'il devait ouvrir à l'aurore ; s'il meurt, au moins il emportera son secret dans la tombe, l'ennemi n'en pourra profiter. La bohémienne et Ziska font tous leurs efforts pour protéger Sergy, que la chute du rideau laisse dans une situation fort équivoque, sous le poignard levé des farouches montagnards.

Au troisième acte, Sergy, pour qui on a obtenu à grand'peine un sursis d'une heure, va être fusillé ; mais la bohémienne et Ziska veillent sur lui. La dépêche, que le fantôme supposé a lue avant de la livrer aux flammes, contenait l'ordre d'arborer un drapeau sur la Maladetta, signal auquel devait s'ébranler l'armée française, qui s'est éloignée, n'ayant rien vu flotter sur la tour maudite ; il n'y a plus d'espoir de ce côté. Heureusement, Folliquet, qu'on a trouvé moyen de faire évader, traverse les lignes ennemies sans faire attention aux balles (il n'a pas peur des balles), et va prévenir les camarades de la position du capitaine. De son côté, Ziska, penchée sur un créneau, jette aux échos des montagnes le cri de ralliement du parti favorable aux Français.

Ce cri se répète de cime en cime, et bientôt par les embrasures, par les fenêtres, par le plancher, par toutes les ouvertures possibles, se rue un monde de paysans, de guerriers, de soldats, de femmes, Monténégrins et Français. Le parti russe a le dessous ; le capitaine Sergy est délivré, et à l'ombre des étendards balancés se chante l'hymne national des Monténégrins, sur une phrase sonore et triomphante :

Monténégro, Dieu te protége,
Et tu seras libre à jamais
Comme la neige
De tes sommets.

Ce livret, qui sort un peu des habitudes de l'Opéra-Comique, montre, uni à l'habileté de faiseurs éprouvés, un sentiment littéraire et une couleur poétique assez rares dans ces sortes d'ouvrages ; des coupures, trop prudentes peut-être, ont supprimé çà et là des scènes ou des détails regrettables au point de vue de la couleur locale. Sur une action toute réelle, puisqu'elle est consignée dans les bulletins de l'Empire, l'auteur a fait planer un peu de cette terreur fantastique, de cette horreur religieuse qui tombe des hautes montagnes et des noires forêts de la Thessalie voisine. Le Monténégro, la Bosnie, l'Herzegovine sont tout peuplés de fantômes, de vampires, d'aspioles, de brucolaques : la croyance au mauvais œil y règne sans conteste, et des légendes, comme celles d'Hélène et de la Tour maudite, n'y ont pas besoin d'explications naturelles à la fin.

Ce mélange de réel et de fantastique, ce contraste de la vie des camps et de la vie libre des montagnes, offraient au musicien des ressources dont il a tiré le meilleur parti.

LE CHARIOT D'ENFANT

DRAME DU ROI SOUDRAKA

LE CHARIOT D'ENFANT

Le drame si palpitant et si nouveau représenté à l'Odéon a une vingtaine de siècles d'existence ; c'est ce qui lui donne cet air de jeunesse. Le *Chariot d'enfant*[1], dont le nom sanscrit est *Mritchtchati* (littéralement le *Chariot de terre cuite*), est l'œuvre du roi Soudraka, prince fameux dans l'histoire indienne, et que la chronologie reçue le plus communément place avant l'ère de Vicramâditya, antérieure à notre ère de cinquante-six ans.

Cependant M. Wilson, grande autorité en fait d'érudition indienne, pense, d'après un passage du *Scanda Pourâna*, que le royal auteur du *Chariot de terre cuite* devait plutôt vivre vers le deuxième siècle de notre ère. Seize cents ans, au cas où cette supposition serait fondée,

---

[1] Ce qui a été dit des *Monténégrins* peut se dire aussi du *Chariot d'enfant*. Voici donc le feuilleton de Théophile Gautier.

sont toujours un âge fort respectable pour un drame. — Seize cents ans, au bas mot! On trouve des allusions à cette pièce dans le *Dasa Roupaka*, ouvrage du onzième siècle, comme nous en ferions aujourd'hui aux chefs-d'œuvre classiques. D'ailleurs, la beauté de la poésie, la pureté du style démontrent que le *Mritchtchati* est de la belle époque littéraire indienne, et précède la décadence du goût; on y fait des citations du *Ramayana* et du *Mahâbhârata*, ces grands et antiques poëmes, et l'on n'y parle jamais des *Pouzanao*, dont la forme est plus moderne. Ensuite, et ce qui est une preuve plus concluante de l'ancienneté de l'œuvre, le culte de Bouddha, qui depuis fut proscrit, paraît, non-seulement respecté, mais librement pratiqué dans la ville d'Oudjayani, où se passe l'action du *Chariot d'enfant*; et puis il est dit dans le prologue que Soudraka, à l'âge de cent ans, sortit volontairement de la vie en se jetant dans un bûcher, après avoir offert l'aswamedha, ou le grand sacrifice du cheval. Ce suicide, regardé dans la haute antiquité comme une belle action philosophique, fut défendu dans les âges plus récents.

Si vous êtes curieux de savoir quel était, aux yeux du public indou, l'idéal qu'il se faisait d'un grand poëte, écoutez parler le prologue du *Mritchtchati* par la bouche du directeur :

« Il fut un poëte dont l'extérieur avait la majesté de l'éléphant; les yeux, la vivacité de ceux de la perdrix; le visage, l'éclat de la pleine lune. Sa personne était noble, ses manières aimables, sa véracité à toute épreuve. Issu de la race des Kchatriyas, il se nommait Soudraka; également versé dans la connaissance des Vèdes, appelé Rig et Sâma, dans les sciences mathématiques, dans les beaux-arts et l'éducation des éléphants. Par la faveur de Siva, ses yeux ne furent pas fermés par la vieillesse ; il vit son fils assis sur le trône et, centenaire, entra dans la flamme : le drame que nous allons représenter est son ouvrage. »

Certes, c'est une imposante et curieuse figure que ce roi poëte, aux formes majestueuses, à l'œil vif et scintillant, écrivant tantôt en prose, tantôt en vers de toute mesure, depuis l'anouchtoub jusqu'au dandaka, c'est-à-dire depuis la stance de quatre lignes de huit syllabes chacune jusqu'à celle qui contient de vingt-sept à cent quatre-ving-neuf syllabes, un drame plein de philosophie, de lyrisme, de connaissance du cœur humain et si avancé sous tous les rapports, qu'on ne saurait aller plus loin aujourd'hui : car il contient la réhabilitation de la courtisane par l'amour, et celle du voleur par un sentiment généreux, *Marion Delorme* et les *Mystères de Paris !* deux idées que le Paris du dix-neuvième siècle trouve hasardeuses exprimées par des écrivains démocratiques, et que l'Inde, il y a deux mille ans, trouvaient toutes naturelles exprimées par un roi !

Les Indiens, non plus que les Grecs, n'avaient pas de théâtre suivi. Les représentations, mêlées à des solennités religieuses, ne se donnaient qu'à des intervalles éloignés. Les frais en étaient faits par le gouvernement ; et il ne paraît pas qu'elles eussent lieu dans un endroit spécial. Chaque palais avait bien, il est vrai, sa *sangita sâlâ*, son salon de musique où l'on donnait des concerts, où l'on exécutait des danses, et même des pièces, mais rien qui répondît à ce que nous entendons par théâtre ; les mœurs et le climat s'y opposaient. Les représentations solennelles avaient lieu en plein air, ou dans quelque cour intérieure arrangée pour la circonstance.

C'est donc la première fois que le *Chariot de terre cuite* est joué sur un théâtre proprement dit, et, pour que ses dix actes ne débordassent pas de tous côtés de notre étroite scène européenne, Méry et Gérard de Nerval, les deux hommes du monde les plus propres à cette besogne, ont réduit l'œuvre du roi Soudraka à cinq actes et sept tableaux, ce qui est fort honnête ; mais ils n'ont rien élagué de caractéristique, et, si cette vaste forêt vierge indienne est devenue praticable, elle n'en est pas moins restée touffue.

Si l'Inde n'existait pas, Méry l'aurait inventée ; il la sait à un tel point, que les Anglais revenant de Calcutta ne veulent pas croire qu'il n'y soit point allé. Les capitaines au long cours lui demandent des détails sur Ceylan, la côte de Coromandel et le Malabar. C'est Méry qui corrige leurs cartes marines ; il parcourt les rues de Lahore, de Bénarès et de Seringapatam, comme celles de Paris, de Londres ou de Marseille ; dans une existence antérieure et dont il se souvient, il a dû être pandit ou brahme à la pagode de Jaggernat, et c'est probablement lui qui a reçu le docteur anglais de la *Chaumière indienne* de Bernardin de Saint-Pierre. Il excelle dans l'art d'entre-croiser les rimes et d'élever les éléphants, comme le roi Soudraka, qui assurément ne connaissait pas aussi bien que lui les mœurs, le caractère et la pensée intime de ces monstres pleins de raison et d'esprit. Dans *Éva*, la *Floride* et la *Guerre du Nizam*, il a fait voir quelle était sa sagacité en ce genre.

Il n'y a qu'un homme au monde qui puisse se reconnaître dans cette formidable théogonie indienne, parmi ces milliers de dieux aux bras multiples, aux têtes grimaçantes, au corps bizarrement soudé, c'est Méry. La religion, l'histoire, la topographie, la flore, les arts de l'Inde, il sait tout. Ces poëmes de deux cent mille vers, qu'il fallait six mois pour lire, il en ferait l'analyse plus aisément qu'un feuilletoniste le rendu compte d'un vaudeville. Le théâtre, il le possède sur le bout du doigt. Il connaît Viddha Sââbandjika, Pratchanda Pandava, Danandjaya Vidjaya, Outtara Râma, Itchariria, Prabodha Tchandrodaya, Ourvasi et Vicrama, Malati et Madhava, Ratnavali, Rêvata Madanika, Sôgand hikaharana et Anékamourttam, aussi familièrement qu'un classique les tragédies de Racine, et un romantique les drames d'Hugo. Il n'y a pas un vers de Câlidâsa ou de Bavabhoûti qu'il n'achève lorsqu'on lui en dit le premier mot. Il n'est pas moins fort sur la rhétorique que sur la poésie proprement dite, et si nous n'avions peur de rendre enragés nos compositeurs par une foule de mots extravagants, nous affirmerions qu'il n'est pas moins habile dans le nataka que dans le roupaka, dans le dima que dans l'ihamriga; mais son triomphe est le dourmallika.

Gérard de Nerval, lui, n'est pas tout à fait aussi Indou, mais il n'en est pas moins oriental; il a vu l'Égypte, la Palestine, l'Asie Mineure, la Turquie; il connaît toutes les religions et tous les mythes, il en fait lui-même; il a eu pour esclave une Indienne de Ceylan, espèce de Sacountala ou de Vasentasena, couleur d'or, dont il a raconté l'histoire dans ses *Femmes du Caire*; et l'on a pu voir par ses *Nuits du Ramazan*, où sa légende de la *Reine Balkis*, étincelle comme le fabuleux rubis de Giamschid, combien est profonde son érudition thalmudique et biblique. Le roi Soudraka ne pouvait donc espérer de plus dignes interprètes pour se mettre en rapport, à travers les siècles et les océans, avec le public européen, que deux poëtes comme

Méry et Gérard de Nerval : Gérard de Nerval a, en outre, le mérite d'avoir traduit le Faust de Volfgang Gœthe l'olympien.

Le *Chariot d'enfant* avait donc excité au plus au degré la curiosité parisienne, exaspérée encore par une répétition générale, et des caravanes de spectateurs défilaient avant l'heure sous les portiques de l'Odéon, de peur de manquer un seul de ses tableaux.

Le sujet du *Chariot de terre cuite* est à la fois très-simple et très-dramatique. Vasentasena, une courtisane, — mais, par ce mot, il faudrait plutôt entendre la brillante hétaïre grecque que la vulgaire prostituée de nos villes, — pour éviter un jeune prince débauché, Samsthanaka, frère du roi, qui la poursuit, se réfugie dans la maison d'un brahmane, nommé Tcharoudatta, devenu pauvre pour avoir été généreux et honnête. Le prince et son confident, que guidaient dans l'ombre l'éclat des diamants, et le son des grelots frissonnant aux chevilles de Vasentasena, s'étonnent de cette disparition subite, et s'éloignent en grommelant, après avoir vainement demandé la courtisane, cachée par le bon vieux Metreya, ancien serviteur et client de Tcharoudatta, resté fidèle à l'infortune de son maître.

Vasentasena, qui d'ordinaire n'est pas si dédaigneuse, fuit le prince parce qu'elle aime Tcharoudatta, dont la vertu, le mérite et la distinction ont fait sur son cœur une impression profonde. Tcharoudatta veut la faire reconduire par Metreya avec une lampe, mais il n'y a plus d'huile dans la maison ; heureusement qu'il fait le plus beau clair de lune du monde ; mais Vasentasena, touchée de cette misère, défait ses bijoux et les donne à Tcharoudatta, dans une boîte qu'elle se promet bien de ne pas revenir chercher. Cette boîte à garder inquiète fort Tcharoudatta, qui se rassure en pensant que des voleurs dédaigneront d'attaquer sa pauvre maison.

C'est ainsi que le drame se pose. Le brahmane s'éprend de la courtisane, tremblante sous ses colliers de perle et ses folles parures, dont l'éclat contraste si fort avec la nudité de l'humble logis. Vasentasena, presque honteuse de son luxe en présence de cette noble misère, voudrait dédommager Tcharoudatta par le trésor de son amour; car celui qui accepte le don du cœur peut bien accepter le don de la fortune.

L'autre tableau nous montre une place sur laquelle donne le balcon de Vasentasena et qu'animent les querelles de joueurs sortis du tripot voisin. Un pauvre diable, moitié dupe, moitié voleur, a perdu au jeu dix souvernas contre deux fripons qui le poursuivent sans vouloir lui accorder le moindre répit. Sarvillaka n'a rien à mettre en gage et personne qui veuille répondre pour lui : il n'a jamais connu son père, sa mère n'est plus, et il tâche de solder sa dette en fuyant; mais il est bientôt rattrapé. Le son des dés le fait sortir de la niche vide d'un portail de temple où il s'était juché, les jambes croisées, dans une pose de Wishnou ou de Siva.

On veut le vendre, mais les acheteurs n'en veulent à aucun prix, et il resterait aux mains de ses deux créanciers si Vasentasena, qui a suivi cette scène du haut de son balcon, ne lui jetait de quoi se délivrer. Sarvillaka, dont le cœur n'est pas méchant, remercie sa bienfaitrice avec effusion, et se promet de devenir honnête homme. Mais il compte sans la misère et le vice. Il aime Madanika, la suivante de Vasentasena, et la voudrait bien racheter; mais travailler est pénible, et il préfère des moyens plus doux. Aussi, au tableau suivant, le voyons-nous occupé à percer le mur de la maison de Tcharoudatta, qui revient d'un concert où il a entendu le célèbre chanteur Rehbila. Ce n'est pas un voleur vulgaire que Sarvillaka ; il a l'âme artiste, et fait son métier par principes ; il débite sa théorie dans un monologue étincelant d'esprit et d'originalité :

Mes dix souvarnas d'or sont perdus!... Donc je dois
Trouver une ressource au bout de mes dix doigts.
J'aime assez le travail lorsque les nuits sont fraîches.
Cette maison, je crois, est vierge de mes brèches...
Je ne l'ai pas encor visitée... Avançons
Pour voir, au point de l'art, le travail des maçons.
Bon!... la reine des cieux à l'horizon se cache.
Belle reine, merci!... Commençons notre tâche...

Où ferai-je la brèche?... et quel est le côté
Récemment affaibli par son humidité?...
Examinons l'endroit où les briques sont prêtes
A s'écrouler sans bruit sur les herbes discrètes,
Où le mur crevassé comme un front de vieillard
Sera le mieux ouvert par les règles de l'art...
Ici les rats ont fait les premiers un passage ;
Ces collaborateurs sont d'un heureux présage !
La terre y paraît tendre, et les eaux en roulant
Ont amolli le sol sous un soleil brûlant.
Le grand dieu Cartheya, divinité sacrée,
Dieu des voleurs, qui porte une lance dorée,
Enseigne à ses élus quatre excellents moyens
Pour donner une brèche à des murs mitoyens.

Ces quatre procédés régleront ma conduite :
Détacher simplement du mur la brique cuite,
Couper avec le fer celle qui ne l'est pas,
Mais en respectant l'art, l'équerre et le compas;
Percer le mur en bois, mouiller le mur en terre,
C'est bien : je veux donner à ce propriétaire
Un noble échantillon de mon savoir... Ce mur
Est en briques... tâtons... cuites... d'un âge mur;
Donc, il faut détacher... Quelle forme aura-t-elle,
Ma brèche? le croissant de la lune nouvelle?
Le cercle du soleil, orné de ses rayons?
La feuille de lotus, une coupe?... Voyons
Ce qui doit plaire... Il faut, je crois, que je découpe
La brèche de ce mur en forme d'une coupe...
Parfois, le lendemain, de jaloux habitants
Ont critiqué mon œuvre; eh bien !... je les attends
Demain... La réussite est d'avance assurée.
Honneur au dieu qui porte une lance dorée.
O tendre mère ! O nuit si noire !... tu défends
Le glorieux travail de tes jeunes enfants.
On veut flétrir un art fondé sur votre adresse
Et qui donne au travail l'impôt de la paresse;
Si je suis proclamé roi des voleurs... je crois
Dominer par mon rang le plus voleur des rois...
J'ai fini mon travail ! quelle superbe entrée'...
Honneur au Dieu qui porte une lance dorée !

Par cette brèche si artistement pratiquée, le voleur pénètre dans la maison et n'y trouve naturellement rien à prendre. Ici a lieu une scène du plus haut comique. La pauvre Metreya, à qui l'on a confié la garde des bijoux, et préoccupé de la peur d'être volé, s'est endormi sur une natte avec la cassette pour oreiller. Il rêve tout haut, et dans une scène de somnambulisme, il révèle au voleur la présence d'un trésor et finit par lui remettre les bijoux, croyant les rendre à son maître. Sarvillaka, enchanté, détale avec la boîte qui contient plus qu'il ne faut pour racheter Madanika ; par la brèche du voleur, entre après cette scène le prince Samsthanacha, qui est maintenant amoureux, dans sa fantaisie changeante, de Madhavia, la femme de Tcharoudatta, qu'il a vue en poursuivant Vasentasena. Le prince et son confident sont pris pour des larrons, et rossés comme tels, quoique Samsthanacha décline son nom. Parti, l'on s'aperçoit du vol des bijoux, et Madhavia offre à son époux un collier de diamants, le seul reste de sa splendeur passée, pour qu'il puisse rendre à Vasentasena l'équivalent de ses parures.

Sarvillaka s'en va chez la courtisane afin de racheter Madanika. Quelle n'est pas la surprise de Vasentasena en voyant ses bijoux lui revenir de cette manière ! Le voleur confesse honnêtement la manière dont il s'est procuré la rançon de l'esclave qu'il aime, et Vasentasena, charmée de cette occasion de rapporter au brahmane le collier de diamants qu'il lui a envoyé par Metreya, rend la liberté à Madanika, après avoir dédommagé le voleur artiste. Malgré l'orage qui gronde, elle part le cœur plein de joie et défiant la foudre des dieux jaloux de son bonheur. Ce morceau est de la plus magnifique poésie, et on l'a fait bisser comme l'air de bravoure d'une cantatrice à la mode, grand honneur pour la poésie et surtout pour le public.

Arrivée chez Tcharoudatta, la courtisane amoureuse voit le petit Rohasena, le fils du brahmane, qui pleure parce qu'il voudrait avoir un chariot d'or; on lui en a bien donné un, mais c'est un chariot de terre cuite, et il voudrait avoir un chariot d'or comme le fils du riche voisin; Vasentasena, prenant en pitié ce bel enfant, que le bonheur des autres rend déjà malheureux, lui remplit de perles et de diamants sa petite voiture de terre, sous prétexte

Qu'il faut beaucoup d'argent pour un chariot d'or.

Pendant cette scène, des messagers de Samstanacha viennent annoncer à Tcharoudatta que le roi lui rend ses bonnes grâces et l'élève à un poste important, et, lorsqu'il est éloigné, une litière à bœufs vient pour prendre Madhavia, objet de la criminelle passion du prince, sous prétexte de la conduire vers son époux. Vasentasena, qui pressent un piége, se couvre du voile de Madhavia et monte dans la litière pour épargner un affront à l'honneur de Tcharoudatta. Amenée aux jardins du prince, qui sent son indigne passion renaître pour elle, elle le dédaigne, le repousse et l'exaspère au point que, l'amour se changeant en haine, le cruel l'étrangle et la cache sous un monceau de feuilles; puis, accuse de ce meurtre Tcharoudatta, qu'on a trouvé près du corps de la courtisane.

Tcharoudatta est condamné, mais les bourreaux refusent de faire leur office, et la morte, qui n'était que suffoquée, et que les soins d'un mendiant bouddhiste ont fait revenir à la vie, reparaît et confond l'imposture. Le mauvais prince est puni, Tcharoudatta, nommé ministre; et Madhavia tend la main à Vasentasena en lui disant:

« Ma sœur, » ce qui la réhabilite et lui donne rang d'épouse.

Voici à peu près l'action de la pièce : mais ce qu'une analyse ne peut pas rendre, c'est ce mélange de grandeur et de naïveté, cette grâce efféminée et voluptueuse, cette langueur d'amour, cette profusion de parfums, ces ruissellements de perles, ces bruits d'ailes d'oiseaux, ces épanouissements de comparaison fleuries, tout ce luxe indien délicat et barbare qui font du drame de Méry et de Gérard une pagode sculptée en vers.

LE DIX-HUITIÈME SIÈCLE

LE DIX-HUITIÈME SIÈCLE

———

« Le dix-huitième siècle n'est pas encore fini, » écrivait Joseph de Maistre à l'époque de l'Empire, et l'histoire a prouvé qu'il avait raison. Nous avons assisté quinze ans aux dernières luttes animées par son esprit et par ses souvenirs, et nos pieds glissent encore sur le sol nouveau qu'il nous a cédé. Nous venons à peine d'atteindre le moment où l'on peut parler de cette grande époque avec justice et impartialité, et de ceux qui sont morts, sans crainte d'offenser les mourants. Vainqueurs et vaincus, bourreaux et victimes, tout a passé désormais sous la main égale du temps, et l'on se demande si ce qui fit longtemps l'effet d'un champ de supplices ne fut pas plutôt seulement un vaste champ de bataille, où l'instrument de la mort passa de mains en mains, ne servant tour à tour ou ne frappant que les plus braves.

Qu'avait donc fait cette société qui venait de vivre en

paix tant d'années pour aboutir à de telles fureurs? pourquoi tous ces esprits choisis, toutes ces délicates intelligences qui avaient passé leur vie dans les salons des grands et dans les demeures royales; pourquoi ces poëtes, ces artistes, ces philosophes, ces romanciers, se retournent-ils tous à la fois contre une aristocratie bienveillante, contre une royauté souvent hospitalière, et convoquent-ils les classes inférieures à de bruyantes saturnales? Voilà ce que l'ancienne société n'a pu comprendre un seul instant, et ce que les héritiers qu'elle a laissés ont peine à concevoir encore! Quoi! ceux-là qu'elle avait prônés, nourris, logés, ces oiseaux chanteurs, ces bouffons charmants, ces familiers du salon et de l'office, les voilà devenus des ennemis, des rivaux, des maîtres, et tout à coup des gens sérieux. On ne comprenait pas qu'ils eussent pu si longtemps cacher leurs épées, comme Harmodius à la fête de Pisistrate, sous des branches de myrte en fleurs.

L'auteur des *Portraits du dix-huitième siècle* l'a bien compris : les écrivains qu'il a fait revivre ne sont pas seulement intéressants par leurs ouvrages, mais par leur vie. Il y a là toute une collection de faits et de détails qui appartiennent à l'histoire du caractère autant que de l'esprit français. Vous croyez tout connaître d'une nation en lisant le récit de ses guerres, de ses dissensions politiques, ou les aventures arrangées des grands personnages qui figurent à ses premiers rangs; mais la vie de chacun dans les classes prépondérantes, les rapports variés de l'homme privé avec l'ensemble des choses, voilà un côté que l'historien abandonne dédaigneusement au romancier ou au biographe, sans se soucier autrement que par quelques réflexions générales de cette masse d'intérêts vulgaires où couvent pourtant les révolutions sociales ou politiques. Préoccupé comme un poëte tragique de la régularité et de la grandeur des moyens, l'historien renouera toujours un fait politique à un autre qui se sera précédemment produit dans le même sens, tenant peu de compte de certains hasards ou certaines personnalités qui auraient pu ne pas éclore. Pourtant ôtez du dix-huitième siècle Voltaire, l'ennemi des superstitions, Rousseau, l'ennemi des priviléges, et Diderot, l'ennemi des préjugés, et dites-nous ensuite si l'année 1789 ne se serait pas passée en France comme elle s'est passée en Allemagne, en Italie, et partout ailleurs ou les questions sociales existaient au même point de maturité? Eh bien! ce noble exemple que la France a donné au monde, ce grand éclat qu'elle y fit jaillir, ne vaut-il pas mieux en rapporter la gloire au courage et au génie littéraire, qu'aux obscures tentatives des révolutions antérieures? Toute nation européenne a eu sa Fronde, sa Ligue ou sa Jacquerie, ce qui n'empêche pas que toute l'Europe autour de nous « n'en soit au dix-huitième siècle; » c'est donc au génie de nos écrivains que nous devons d'en être sortis.

Ne repoussons pas ce point de vue, qui est celui de l'auteur dont nous examinons le livre; la dignité de l'homme y gagne, la gloire du pays n'en est que plus pure : une grande révolution n'est pas l'œuvre d'un esclave qui brise sa chaîne, mais de l'homme éclairé qui reconquiert ses droits.

Apprécier de tels esprits dans leur œuvre politique, n'est-ce pas leur attribuer la gloire qu'ils ont le plus recherchée? Mais, si leur pensée a eu tant de puissance, quels enseignements ne trouvera-t-on pas dans l'étude de leur vie, de leur caractère et des hasards de leurs diverses positions? N'est-il pas curieux déjà de savoir que des trois grands hommes cités par nous les premiers, il n'en est pas un seul qui ait eu beaucoup d'intérêt au renversement de la société d'alors? Voltaire, grand seigneur par ses habitudes et sa fortune; Rousseau, philosophe stoïque, qui n'eût su que faire de la richesse et qui l'a refusée tant de fois; Diderot, dont la vie s'est passée presque toujours dans une grande aisance: voilà les hommes qui ont lutté sans relâche pour le peuple qui ne pouvait les lire, contre les grands qui leur offraient toute fortune et tout honneur; ce n'était donc pas des intérêts qu'ils défendaient, mais des principes; ce n'était pas pour le bien-être de l'homme qu'ils combattaient, mais pour sa dignité.

Plus on lit les savantes et curieuses histoires qui composent le livre de M. Arsène Houssaye, plus on arrive à se convaincre que la position matérielle des écrivains n'a été pour rien dans leur lutte contre l'ancien régime. Gilbert, le plus pauvre de tous, était un poëte monarchique et dévot. Les autres, grands ou petits auteurs, n'avaient guère à se plaindre de la haute société d'alors; voyez seulement si la figure qu'ils faisaient dans le monde ne vaut pas bien celle que font aujourd'hui les philosophes et les poëtes.... Qu'a donc à gagner la littérature française aux révolutions qu'elle a conduites? rien, sinon d'avoir sa tâche providentielle, et d'avoir préparé l'avenir du monde.... mais c'est bien quelque chose.

M. Arsène Houssaye a noblement apprécié Voltaire, à qui il attribue la royauté morale du dix-huitième siècle, et qui est l'auteur dont il a parlé le plus longuement. C'est tout un livre que cet article sur Voltaire, dont la pensée indépendante ne pouvait pas s'accommoder des formules académiques. En voici quelques pages détachées çà et là :

« Écrire l'histoire de la vie et des œuvres de Voltaire,
« c'est presque écrire l'histoire du dix-huitième siècle. En
« effet, Voltaire apparaît dès la Régence et ne disparaît
« qu'aux premières rumeurs de la Révolution : et encore
« n'est-il pas tout palpitant jusqu'au règne de Bonaparte?
« Durant les soixante-dix années qu'il tint la plume, ne
« le voit-on pas à tous les horizons? Vous le rencontrez à
« chaque pas dans l'histoire de ce siècle étrange. Où il
« n'est plus, son esprit est toujours. Demandez à Le Franc
« de Pompignan, à Fréron, à d'Alembert, à toutes ses
« victimes, à tous ses critiques, à tous ses enthousiastes.
« Demandez à l'*Encyclopédie*, qui forgeait sur son enclume
« les pensées de Voltaire; demandez aux journaux du
« temps : ne donnent-ils pas plus de nouvelles de Ferney
« que de la cour de France? Si quelqu'un ici-bas s'est
« jamais fait une royauté de son esprit, ç'a été Voltaire.

« Cet homme qui a rempli son siècle de ses idées, de
« ses hardiesses; ce poëte qui avait trop d'esprit; ce philo-
« sophe, violent et passager comme l'orage, qui était le
« génie de la contradiction et qui semait à pleines mains
« le bien et le mal, a été jugé tour à tour par des ennemis
« et par des enthousiastes. Aujourd'hui encore mille voix
« confuses chantent ses louanges ou proclament ses er-
« reurs. Pour les uns c'est le digne frère de La Fontaine
« et de Racine; pour les autres, c'est le triste précurseur
« de Marat et de Babeuf. Les uns et les autres se trompent.
« Sa muse n'a pas continué La Fontaine et Racine; sa phi-
« losophie n'a pas allaité Marat et Babeuf : il a représenté,
« à force de raison et de moquerie, l'esprit de son siècle.
« On chercherait vainement dans ses œuvres la grâce ef-
« féminée de Racine et la naïveté gauloise de La Fontaine;
« aussi vainement y chercherait-on les semailles de l'ivraie

« fauchée après sa mort par ce fou qui s'appelait Babeuf
« et par ce plus grand fou qui s'appelait Marat. Il est bon
« de suivre le sillon d'un esprit; mais aller au delà des
« traces lumineuses, c'est rentrer dans le chaos qui est à
« tout le monde.

« Dans tous les siècles, un homme apparaît qui s'élève
« au-dessus de tous et qui parle plus haut que ceux qui
« parlent; sur le chaos des idées de son temps il répand la
« lumière de l'esprit; recueillant tous les bruits qui se
« font autour de lui, il les domine par sa voix, il les re-
« produit avec éloquence, il est le plus écouté. Au dix-
« huitième siècle, cet homme, c'est Voltaire ; car les idées
« de Voltaire étaient en germe chez tous les penseurs.
« Voyez Bayle, voyez Fontenelle, voyez Fénelon lui-
« même. Le plus souvent, le génie n'est qu'un écho bien
« disposé.

. . . .

« Pour bien juger un homme, il faut, après l'avoir vu
« à distance, aller jusqu'à lui, évoquer, comme disait
« Bacon, le génie de son temps, se faire pour une heure
« un homme de son siècle. Après toutes les métamorphoses
« provoquées par Voltaire, survenues dans la France des
« idées, les armes de ce terrible combattant nous parais-
« sent passablement faibles ou émoussées, à nous rêveurs
« d'un autre siècle; mais, si par enchantement nous allions
« nous réveiller sous le règne de Louis XV, combien ne
« serions-nous pas émerveillés de l'héroïsme téméraire de
« cet homme, qui fut longtemps seul de son parti ! En effet,
« quelle était la France de Louis XV, la France des idées,
« la tête de la nation? Aux beaux jours de l'antiquité, le
« penseur n'avait qu'à dire à sa pensée « Va, le jour est
« venu. » Mais en l'an de grâce 1750, trois siècles après

« la découverte de l'imprimerie, la pensée du philosophe
« rencontrait à chaque pas une sentinelle qui lui disait :
« On ne passe pas. » Le livre ne s'envolait pas comme un
« oiseau de la fenêtre du penseur ; il était soumis avant
« tout au censeur, à l'exempt, à l'humeur du ministre, à
« la critique du confesseur, à la fantaisie de la maîtresse,
« le ministre ne parlant qu'après la maîtresse et le con-
« fesseur. Oui, en 1750, en face de Voltaire, il y avait
« un censeur royal qui écrivait gravement sur les œuvres
« d'Homère et de Corneille : « J'ai lu ce livre par ordre de
« monseigneur le garde des sceaux, et je n'y ai rien trouvé
« qui me paraisse devoir en empêcher l'impression. » Et
« le censeur royal ne devait rendre compte de ses actions
« qu'à monseigneur le garde des sceaux, lequel faisait tout
« par la grâce de Dieu. On sait trop bien que Voltaire et
« Jean-Jacques, d'Alembert et Diderot n'avaient pas,
« comme Molière et Corneille, l'approbation et privilége
« du roi. Si Voltaire secouait ses mains pleines de lumière,
« c'était hors de France, dans les marais de la Hollande,
« dans les brouillards de l'Angleterre, dans les déserts de
« la Suisse. Si une seule fois le censeur laissait passer une
« œuvre de Voltaire, cette œuvre s'appelait la *Princesse de*
« *Navarre* ou le *Poëme de Fontenoy!* Mais, si Voltaire ose
« penser, halte-là : on a commencé par la Bastille, on a
« continué par l'exil, on va finir je ne sais où. En atten-
« dant, Voltaire, gentilhomme du roi de France, ami du
« roi de Prusse et de l'impératrice de Russie, prend des
« pseudonymes pour oser dire la vérité. Ce n'était qu'un
« jeu, direz-vous cent ans après, tout en souriant des
« folies de Louis XV. C'était si peu un jeu, que Voltaire,
« malgré sa témérité, passa toute sa vie aux portes de la
« France, lui qui tenait au cœur de la France. C'était si

« peu un jeu, que Voltaire, mort, n'eut que par surprise
« un tombeau dans sa patrie. La plus belle conquête du
« génie de Voltaire est la liberté de la pensée. La lumière
« a dévoré le boisseau sous le souffle du philosophe. Au-
« jourd'hui, quoi qu'on fasse, le jour est venu ; et,
« comme disait lord Chesterfield à Montesquieu : « Les
« volontés de vos ministres pourront encore bien faire
« des barricades, mais elles ne feront jamais de barrières. »

« On a fait à Voltaire un reproche pour l'universalité
« de son génie. A ce propos, on peut rapporter ce qui
« arriva un soir chez Duclos. Il y avait belle et bonne
« compagnie; on parlait de Voltaire; c'était à qui vanterait
« son génie encyclopédique. « Quel malheur, dit bientôt
« un jurisconsulte, qu'il ait voulu parler de jurispru-
« dence ! — Pour moi, dit un géomètre, je lui passe le
« reste; mais il n'aurait pas dû parler de géométrie. —
« Vous avouerez cependant, dit un historien, qu'il a mal-
« traité l'histoire. » Un poëte se levait pour proclamer son
« opinion : « Silence ! lui dit Duclos, vous n'avez pas la
« parole. » Duclos aurait pu ajouter : « Vous, monsieur le
« jurisconsulte, vous, monsieur le géomètre, ne condam-
« nez pas Voltaire pour avoir donné du charme à la raison
« la plus aride; ne dédaignez pas la lumière éclatante de
« cet esprit sans bornes. Voltaire avait un défaut qui fait
« sa gloire : il avait le regard d'un aigle, il voyait tout,
« il embrassait tout, il éclairait tout; il se contentait de
« répandre son esprit lumineux sur l'étendue, laissant
« la profondeur à de plus patients. Vous, monsieur l'his-
« torien, ne dédaignez pas un homme qui a souvent
« donné la vie à l'histoire; qui n'y a montré son imagi-
« nation que comme le peintre bien inspiré, pour donner
« plus de force et plus de charme à la vérité. Vous,

« monsieur le poëte, inclinez-vous devant un poëte qui
« a dit ce qu'il voulait dire. »

« La nature, qui embaume les livres de Jean-Jacques,
« ne montre pas un pan de sa robe dans ceux de Voltaire;
« c'est la nature académique de Boileau qui inspire le poëte
« de la *Henriade*. A peine si, dans son Épître à l'agricul-
« ture, il se trouve des vers comme ceux-ci :

« L'arbre qu'on a planté rit plus à notre vue
« Que le parc de Versaille et sa vaste étendue.
« Le Normand Fontenelle, au milieu de Paris,
« Prêta des agréments au chalumeau champêtre;
« Mais il vantait des mœurs qu'il craignait de connaître,
« Et de ses faux bergers il fit des beaux esprits.
« Je veux que le cœur parle ou que l'auteur se taise.

« Le reste de l'Épître ne dit plus un mot qui illumine la
« nature. Quand on juge si bien les autres, que ne se
« juge-t-on soi-même? Dans toute la *Henriade*, la nature
« ne se montre pas davantage. « Il n'y a pas, disait Delille,
« d'herbe pour nourrir les chevaux ni d'eau pour les abreu-
« ver. » Au seizième siècle, la nature inspirait les poëtes;
« Boileau vint, qui lui mit la perruque solennelle de la
« cour de Louis XIV : ainsi, dans l'Épître à son jardinier,
« que dis-je, jardinier? *Antoine, gouverneur de mon jar-
« din d'Auteuil,* Antoine *dirige* l'if et *exerce* sur les es-
« paliers l'*art de La Quintinie*. De là une note du poëte
« pour expliquer cet hémistiche : « Jean de La Quintinie,
« directeur des jardins fruitiers et potagers du roi. » Une
« autre note avait déjà averti le lecteur que Boileau n'eût

« pas daigné parler de son jardinier si Horace n'avait pas
« chanté son fermier. Comme Boileau était écouté des poë-
« tes de son temps, la poésie dédaigna au dix-septième
« siècle la jupe rayée des hameaux et la primevère des
« prairies, les cascades de la fontaine et les harmonies de
« la forêt, les rêveries du sentier et les spectacles de la
« montagne. Il fut décidé que le jardin de Versailles était
« seul digne, grâce à ses ifs et à ses statues, d'être chanté
« dans les grands vers. La Fontaine seul, qui n'écoutait per-
« sonne, osa chanter la fumée des fermes et la rosée des che-
« mins. Par malheur, Voltaire était de l'école de Boileau. »

. . . .

« Le mot qui résumerait le plus nettement le génie
« de Voltaire serait la raison. Toutes ses œuvres sont là
« pour l'attester, poésie ou prose, poëme ou pamphlet,
« tragédie ou conte. Cette raison impitoyable nous a sup-
« primé bien des pages charmantes où son esprit eût si
« brillamment doré les folles arabesques de la fantaisie.
« Oui, la raison, cette eau de roche ou ce vin pur où se
« sont abreuvés Rabelais, Montaigne, Molière, La Fontaine.
« La raison, n'est-ce pas le sentiment du beau et du bien?
« n'est-ce pas la corne d'abondance d'où tombent tous les
« fruits du génie? Est-ce avec autre chose que Voltaire a
« produit des chefs-d'œuvre littéraires et remué l'huma-
« nité? N'est-ce pas avec la raison qu'il a vaincu les mau-
« vais philosophes et les mauvais dévots?

« Dans l'œuvre de Voltaire, la raison se montre à cha-
« que pas, comme une âme qui éclaire et qui anime. Il y
« a un poëte qui chante, mais il y a aussi un homme qui
« veut dire la vérité. Ce n'est point assez de parler la lan-
« gue des dieux; il veut parler aussi la langue des hom-
« mes. Ainsi, avec cette épée flamboyante qu'il appelle

« la raison, il traverse l'histoire, la philosophie et la re-
« ligion, répandant la lumière et combattant l'erreur.
« Voyez-en partout les conséquences, souvent bonnes, fa-
« tales quelquefois; mais qui peut ici-bas se flatter de ne
« pas semer l'ivraie avec le bon grain?

« En poésie, dans la poésie de Voltaire lui-même, la rai-
« son a souvent tort, car la raison proscrit l'enthousiasme
« et la témérité. Or y a-t-il un grand poëte sans ces deux
« majestueux défauts? Avant tout, la poésie est un rêve :
« poëtes, rêvez! Voltaire n'a pu se sauver, et encore à force
« d'esprit, que dans le conte, l'épître et la satire. Là c'est
« l'esprit qui parle dans toute sa grâce, dans tout son feu,
« dans tout son charme. Quelquefois la fantaisie vient,
« d'un pied léger, se hasarder dans le domaine de Vol-
« taire; elle y chante les *vous* et les *tu*. Mais, si la raison a
« tort dans la poésie qui s'élève sur les ailes de la rêverie
« et de l'enthousiasme, la raison reprend bien sa place
« dans la poésie qui raisonne tout en rimant, dans la
« poésie qui parle aux idées tout en parlant au cœur. Ainsi
« n'est-ce pas la raison qui a présidé à ces tragédies, ces
« contes, ces épitres où Voltaire ne cesse d'attaquer les
« préjugés et de prêcher la vérité?

« Suivez pas à pas cette raison par toutes ses routes fer-
« tiles : en philosophie, elle a créé la critique; elle a saisi
« hardiment, d'une main impitoyable, le côté ridicule de
« toutes les philosophies qui s'étaient pavanées ici-bas dans
« leur robe de pourpre ou dans leurs guenilles. En politi-
« que, la raison de Voltaire produit l'amour de la patrie et
« l'amour de la liberté; elle relève l'homme à sa hauteur,
« elle proscrit les traces dernières de la féodalité, elle glo-
« rifie la noblesse du cœur et de l'esprit. En religion, la
« raison de Voltaire se passionne; mais n'est-ce pas en-

« core la raison ? S'il est allé trop loin, c'est qu'il pressen-
« tait qu'il perdrait du terrain. N'écrivait-il pas à d'Alem-
« bert : « Le temps fera distinguer ce que nous avons pensé
« d'avec ce que nous avons dit ? » S'il frappait violemment
« contre l'Église, certes ce n'était pas pour y atteindre Dieu :
« c'était pour y écraser le prêtre, le prêtre impur du dix-
« huitième siècle, qui, de l'aveu d'un cardinal, rampait
« comme un reptile à l'ombre de l'autel pour escalader
« bientôt, non pas le royaume des cieux, mais le royaume
« de la terre. En ceci il arriva à Voltaire le même malheur
« qu'à Diomède, qui, devant Troie, croyant poursuivre un
« ennemi, blessa une divinité.

« On ne lit plus Voltaire, on le méconnaît ; ses ennemis
« l'expliquent à leur gré comme certains prêtres expliquent
« l'Évangile. On le prend au mot sur une lettre ou une sa-
« tire échappée à la colère du moment ; on le condamne,
« grâce à une contradiction inspirée un jour de mauvaise
« foi. Avant tout, Voltaire était poëte ; il croyait à ses vers ;
« il ne prévoyait pas qu'on réimprimerait après lui sa po-
« lémique en prose. On n'a fait grâce à sa personne d'aucun
« billet, même des billets de confession. Peut-on juger un
« homme sur des lettres écrites sans réflexion, au courant
« d'une plume impatiente ? Si on juge Voltaire par ses vers
« sérieux, on voit qu'il n'était pas trop mauvais chrétien.
« En effet, que dit-il et que fait-il dire à Jésus-Christ, qu'il
« appelle l'*Homme-Dieu*, *l'ennemi divin des scribes et des*
« *prêtres* ? « Celui qui savait tout

« A daigné tout nous dire en nous disant d'aimer. »

« Celui que vous appelez un athée ne parle-t-il pas mieux

« que vous? Quel traité de philosophie en dit autant que
« ce beau vers, digne d'être inscrit au fronton de toutes les
« églises et de toutes les écoles?

« Voltaire a été, dans ses beaux jours, de cette grande
« religion du sentiment que le Christ a apportée aux hom-
« mes. Oui, dans ses heures de silence, où la pensée l'en-
« traînait loin des bruits du monde et l'arrachait à l'or-
« gueil ; dans ses heures de sincérité, où, dégagé des
« querelles de parti, il levait les yeux au ciel après avoir
« visité l'humanité, Voltaire était chrétien ; ne vous y mé-
« prenez pas : il n'était pas chrétien dans l'Église, mais il
« était chrétien sous le ciel, en face de Dieu, dans le tem-
« ple splendide de la nature, chrétien comme Jean-Jac-
« ques, sans attacher comme lui de sublimes rêveries à sa
« raison. Le génie s'élève toujours assez haut pour com-
« prendre que la parole du Christ était la parole de Dieu.

« N'est-ce pas pour faire jaillir la vérité que Dieu a créé
« dans le même siècle, pour l'ouvrir et pour le fermer, ces
« deux hommes de génie, ces deux contrastes éclatants :
« Voltaire, de Maistre? Ne les voit-on pas sans cesse l'un
« et l'autre en fureur de vérité, armés, l'un d'une hache
« ou d'une massue, l'autre d'une épée de gentilhomme
« ou d'un glaive d'archange, toujours prêts à prendre et
« à reprendre la place d'assaut au milieu des ruines et de
« l'incendie?

« Philosophie, science de la mort, » disait l'Église ;
« Science de la vie! » s'écria Voltaire. L'Église courbait le
« front humain vers la tombe, Voltaire leva son front vers
« le ciel. « Orgueil! » direz-vous : « Raison! » répondra-
« t-il. Avant Voltaire, la philosophie était l'ange du bien et
« du mal; dans son grand livre, la griffe du diable se
« montrait toujours avec le doigt de Dieu ; ce n'étaient que

« ténèbres dans la lumière, nuages sur les rayons. La phi-
« losophie est le fruit du génie : fruit aimé, fruit amer.
« C'est toujours le fruit de l'arbre de la science. Le Christ
« était un Dieu, mais n'était-ce pas aussi un philosophe ?
« Le Christ est mort pour nous en prêchant la vérité divine
« et humaine ; combien d'autres sont morts pour nous en
« prêchant la sagesse ! Tout philosophe a porté sa croix
« ici-bas : Socrate, vous avez bu la ciguë ; Galilée, vous
« avez marché sur vos genoux ; Pascal, vous êtes mort de
« la philosophie, comme d'autres meurent de l'amour ;
« vous, Voltaire, vous avez été insulté dans la mort !

« Voltaire, en certains jours de doute sur sa mis-
« sion, ne voulait pas d'une politique et d'une religion
« à l'usage de tout le monde. Il voulait créer une répu-
« blique de philosophes, comme Platon avait créé la
« sienne. Quand il fut mort aux passions de la femme, le
« monde, pour lui, c'était Ferney, et l'*Encyclopédie* c'était
« Diderot, Helvétius, d'Alembert, Grimm et les autres. Il
« croyait que les gueux devaient rester ignorants. « La phi-
« losophie, disait-il, ne sera jamais faite pour le peuple.
« La canaille d'aujourd'hui ressemble en tout à la canaille
« d'il y a quatre mille ans. » Il dit encore : « Nous n'avons
« jamais voulu éclairer les cordonniers et les servantes :
« c'est le partage des apôtres. » C'est le blasphème d'un
« grand seigneur et non d'un philosophe. Mais, tout en
« blasphémant et tout en niant la canaille, il travaillait
« pour Dieu et pour le peuple. Voltaire dit quelque part
« des apôtres : « Ces douze faquins. » Il fut le treizième fa-
« quin. »

Nous regrettons que M. Houssaye n'ait pas consacré autant de place au chapitre de Diderot. Il semble avoir craint
de se prendre à cette biographie, que la fille même de l'é-

crivain, madame de Vandeul, a racontée avec tant de charme et d'intérêt; mais l'appréciation du talent de Diderot est, dans le livre de M. Houssaye, pleine de force et de précision.

L'histoire du fameux souper chez Helvétius, où Diderot prouva matériellement l'existence du Créateur, est fort spirituellement racontée.

M. Houssaye n'a fait apparaître Rousseau qu'une fois, au milieu d'une charmante fantaisie sur Marie-Antoinette; mais qui oserait peindre sérieusement Rousseau après qu'il s'est peint si bien lui-même? Personne n'a songé à refaire le portrait de Van Dyck après Van Dyck. Rousseau est tout entier dans ses *Confessions*, il a tenu le miroir devant son âme comme Van Dyck devant sa propre figure, et s'est admirablement et sévèrement reproduit.

Les autres biographies sont charmantes, et répandent dans le livre une variété infinie; nos lecteurs[1] en connaissent quelques-unes, d'autres ont paru dans les Revues et ont brillamment contribué à la réputation littéraire de M. Arsène Houssaye; ce qui fait le mérite particulier de l'auteur, c'est d'avoir évité la sécheresse du biographe, ou du professeur de littérature. S'il raconte la vie d'un homme, il la rend amusante comme un roman; s'il parle des œuvres, il sème l'appréciation matérielle de l'ouvrage des hautes fantaisies du penseur poëte lui-même. Le mouvement d'un style toujours ardent et coloré le sert merveilleusement dans les transitions forcées d'un tel travail. Charles Nodier a dit fort justement de lui : « qu'il écrit avec de la poésie et de la musique. » C'est un style toujours poétique, qui sait, d'un détail spirituel ou romanesque, passer,

---

[1] *Constitutionnel*, 28 janvier 1845.

sans soudure apparente, aux grandes vues morales ou philosophiques.

Quoique sévère pour Fontenelle, il l'a peint sous sa vraie lumière.

« Fontenelle est de ceux-là dont il est impossible de
« peindre fidèlement le portrait; c'est une physionomie
« mobile comme celle des enfants joueurs et des femmes
« coquettes; vous croyez l'avoir saisi, mais au même in-
« stant l'air de tête a changé; le point lumineux est des-
« cendu du regard au sourire; l'âme qui était là s'est tout
« à coup évanouie : c'est encore Fontenelle, mais non plus
« le même Fontenelle. On ne le reconnaît que par un air
« de famille. Il faut étudier cette figure originale dans ses
« œuvres, après avoir lu le sommaire des pages curieuses
« de sa vie. Fontenelle disait que la postérité ne lisait
« des chefs d'œuvre que le titre des chapitres. Ainsi pour
« la vie des hommes célèbres.

« Tout le monde a parlé de Fontenelle; nul ne l'a bien
« connu. Fontenelle ne se connaissait pas lui-même; car
« il était de la nature des femmes, et il pouvait dire de
« lui ce qu'il disait des femmes, de la peinture et de la
« musique [1]. Oui, ce que Fontenelle aimait le plus, et ce
« qu'il comprenait le moins, c'était lui-même. Aussi, pa-
« reil aux avares qui conservent précieusement leur for-
« tune, Fontenelle se conserva pendant cent ans. Il sacri-
« fiait tout à lui-même. Il se sacrifia lui-même. Bûcheron
« armé d'une hache sacrilége, il coupa d'abord toutes les
« branches folles de la première sève. Peu à peu il coupa
« les vraies branches.

« Fontenelle fuyait les passions comme s'il avait peur de

[1] « Il y a trois choses que j'ai beaucoup aimées sans y rien compren-
« dre : les femmes, la peinture et la musique. »

« la vie. Aussi n'a-il été qu'un fantôme de bonne compa-
« gnie. On ne sent jamais son cœur battre ; le sang ne court
« pas dans ses veines ; l'infini ne tourmente pas son front.
« Tel qu'il est pourtant, il a droit de cité dans la républi-
« que des lettres : il osa s'appuyer sur la vérité pour traver-
« ser le monde visible et invisible ; il osa avoir raison là où il
« aurait dû avoir tort ; mais surtout il a droit de cité, parce
« qu'il représente l'esprit français dépouillé de l'esprit gau-
« lois. »

Dans cette galerie complète du dix-huitième siècle, Piron, Marivaux, Florian, Boufflers, l'abbé Prévost, prennent place çà et là parmi les grands philosophes ; les musiciens, les peintres, ont aussi leurs représentants choisis ; Marie-Antoinette elle-même coudoie Camargo et Clairon, et prend part aussi à ce banquet de la gloire, dont son caractère la rend plus digne que sa couronne. Mais à quel titre le roi Louis XV vient-il s'asseoir au milieu des penseurs, des poëtes et des courtisanes, là où se discutent toutes les grandes questions de l'âme et de la vie comme au banquet de Platon ? Eh ! si ce n'est pas à titre de monarque, à titre d'homme d'esprit et de bonne compagnie, pourquoi pas à titre d'amoureux ? Le règne de Louis XV, c'est le règne des femmes. Nous détachons encore ici cette page charmante de la vie de Sophie Arnould.

. . . .

« Peu de temps avant la Révolution, elle quitta le théâ-
« tre, les passions de l'Opéra et les passions du monde,
« pour se retirer à la campagne. Elle imita Voltaire, Choi-
« seul, Boufflers ; elle se passionna pour l'agriculture ;
« comme la reine Marie-Antoinette, elle eut des vaches et
« des moutons ; elle fit du beurre et du fromage ; elle fana
« son foin et cueillit ses pois.

« En pleine Révolution, elle vendit sa petite terre pour
« acheter à Luzarches la maison des pénitents du tiers-or-
« dre de Saint-François. Comme elle avait toujours de
« l'esprit, elle fit graver cette inscription sur la porte :
« *Ite, missa est.* Elle s'occupa de sa mort et de son salut.
« Cette femme, qui avait, comme Madeleine, jeté son cœur
« à tous les vents printaniers, profané son âme dans tou-
« tes les folles amours, se prépara à la mort avec une cer-
« taine volupté claustrale. Au bout du parc, dans le cou-
« vent en ruine, elle disposa son tombeau et fit inscrire
« sur la pierre ce verset de l'Écriture :

« Multa remittuntur ei peccata, quia dilexit multum. »

« Le croirait-on? les sans-culottes de Luzarches vinrent la
« troubler dans sa retraite, la prenant pour une religieuse
« et pour une ci-devant. Ils firent un matin une visite do-
« miciliaire dans la maison des pénitents. « Mes amis, leur
« dit-elle, je suis née femme libre, j'ai toujours été une
« citoyenne très-active et je connais par cœur les droits de
« l'homme. » Les sans-culottes ne voulaient pas la croire
« sur parole ; ils allaient la mener en prison, lorsqu'un
« d'eux aperçut sur une console un buste de marbre :
« c'était Sophie Arnould dans le rôle d'Iphigénie ; cet
« homme, trompé sans doute par l'écharpe de la prêtresse,
« s'imagina que c'était le buste de Marat : « C'est une
« bonne citoyenne, » dit-il en saluant le marbre.

« Il restait alors à Sophie Arnould trente mille livres de
« rentes et des amis sans nombre. En moins de deux ans,
« elle perdit sa fortune et ses amis. Elle revint à Paris avec
« quelques débris sauvés du naufrage ; un mauvais avocat,
« qui gouvernait son bien, acheva de la ruiner. Elle tomba

« donc dans une misère absolue et dans une solitude pro-
« fonde. Elle alla vainement frapper à la porte de tous ceux
« qui l'avaient aimée; elle frappa à bien des portes, mais
« c'était frapper sur la pierre des tombeaux : ceux qui l'a-
« vaient aimée n'étaient plus là. La prison, l'exil, l'écha-
« faud, les avaient dispersés pour jamais. Elle fut réduite
« à aller demander assistance à un perruquier qui l'avait
« coiffée en ses beaux jours. Cet homme demeurait dans
« la rue du Petit-Lion. Il lui donna asile, mais dans un
« triste réduit sans lumière et sans cheminée où la pauvre
« femme grelottait et s'éteignait. Elle payait cher les gran-
« deurs passées; certes, Madeleine ne traversa pas une pé-
« nitence si austère. Cependant elle chantait encore. « On
« a entendu, dit le *Journal des Arts*, mêlée aux concerts
« mystiques des obscurs théophilanthropes, cette voix qui
« tonnait dans *Armide* et qui soupirait dans *Psyché*; on a
« gémi en pensant à l'incertitude des événements et aux
« mystères de la fatalité. »

« Un jour qu'elle était, comme de coutume, seule dans
« sa chambre, grelottant sans se plaindre, ne désespérant
« pas de son étoile, rebâtissant pour la millième fois le
« château écroulé des fêtes de sa vie, le perruquier entra
« chez elle. « Eh bien, lui dit-elle avec humeur, est-ce
« qu'on entre ainsi sans se faire annoncer? — Il est bien
« l'heure de plaisanter! dit le perruquier d'un air fâcheux;
« savez-vous ce qui m'arrive? Décidément on prend ma
« perruque pour une enseigne d'auberge; le comte de Tal-
« houet est descendu chez moi. — Le pauvre homme!
« s'écria Sophie Arnould. — Il arrive incognito d'Allema-
« gne sans un sou vaillant. Dieu merci! si tous les gens
« que j'ai coiffés viennent me demander un gîte et du
« pain, me voilà bien loti! »

« Sophie Arnould descendit dans la boutique. « C'est
« toi! s'écria le comte de Talhouet en se jetant à son cou.
« — En vérité, dit-elle, il me semble que je lis un roman.
« L'exil est donc bien dur, que vous vous résignez à
« venir dans cette ville toute sanglante où vous n'avez
« plus d'amis? Croyez-moi, vous allez être plus exilé à
« Paris que chez le roi de Prusse. — Qu'importe? dit le
« comte, n'ai-je pas trouvé un cœur qui se souvient de
« moi? » Ils s'embrassèrent encore et jurèrent de ne pas se
« séparer. Le perruquier logea son nouvel hôte dans un
« galetas du cinquième étage. Dès que le jour était venu,
« Sophie Arnould montait chez lui avec une tasse de café
« à la main ; ils partageaient fraternellement, après quoi
« ils devisaient du temps passé, pour oublier un peu les
« angoisses du présent. A l'heure du dîner, le perruquier
« les priait de descendre dans l'arrière-boutique, où l'on
« dînait tant bien que mal à la même table. « Je n'ai
« qu'une table et qu'une soupière, disait ce brave homme,
« sans quoi je ne prendrais pas la liberté de dîner avec
« vous ; mais, ajoutait-il avec un certain air malin, autres
« temps, autres mœurs. »

« Il y aurait un curieux chapitre à faire sur cet intérieur
« de perruquier hébergeant des hôtes de qualité. Il y
« aurait à recueillir plus d'un mot spirituel, plus d'une
« pensée philosophique, plus d'un tableau profondément
« humain. Il est bien regrettable que Sophie Arnould, qui
« écrivait des lettres charmantes, n'ait pas raconté en dé-
« tail son séjour dans la rue du Petit-Lion. On ne sait ce que
« devint le comte de Talhouet. Les mémoires disent qu'il
« avait été dans sa jeunesse « un des plus jolis grappilleurs
« des espaliers de l'Opéra. »

« Sophie Arnould retrouva son étoile avant de mourir.

« Fouché l'avait aimée ; devenu ministre en 1798, il reçut
« un matin en audience extraordinaire une femme qui di-
« sait avoir de précieuses confidences à lui faire touchant la
« sûreté de l'État. Il reconnut Sophie Arnould ; il écouta son
« histoire avec émotion, et décida, séance tenante, qu'une
« femme qui avait enchanté par sa voix et par ses yeux tous
« les cœurs pendant un quart de siècle avait droit à une ré-
« compense nationale ; en conséquence, il signa le brevet
« d'une pension de vingt-quatre mille livres, et ordonna
« qu'un appartement lui fût donné à l'hôtel d'Angevilliers.
« Sophie Arnould, qui, la veille, n'avait plus un seul ami,
« en vit venir un grand nombre à son hôtel. Tous les
« poëtes du temps, qui étaient de mauvais poëtes, tous
« les comédiens, tous les habitués du Caveau, se réunirent
« chez elle comme dans un autre hôtel Rambouillet. Seu-
« lement, au lieu des préciosités du beau langage, on y
« répandait à pleins verres la gaieté gauloise.

« On pourrait, à l'exemple des biographes, citer quel-
« ques bons mots de Sophie Arnould ; mais cet esprit n'a
« pas cours aujourd'hui parmi les honnêtes gens : c'est de
« l'esprit entre deux vins et entre deux amours. Parmi les
« mots qu'on peut citer à la gloire de cet esprit si gai, si
« franc et si original, n'oublions pas celui-ci : mademoi-
« selle Guimard avait écrit à Sophie Arnould une lettre
« d'injures où celle-ci était accusée d'avoir commis sept
« fois par jour les sept péchés capitaux ; elle répliqua
« ainsi : *Fait double entre nous.* Et elle signa [1].

---

[1] Elle a eu pour amants Rulhières et Beaumarchais : on l'accuse d'avoir souvent emprunté de l'esprit à ses amants ; pourquoi n'accuse-t-on pas aussi ses amants d'avoir quelquefois fait la roue avec son esprit ?

« En 1802, dans la même saison, on enterra sans bruit,
« sans éclat, sans pompe, trois femmes qui, durant près
« d'un demi-siècle, avaient rempli la France de l'éclat de
« leur beauté, du bruit de leur talent, des pompes de
« leurs amours, Sophie Arnould, mademoiselle Clairon et
« mademoiselle Dumesnil. Sophie Arnould, se confessant
« à l'heure de la mort, raconta au curé de Saint-Germain-
« l'Auxerrois toutes ses passions profanes. Comme elle
« lui parlait des fureurs jalouses du comte de Lauraguais,
« celui qu'elle avait le plus aimé, le curé lui dit : « Ma
« pauvre fille, quels mauvais temps vous avez traversés!
« — Ah! s'écria-t-elle avec des larmes dans les yeux,
« c'était le bon temps! j'étais si malheureuse! » Ce trait du
« cœur, qu'un poëte a recueilli dans ses vers, me console
« de tous les traits d'esprit de Sophie Arnould. »

Les femmes ont pris parfois en France une rude revanche de la loi salique qui les bannissait du pouvoir; leur domination réelle a eu plus d'influence sur ce grand dix-huitième siècle que sur tout autre, et l'on ne peut dire si elles ont plus contribué à sa ruine ou à sa gloire. De charmants portraits de célébrités féminines de cette époque, des aventures, des amours et de piquantes révélations empruntées aux mémoires ou aux correspondances les mieux connues, contribuent à faire de ce livre une lecture aussi attachante pour les gens du monde qu'instructive et sérieuse au point de vue des littérateurs.

LES BATELEURS
DU
BOULEVARD DU TEMPLE

AUTREFOIS ET AUJOURD'HUI

I

AUTREFOIS

Pendant un des nombreux loisirs que les grands théâtres nous laissent, soit en ne donnant rien de nouveau, soit en ne donnant rien de neuf, j'ai voulu, — pardon de me servir du singulier, mais toute la rédaction d'un journal grave ne doit pas être compromise dans les hasards d'une telle pérégrination, — j'ai voulu voir où en était l'art dramatique sur toute la ligne des boulevards. Par une fantaisie analogue à celle de lady Henriette, — mais je n'avais pas tout à risquer, — ou, si vous voulez, à celle du prince Rodolphe, — mais je n'avais pas tout à perdre, — je me suis promis de passer une soirée à visiter l'espace compris entre le Château-d'Eau et le Cadran-Bleu, ou, comme on disait jadis, entre le rempart du Temple et le Pont-aux-Choux, enfin ce qui est aujourd'hui et ce qui fut toujours l'*ultima Thule* dramatique.

Quel courage! dira-t-on, quel dévouement à l'art! Mais rien de pareil, je vous le jure; je m'amuse beaucoup en réalité aux petits théâtres, et je n'ai pas même ici tout le mérite d'un savant connu, qui poussa fort loin dernièrement la curiosité scientifique.

Cet académicien, ayant à faire des recherches sur l'origine de la comédie latine, entreprit de comparer le Polichinelle des Osques avec le nôtre. Il se rendit aux Champs-Élysées, allée Marigny, où subsiste le dernier Polichinelle exact et fidèle à la tradition; il ne s'arrêta ni au théâtre de Guignol, indigne profanation, ni au Polichinelle modernisé, avec accompagnement de deux chats, d'un papillon, d'un chien de bois et d'une scène de potence, digne conception d'un siècle qui lit les Mystères et qui prépare les enfants à les lire. — Le savant s'arrêta devant une humble baraque abandonnée des enfants et des militaires, s'assit tout seul sur le banc de bois, et assista au drame pur de Polichinelle, seul véritable, seul approuvé du bon Nodier de son vivant, et qui ne lui survivra guère, hélas!

« Monsieur, dit le savant au saltimbanque caché dans la baraque, au moment où la toile se baissait, il me semble que vous avez passé quelque chose... » L'homme ne répondit pas; mais la bonne vieille femme chargée du recouvrement de la recette dit à son spectateur: « Monsieur, il ne peut pas parler *sur la scène*, ça lui est défendu par les autorités; mais, à tous les entr'actes, vous le trouverez chez le marchand de vin du Cours-la-Reine, vous demanderez Parisot. »

Notre savant alla rejoindre ce brave homme, qui se désaltérait avec les cochers de coucous, tristes débris eux-mêmes de l'ordre de choses actuel.

« Monsieur, dit le saltimbanque en s'abreuvant d'un *polichinelle* liquide, vous aviez raison ; j'ai passé un couplet ; il y a longtemps que la censure me l'a coupé. Le voici :

> « Tous les *mures* de mon palais
> « Sont pavés des os des Anglais ;
> « Quand je marche, la terre tremble... »

C'était bon encore du temps de l'Autre, mais aujourd'hui, vous comprenez... Cela se disait dans le rôle du Capitan.

> « C'est moi qui conduis le soleil... »

— Ah ! fort bien, dit l'académicien ; Polichinelle répond : « Et moi la lune ! »

— Avec un coup de bâton ; c'est la réplique.

— Le Polichinelle des Osques se servait d'autre chose. Il avait beaucoup de rapport avec celui des Turcs... Pardon, monsieur ! je voudrais savoir comment vous faites la voix de Polichinelle. Arrivez-vous à ce résultat par l'habitude seulement ?

— L'habitude, certainement ; mais il faut encore la pratique.

— Je crois que c'est la même chose.

— Nous ne nous comprenons pas. Voici ce qui s'appelle *pratique* en terme du métier... »

Et le saltimbanque exhiba de sa poche un petit instrument à anche, d'un métal flexible, dont le savant voulut lui-même essayer l'effet. « Est-ce bien ainsi ? dit-il en répétant les phrases de Polichinelle.

— A peu près ; vous avez des dispositions.

— Mais c'est bien petit ; cela doit s'engager facilement dans l'estomac.

— Oh ! soyez tranquille ; cela passe sans accident : celui que vous tenez dans votre bouche, je l'ai déjà avalé deux fois »

Je m'arrête dans ce dialogue, qui sent *Janot* plus que Polichinelle. Mais ce souvenir ne me ramène-t-il pas en plein boulevard du Temple, là où Volange, dans ce personnage, attira longtemps tout Paris ? C'était aux Variétés-Amusantes, si j'en crois quelques brochures du temps, que j'ai réunies en vue de cette expédition. Je ne puis m'intéresser aux lieux que je vois sans chercher à y faire lever le spectre de ce qu'ils furent dans un autre temps; mais ces souvenirs ont d'autant plus d'agrément, quand la forme extérieure n'a pas entièrement changé. Le besoin d'embellissement et d'élargissement qui tourmente les villes modernes aura bientôt rendu notre vieille Europe aussi insipide que l'Amérique, qui n'a pas eu de passé. Je plains les gens qui viendront après nous, mais j'espère pour eux, — les formes extérieures des choses influant évidemment sur le développement de l'intelligence,—qu'ils seront stupides. Jamais un homme d'imagination n'est né dans une laide ville ou dans un pays dénué de toute beauté pittoresque. Les choses changent partout si vite en ce moment, que l'Italie commence à n'être plus reconnaissable. Je me souviens d'avoir, il y a dix ans, trouvé la place du Môle de Naples toute semblable à notre boulevard du

Temple, sauf le caractère particulier du pays ; c'était de même une douzaine de théâtres, entremêlés de cafés et de cabarets, s'échelonnant en une longue file semi-circulaire de bâtiments variés, bigarrés, couverts du haut en bas de peintures, d'enseignes et d'affiches grotesques ; depuis *San Carlo* jusqu'au théâtre *del Fondo*, tout retentissait de la musique, du dialogue et des cris joyeux des bateleurs. Les limonadiers, dans leurs boutiques en forme de chapelles peintes et dorées, les marchands de pastèques et de figues de cactus, les chanteurs de légendes avec leurs tableaux à compartiments, les vendeurs de macaroni, de friture et de *frutti di mare*, tout cela fourmillait sur une étendue d'un quart de lieue, — d'un kilomètre, veux-je dire, — attroupant sans relâche la foule émerveillée. Entrez ici ; c'est le *Theatro Fencie*, où l'on entend Mozart, Rossini et Bellini pour un demi-carlin (20 centimes) ; plus loin, voilà *San Carlino*, le berceau de *Pulcinella*, — c'est le Polichinelle sans bosse, comme on sait, avec une souquenille blanche et un nez noir ; — voici encore le *Theatro Partenope*, puis le *Theatro Sebeto*, où Pulcinella se mêle à des vaudevilles, à des drames, chanteur, danseur, pantomime, selon l'extension du privilége ; puis ensuite des marionnettes, *conpulcinella di legno*, et encore des spectacles dans les cafés, où l'on pouvait boire des sorbets sous la treille et jouir de la comédie, soit du dehors, soit du dedans. N'est-ce pas là le tableau qu'offre toujours chaque soir notre boulevard du Temple ? Eh bien, à Naples, c'était ainsi toute la journée, il y a dix ans. — J'y ai passé il y a quelques semaines à peine, rien de tout cela n'était plus.

La ville avait démoli toutes ces baraques joyeuses, et construit, au grand applaudissement de messieurs les voyageurs anglais, une longue suite de maisons neuves à huit étages ; la police avait balayé tous ces bateleurs sans aveu qui vivaient si bien en faisant rire, — et qui sont déjà passés, sans nul doute, à l'état de voleurs et de meurtriers ; — et quant aux petits théâtres, qu'on ne pourrait fermer sans causer une révolution à Naples, on les a logés dans les caves des maisons nouvelles, où l'on descend, — au lieu de monter, — dans les loges et galeries, le parquet se trouvant exactement au-dessous du niveau de la mer. — L'industrie qui fleurit actuellement le long des trottoirs de bitume est un commerce de bouts de cigares, compensation presque dérisoire pour le peuple napolitain.

Voilà ce qu'est devenue la célèbre place du Môle, voilà ce que deviendra notre boulevard du Temple, que les *belles* maisons envahissent déjà d'un tiers. Il est évident que la Ville possède en ce moment dans ses cartons des plans tendant à *aligner* géométriquement ce boulevard jusqu'au coin de la rue du Temple, en faisant disparaître les dernières façades du dix-huitième siècle, respectées par tant d'incendies. Sans avoir une grande valeur d'architecture, ces constructions ne manquent pas d'élégance et font trêve un peu à ces froides bâtisses, plates, chargées d'étages, et criblées de fenêtres, où le jour et l'espace se mesurent si tristement à nos pâles concitoyens ! Savez-vous que ce boulevard, qu'on va rétrécir de deux allées, fut une des plus charmantes promenades de nos pères, et des plus distinguées même ? Voici comment le dépeignait un auteur de la fin du dix-huitième siècle :

« Quel coup d'œil agréable ! deux triples rangées de chaises occupées par autant de Vénus que d'Adonis. Que de bons mots dits et rendus, de fines agaceries ! Les femmes tâchent d'offrir à nos yeux blasés une nouvelle coiffure qui les réveille. L'hérisson leur donnait un air boudeur, et vite la coiffure à l'enfant; elles sont mieux ainsi qu'à l'époque où elles avaient la tête chargée de panaches énormes, qu'elles ont quittés parce que des plaisants leur reprochaient de porter les plumes des dindons qu'elles avaient plumés. Enfin, c'est une grande satisfaction de voir toutes ces belles passer çà et là, l'une clignoter d'un œil assassin, l'autre vous faire remarquer, en affectant de rire, une petite bouche qu'elle pince en retirant ses joues; et celle-ci, dans sa voiture, un élégant à sa portière, qui, tout en ricanant, lui déclare ses feux, tandis que, par-dessus sa tête aux boucles flottantes, parfumées de l'odeur la plus forte, elle fait des signes à d'autres.... Quel tableau! O Athènes! tu crois ne plus exister et l'on te retrouve sur ce boulevard! »

La compagnie a bien changé sur ce boulevard, ou du moins elle s'est transportée, durant les beaux jours, de l'autre côté de la chaussée, devant le jardin Turc, plus brillant que dans ce temps-là. Voici ce qu'en dit le même auteur :

« Après avoir joui quelques instants de cette bigarrure, j'entre au café Turc. Là je cause un moment avec la limonadière, si elle est seule, car presque toute la journée on trouve, jasant avec elle, un certain officier ruiné, couvert d'un méchant habit noir, mais la dragonne à l'épée, la cocarde au chapeau, enfin une espèce de croc qui, je pense, lui fait les yeux doux pour lui soutirer quelques écus... »

On voit que la liberté des critiques de cette époque s'étendait des théâtres jusqu'aux boutiques. Il y avait, plus loin encore, le café des *Babillards*, orné de deux jardins charmants, « où l'on repait ses yeux du plaisir de voir jouer au tonneau, à la toupie, aux échecs et au triste domino... » C'était le rendez-vous des littérateurs de bas étage, qui se lisaient leurs vers à peu près en public : écoutait qui voulait.

En face se trouvait la salle des élèves pour la danse de l'Opéra. Deux demoiselles Spinacuta, deux autres demoiselles Tabrèze, un danseur et un enfant, « à qui le public avait imposé le nom de l'*Amour*, » formaient le fond de cette troupe, et furent débauchés par le sieur Audinot, ce qui amena la fermeture de la salle et une longue querelle, tant littéraire que processive, entre les deux directeurs. Nicolet dirigeait près de là les Grands Danseurs du roi, où brillaient La Forêt, La Rivière et La France, danseuses dont les noms firent naître mille équivoques. Quant aux danseurs mâles, on ne les goûtait guère plus alors qu'aujourd'hui, si l'on en croit surtout cette ronde sur le refrain : *Maman, j'aime Robin.*

> Les danseurs de ballets
> Ah! grand Dieu, qu'ils sont laids!
> Ils font sauver les chiens!... etc.

C'était le *Larifla* du temps; les couplets en sont innombrables. Le café de Cretté, près de Nicolet, était tenu par une belle dame et ses trois filles, entourées de cent adorateurs, dont la flamme s'arrosait d'une large consommation de bière. Pendant que son café prospérait ainsi, le sieur Cretté se ruinait du même train chez l'ambassadeur de Venise... Outre les cafés et les spectacles, il y en avait cinq autres, « tous remplis de la plus mauvaise compagnie. » On y faisait de la musique; la célèbre Fanchon la Vielleuse chanta plus tard à la porte de ces cafés.

Comptons maintenant le théâtre des Associés, situé entre Comus et Curtius, où l'on jouait le répertoire même des Français et des Italiens. Puis l'*Ambigu-Comique*, où l'on ne donna d'abord que des pantomimes et des ballets, sous la direction d'Audinot. Là débuta la célèbre Colombe et sa sœur, encore enfants; Colombe fit plus tard les beaux jours de l'Opéra-Comique, situé encore rue Mauconseil. Les *Variétés-Amusantes* venaient ensuite; c'était un spectacle qui tenait de la parade et du vaudeville; *Janot*, ou les *Battus payent l'amende*, fut le chef-d'œuvre du genre, et força tout Paris à venir s'entasser dans ce théâtre, dont la scène, comme celle des *Associés*, reposait sur des tonneaux. Colalto, avant Volange, avait illustré cette humble salle, dont le poëte ordinaire était Dorvigny, qui passait pour bâtard de Louis XV.

Ajoutons à cette liste de théâtres forains un jeu de paume, un concert de verres (l'harmonica), une ménagerie où l'on montrait quelques singes et des chiens... « qu'on a tondus et peints, de façon à en imposer aux gens peu instruits. » Ensuite une géante, accompagnée d'un poisson empaillé, des marionnettes et une représentation mécanique du *Siége de Gibraltar*. Tels étaient, catégoriquement, tous les amusements qu'étalait alors le boulevard du Temple. Il m'a paru curieux de résumer tout ce tableau, dont je regrette de ne pouvoir emprunter plus de détails au chroniqueur que j'ai cité. Les pamphlétaires d'alors avaient des priviléges de style et d'investigation que l'on conteste fort à nos feuilletonistes qui leur ont succédé. Il y aurait aujourd'hui dix procès pour chaque page d'écrits pareils, frondant sans façon auteurs, acteurs, directeurs et limonadiers. Il est vrai que cela s'imprimait à *Memphis*, ou bien dans le fond du Puits de la Vérité.

II

AUJOURD'HUI

I. — Les tréteaux. — Les saltimbanques. — Incendie du Diorama.
Paphos et Jardin.
Le Gymnase pittoresque. — L'Épi-scié. — Une sylphide et un soldat.
La polka des noirs.

Il n'y a plus de tréteaux!... Où sont les tréteaux de Bobèche? où sont ceux de Galimafré, son rival? art perdu, noms éternels! En vérité, la joie populaire s'en va : les règlements de police l'ont tuée. Le spectacle des *bagatelles de la porte* n'était-il pas le seul spectacle des pauvres gens, la consolation de leur soirée, l'attrait tout-puissant qui les empêchait de porter leur dernier sou au cabaret? N'était-ce pas même toujours une représentation gratuite beaucoup plus amusante que celle du dedans? Les provinciaux, les gobe-mouches, les conscrits, se laissaient prendre à celle-là, et répondaient imprudemment à l'appel de la grosse caisse et aux instances ironiques de *l'aboyeur*; mais les vrais connaisseurs, les Parisiens pur sang, les vétérans de la *goipe* se bornaient à faire partie du public externe, payant après tout leur place en rires et en applaudissements, formant parfois de grands acteurs par des marques d'un goût épuré. Volange, Taconet et tant d'autres, ont commencé par les tréteaux; en Angleterre, le grand David Kean n'en était-il pas sorti ? — Et maintenant, demandez encore au boulevard ce qu'il a fait de cette forte femme qui se faisait casser des pierres sur le ventre, et du physicien Moreau, je veux dire même de toute la dynastie des Moreau. Et cette jolie fille aux cheveux rouges, avec son intéressante famille et son frère vêtu en Grec : qui de nous ne l'a aimée et admirée, et ne lui a consacré quelques rêveries de sa jeunesse lycéenne, elle qui soulevait si gracieusement ses petits frères, étagés en pyramide sur sa poitrine blanche et forte, pendant que tout son corps se repliait en queue de dauphin, image classique de l'antique sirène ! Oh ! ses cheveux aux ondes pourprées comme ceux de la reine de Saba, qui n'a frémi de les voir tendus par des poids de cinquante, qu'elle enlevait en se jouant !... Cette fille étrange n'aura-t-elle pas inspiré bien des poëtes, qui n'ont pas osé le lui dire ? Ce fut la dernière des vraies bohémiennes de Paris. Il nous reste la Mignon de Goethe, l'Esméralda de Victor Hugo et la Preciosa de Weber; mais, pour le peuple des boulevards, il n'est rien resté !

Je parle ici de cette portion des allées qui avoisine le Château-d'Eau ; ce n'est pas encore le boulevard du Temple, mais c'en était jadis le prodrome joyeux et animé. A gauche, dans la rue Basse, se trouvait l'entrée du Vauxhall (de l'allemand *volks-saal*, salle du peuple), où l'on dansait le dimanche dans un jardin aujourd'hui couvert de bâtisses. Il y avait là des ombrages frais et parfumés, et même un petit lac sillonné par des nacelles : tout cela a disparu depuis cinq ans. En même temps, le *Diorama* voisin (l'ancien) s'abîmait dans les flammes. Je l'ai vu flamber et crouler en dix minutes, et j'ai rédigé la réclame qui apprenait cette nouvelle à tout Paris; cela commençait ainsi : « Un nouveau sinistre vient d'affliger la capitale... »

Le feu s'était vengé ainsi de ce pauvre Daguerre, qui pendant ce temps lui dérobait ses secrets et faisait travailler les rayons du soleil à des planches en manière noire. Je dirais plus de mal encore de cet élément perfide, s'il ne m'avait fourni là un motif de rédaction.

Mais comment oublier ses ravages en songeant au Cirque-Olympique, brûlé deux fois, d'abord dans le faubourg, puis sur le boulevard du Temple, et à l'Ambigu, dont la façade, seule respectée des flammes, sert aujourd'hui aux Folies-Dramatiques, et à la Gaieté, consumée aussi en quelques instants ?

Je parle de mes souvenirs seuls ; en consultant les vieillards, on apprend que Paphos faisait le coin de la rue du Temple, et qu'un restaurateur nommé Jardin formait celui du faubourg. En face, du côté de la rue de Bondy, était le théâtre des Variétés-Amusantes ; ensuite venait Bobêche, puis Galimâfré, puis le théâtre *éphébique*, Audinot, Nicolet... Nous avons parlé de tout cela. Aujourd'hui un bâtiment neuf, étincelant le soir de lumières à tous ses étages, remplace l'illustre restaurant Jardin par un café toujours rempli. Après vient Deffieux. La maison qui suit est un hôtel de la fin du dix-huitième siècle, mais cet élégant débris ne fait plus qu'abriter des cabarets : « Au Rendez-vous et à la Descente des théâtres, » et quelque établissement de pâtisserie : « A' l'Épi-scié. » Mais, je n'y songeais pas, voici un nouveau théâtre forain sous le titre de *Gymnase pittoresque*. Une étoile illuminée par le gaz l'annonce de loin à la foule ; on s'amasse autour d'un péristyle orné d'affiches et de tableaux : c'est l'Incendie de Hambourg, le Tremblement de terre de la Guadeloupe ; le *Guide des Alpes*, drame à spectacle ; ce sont encore des évocations des prestiges... Il n'y a plus de tréteaux ! disais-je tout à l'heure ;

mais ceci est une terrasse élégante, où se donne pourtant la représentation d'une parade épurée. Un monsieur en habit noir, qui ne déparerait aucune société, fait assaut de calembours et de dissertations plaisantes avec un nain bizarre, homme par la tête et marionnette par le reste du corps ; on parle de sujets fort élevés, d'histoire, de philosophie, de magnétisme ; il n'est plus question là de coups de bâton ni de coups de savate : le spectacle même de l'intérieur vise à l'instruction et à la morale... Je regrette seulement d'avoir entendu dire au guide des Alpes qu'il se plaisait à chasser le *chameau* dans les montagnes ; autrement, son drame est rempli d'intérêt. Ce brave guide s'expose à la mort pour sauver une belle infortunée qui périssait dans les neiges ; il la recueille dans sa chaumière, et, s'apercevant qu'elle veut quitter ses vêtements pour reposer, il s'éloigne modestement et va sortir malgré l'orage ; mais la maligne beauté le rappelle et se montre à ses yeux dans le costume léger des sylphides ; puis elle lui fait présent d'un talisman et d'un petit démon pour le servir. Ce troisième personnage est muet, de par M. le préfet de police, qui ne permet que le dialogue aux théâtres dits forains. Une foule d'incidents, de transformations et de péripéties jettent de l'intérêt dans ce drame naïf. Au milieu d'une scène touchante, où l'honnête guide, effrayé par quelques malices du jeune lutin, craint d'avoir hébergé une fille de l'enfer au lieu d'une aimable sylphide, cette dernière répond au scrupuleux Savoyard que ses prodiges n'ont rien qui puisse offenser la religion : « Et, ajoute-t-elle, je vais t'en donner une preuve. »

Ici cette jolie personne, vêtue de gaze pailletée, descend de la scène dans l'orchestre, et reprend avec grâce : « Y a-t-il quelqu'un dans l'aimable société qui veuille choisir une carte? » Un militaire se dévoue et prend le neuf de cœur ; la sylphide remonte et fait sortir d'un autre jeu la même carte, qu'elle n'a point vue. Le jeune héros rougit de cette sympathique divination. On continue par d'autres exercices de magie blanche, qui procurent au guide la conviction qu'il ne risque point son salut en usant de la protection qui lui est offerte, si bien que la sylphide l'enlève dans un char attelé de dragons, pour aller recevoir au ciel la récompense de son humanité.

J'avoue que cette intervention du spectateur dans le drame, ce frottement inattendu d'un soldat du 17e léger et d'une personne fantastique, m'avait enlevé un instant à l'illusion de la pièce. Le public a paru au contraire charmé de cet intermède, qui lui procure l'avantage de voir de près une jolie fille et de toucher du doigt son idéal. Bien des sylphides de nos grands théâtres ne gagneraient rien à se faire voir de si près.

Le tremblement de terre de la Guadeloupe appartient au genre créé par M. Pierre ; le mouvement des vaisseaux et des chaloupes est habilement imité. Pendant le plus fort du sinistre, des noirs délivrés dansent la polka. Quelle protestation contre l'esclavage ! M. Schœlcher applaudirait, — si un tel philanthrope osait descendre à ces humbles délassements.

II. — Vivres dramatiques. — La pluie au parterre.
Les ruines de Paris. — L'infanterie du Cirque. — Le nez impérial
de M. Edmond.

Une odeur pénétrante de saucisses et de friture invite plus loin le promeneur à s'attabler au *Père de Famille*, le

Deffieux des bourses légères. C'est là que viennent en outre s'approvisionner les habitués de l'amphithéâtre suprême, vulgairement dit *poulailler*. Ces nourritures substantielles, dont nos habits à l'orchestre recueillent souvent les débris, constituent généralement le dîner de cette population intelligente qui s'entasse aux queues dès quatre heures, ou qui prend part avidement à la première des deux ou trois représentations que donnent les petits théâtres. Rousseau mettait son suprême bonheur à lire pendant son dîner; n'est-il pas aussi spirituel, quand on ne sait pas lire, d'écouter en dînant un spectacle qui intéresse? Le vrai peuple a toutes les fantaisies des grands hommes et des grands seigneurs.

Ces saucisses odorantes m'ont rappelé les *Vurschell* du bon peuple viennois, — dont je parlais dans l'*Artiste* il y a cinq ans. — A Léopolstadt de même, à Josephstadt, au théâtre de la Vienne, la saucisse est spécialement la nourriture dramatique, et s'accompagne de petits gâteaux glacés de sel qui poussent à boire. — Maintenant que voulez-vous qu'on fasse d'un débris de saucisse, quand on dîne à l'amphithéâtre? — on le jette négligemment sur les messieurs de l'orchestre et des galeries : tous les peuples sont faits ainsi.

Plaisir de peuple, direz-vous; eh non, plaisir de seigneur. Bonstetten raconte qu'au plus beau temps de l'aristocratie vénitienne les bourgeois du parterre étaient forcés de tendre des parapluies, parce que les seigneurs des loges ne se gênaient point pour cracher sur eux.

Et que fait cependant, dira-t-on, l'employé aux trognons de pommes? Ce fonctionnaire se renferme dans sa spécialité; le trognon de pomme est plus qu'une épluchure, c'est un projectile agressif, saisissez la nuance et passons.

Nous voici devant la masse imposante du Cirque, bâtiment presque digne de ce nom. Nous voudrions bien là les arènes de Nîmes ou le Cirque romain d'Arles, ou seulement l'un des deux théâtres de Pompéï : ni le Cirque du boulevard ni celui des Champs-Élysées ne réalisent encore ces proportions, et, pour la durée, c'est bien autre chose, hélas ! On s'est demandé quelquefois ce que seront les ruines de Paris : les ruines de Paris seront des amas de plâtre, de lattes et de moellons.... La postérité ne dira point : C'était la demeure d'un grand peuple, mais tout au plus : Là vivaient des hordes sauvages, qui se construisaient des huttes de boue et de craie pétrie. — Toujours Lutèce ! nous n'en sortirons pas.

Le Cirque est cependant, grâce à la largeur de ses galeries et à la coupe heureuse de sa salle, le théâtre de Paris qui peut contenir le plus de spectateurs; il en tient généralement trois mille. La décoration intérieure, en style moresque, ne manque pas d'originalité. Considéré comme spectacle, car il n'est Cirque vraiment qu'aux Champs-Élysées, cet établissement a de meilleurs acteurs qu'autrefois : mesdames Fierville et Attala Bauchêne ont régné déjà en des théâtres plus littéraires. L'acteur Chéri a partagé avec cette dernière l'honneur de figurer dans des pièces de Victor Hugo. Aujourd'hui ces artistes estimables se sont réduits à la condition de ces êtres dégradés qui servaient de bêtes de somme aux chevaux, dans ce pays où le bon docteur Swift a placé l'un de ses plus amusants voyages. Cependant qui empêcherait que l'on fit des pièces admirables pour le Cirque? L'obstacle ne viendrait assurément pas de la part des bêtes; les acteurs n'y verraient certes point une nouveauté repoussante; il suffirait peut-être au Cirque de se débarrasser de certains auteurs qui ne sont bons que pour parler à des chevaux.

Encore un mot sur le Cirque. Ce théâtre pourrait être une grande chose. Consacré surtout aux tableaux de notre gloire militaire, il n'en devrait offrir que la pantomime héroïque. M. Edmond peut bien représenter l'Empereur d'une manière satisfaisante, — avec l'addition, comme on sait, d'un morceau de cire qui rend aquilin son nez naturellement retroussé; — M. Gautier rappelle à merveille la stature et l'air belliqueux de Murat; mais quel malheur ensuite quand ces messieurs ouvrent la bouche, et encore s'expriment dans la prose habituelle de l'endroit! Nous parlions plus haut des cirques de marbre de l'antiquité : mais la Grèce avait en outre, pour y exposer poétiquement son histoire, — Eschyle, Sophocle et Euripide : la France a M. Ferdinand Laloue.

Et d'ailleurs, n'est-ce pas là une profanation? Moi-même, jeune encore et pourtant né sujet de l'Empire, j'aurai pu voir Napoléon deux fois dans un quart de siècle : une fois figurant en son champ de mai, une autre fois figuré par M. Edmond, dans un mimodrame de Franconi. Cela s'est pu, cela s'est permis; — ce héros et ce sycophante se sont succédé en si peu de temps sous mon regard! quel rêve que la vie pourtant!

Le roi de Prusse va consacrer, dit-on, un théâtre à la représentation des plus grands faits historiques de tous les temps; le Cirque pourrait aussi réaliser cette pensée au profit de l'instruction et de la moralité populaires; mais un tel établissement aurait besoin d'être encouragé par l'État. En attendant, le Cirque tire un profit beaucoup plus grand de son théâtre d'été que de celui de l'hiver : la cavalerie nourrit l'infanterie, comme dans la retraite de Moscou.

III. — Le théâtre éphébique. — Le vaudeville partout.
Littérature du Marais.
Apothéose du Tapis-Franc. — Les bretelles. — Décadence du sexe masculin.
Où est le peuple?

En quittant le Cirque, nous nous trouvons en face du théâtre des Folies-Dramatiques, qui a succédé à l'Ambigu, qui avait succédé au théâtre d'Audinot. C'était d'abord un spectacle de marionnettes, puis un théâtre d'enfants, dont la devise équivoquait sur le nom du directeur : « Sicut infantes *audi nos.* » Ces enfants grandirent; cela devint le théâtre éphébique, selon l'expression de Rétif de La Bretonne. Ce fut vers cette époque que l'on y représenta les Triomphes de l'Amour et de l'Amitié, où des cérémonies païennes furent exécutées sur la scène avec tous les détails et les costumes indiqués par les savants. Il se trouva que les costumes des prêtres et les chants religieux antiques rappelaient fortement les chasubles, les étoles et le plain-chant du clergé chrétien. L'archevêque de Paris demanda au lieutenant de police la fermeture du théâtre, mais ce dernier, informé de l'exactitude scientifique de la mise en scène d'Audinot, eut l'esprit de lui donner raison. Tout le monde se rappelle ensuite le théâtre de l'Ambigu, son incendie et sa transplantation sur le boulevard Saint-Martin. L'ombre de Frénoy, de Stocleit, et de mademoiselle Gougibus erra longtemps sur ces ruines fumantes, la façade seule avait résisté aux flammes et frappait au loin le regard, en se découpant sur le ciel comme les débris d'un château de mélodrame. On eut pitié de cette désolation. Un privilége nouveau introduisit le Vaudeville sur le boulevard du Crime; vous allez voir si l'enfant malin s'est arrêté là. Les Folies-Dramatiques ont dû devenir le *Gymnase* du prolétaire. M. Mourier et les frères Cogniard se sont enrichis avec cette heureuse innovation. Le succès de *Robert Macaire* décela bientôt ce théâtre innocent; tout Paris vint s'entasser dans sa salle étroite et fumeuse pour y applaudir vivement cette œuvre excentrique, que le public habituel du lieu ne comprenait pas et sifflait parfois. Depuis, les Folies-Dramatiques ont toujours gardé quelque chose de Robert Macaire, et pris beaucoup des allures du Vaudeville le plus avancé. Leur public d'autrefois, ignorant de ces belles manières bourgeoises et raffinées, s'est écoulé peu à peu vers les Funambules et le Petit-Lazary : la classe moyenne et les messieurs et dames du commerce des quartiers environnants ont facilement monté leur esprit à comprendre les hautes facéties et le comique relevé de l'école Duvert-Varin-Dumanoir et autres. Les loisirs de la boutique, du bureau, de la loge peut-être, peuvent seuls permettre des réflexions et des lectures qui mènent à l'intelligence parfaite de cette littérature d'un étage intermédiaire. Aussi faut-il posséder son Paul de Kock, son Ricard, son Eugène Sue (des *Mystères*) et ne pas être étranger même aux élucubrations plus sombres de MM. Touchard-Lafosse et Lamothe-Langon, pour figurer avec succès parmi le public des Folies-Dramatiques. Jugez-en. Le répertoire depuis trois mois se compose des *Mystères de Passy*, parodie dont on ne peut comprendre le sel qu'après avoir lu le roman des *Débats* et dont pourtant toutes les allusions sont saisies unanimement. Aujourd'hui cette pièce est remplacée par quatre tableaux des *Mystères* illustrant cette œuvre homérique. Le rideau se lève ; un nuage couvre la scène ; il se lève à son tour et laisse apercevoir à travers une gaze encadrée de nuées l'intérieur du *tapis-franc*, où la Goualeuse raconte sa vie, assise à cette fameuse table où le Chourineur et Rodolphe dévorent l'*arlequin* fumant. C'est plus que la Porte-Saint-Martin n'a osé se permettre, mais les censeurs n'avaient rien à y voir cette fois, c'est de la peinture seulement. Le second tableau de ce rêve aimable représente la punition du Maître d'École aveuglé par le docteur noir. Le troisième est le départ de Rodolphe et de Fleur de Marie en chaise de poste et l'assassinat du malheureux Chourineur. Enfin arrive le quatrième tableau : apothéose, transfiguration ; toute la cour de Gérolstein éclairée des feux du Bengale. Veuillez observer que ce dernier tableau n'appartient nullement aux arts du dessin. C'est un tableau vivant, mais immobile, comprenant plus de trente personnages en costume, à l'imitation des tableaux dramatiques allemands. A vingt pas de là, dans le théâtre voisin, a lieu à la même heure l'apothéose de Murat, qui doit se trouver peu honoré de cette concurrence chourineuse. J'aime mieux le vaudeville de *Claire*, début dramatique de mademoiselle Van Deursen, où joue une toute gracieuse actrice, mademoiselle Judith, mais surtout encore les *Deux paires de Bretelles*, en deux actes. La bretelle !... Je n'y puis penser sans frémir, depuis que j'ai lu par hasard un chapitre de madame de Genlis qui démontre que cet engin ignoré de nos pères est la cause du dépérissement de la jeunesse de ce temps-ci. Selon cette dame érudite, les cavaliers de son temps avaient les épaules larges et la poitrine développée ; la bretelle nous a fait à nous la poitrine étroite et l'épaule rentrée ; de là résultent les maux de cœur, les palpitations, la pulmonie, les grosses panses.., et voilà toute une race abâtardie, parce qu'un monsieur du Directoire aura inventé de se tendre des lanières en croix sur le dos, au lieu de se serrer le ventre, comme ont fait tous les peuples galants et guerriers!

Revenons aux bretelles du vaudeville nouveau. N'est-ce pas un hasard ironique qui fait des bretelles les plus riches et les mieux brodées une gracieuse offrande d'amour? Telles sont les deux paires en question. Vous comprenez déjà qu'il y a là deux amoureux; que les bretelles destinées à l'un s'égarent sur l'épaule d'un autre; et qu'une série de quiproquos jaloux s'établit à propos de cet ornement, moins tragique que le collier de Zaïre ou le mouchoir de Desdemona; il en résulte que la pièce se joue presque entièrement *en bras de chemise*, tenue que le maire de Romainville qualifie d'indécente, avec raison.

Nous l'avons dit, le théâtre des Folies-Dramatiques s'adresse à un public qui peut tout entendre, comme il sait tout lire; autrement nous regretterions de voir la morale équivoque du Palais-Royal et des Variétés s'infiltrer dans la classe ouvrière plus naïve et plus ouverte au mal par le défaut d'expérience et d'instruction. Il nous sera toujours difficile de comprendre que la censure ne fasse pas de différence dans ses examens entre les œuvres destinées à tel ou tel théâtre, à tel ou tel public. En Allemagne, en Autriche même, on a toujours permis des pièces, qui seraient ici défendues, par le seul motif qu'elles appartenaient à la haute littérature. On joue à Vienne les *Brigands*, *Guillaume Tell* et *Faust*, mais on vient d'y interdire les *Mystères de Paris*. Cela n'est-il pas équitable et paternel tout à la fois? Sans vouloir abuser de ce parallèle, nous remarquerons que les familles ouvrières savent bien elles-mêmes porter leur choix ou leur faveur sur les pièces et sur les théâtres qui leur offrent un plaisir plus imbu de moralité. De là naquit jadis la rivalité de l'Ambigu et de la Gaîté, où Marty avait planté l'étendard de la vertu; il semble aujourd'hui que le théâtre des Délassements-Comiques soit venu faire aux Folies-Dramatiques une concurrence analogue. On sait que c'était encore, il y a quinze ans, le théâtre de madame Saqui,— aujourd'hui c'est un nouveau théâtre de Vaudeville. Ainsi non-seulement les tréteaux, mais les Funambules, sont passés : c'étaient là des plaisirs du peuple, et personne ne veut plus être du peuple aujourd'hui.

IV. — Actrices des Folies. — Personnel de la Gaîté.
M. Marty (aujourd'hui maire de Charenton). — Le vaudeville triomphant sur toute la ligne des boulevards.
Délassements-Comiques, ancien titre, nouveau théâtre.
Les classiques de la parade.

Il y a de charmantes actrices aux Folies-Dramatiques. Madame Legros est une blonde toute céleste, qui joue les amours et qui serait plutôt leur mère ; mademoiselle Florentine joue les rôles décolletés et danse à ravir la polka. MM. A. Villot, Belmont, Palaiseau et Potier, réussissent à divers titres dans le personnel masculin.

Passons encore devant la Gaîté, l'ancien théâtre de Nicolet. Ce théâtre est aujourd'hui déplacé sur le boulevard du Temple et devrait avoir suivi l'Ambigu, son rival naturel, emporté dans le rayon d'une autre zone dramatique. Les *Mystères* y ont implanté encore un rejeton vivace sous le titre de la *Bohémienne de Paris;* mais le public du Marais voudra bientôt en revenir aux émotions innocentes de la *Grâce de Dieu* et du *Sonneur de Saint-Paul*. C'est un public qui pleure si bien ! La Gaîté n'échappera jamais au contraste de son nom, c'est une de ces vieilles plaisanteries dont le Parisien ne démord pas.

Mesdames Mélanie, E. Sauvage, Gautier (la sœur de Bouffé), Frencix et Léontine embellissent plus ou moins cette scène, qui vient de perdre son diamant, mademoiselle Clarisse, et qui ne possède en acteurs distingués que MM. Delaistre, Saint-Mar et Surville ; espérons que le mélodrame y triomphera bientôt du vaudeville en cinq actes, que mesdames Mélanie et Clarisse ont soutenu trop longtemps. Car où s'arrêtera-t-il, le vaudeville ? Il a envahi le théâtre de madame Saqui — que cette ombre lui soit légère ! — perverti les Funambules et agrandi le Petit-Lazary, qui s'intitule maintenant Lazary tout court. Aux Funambules, pour arriver à Debureau, il faut subir trois vaudevilles qui ne sont pas plus mauvais ni plus mal joués que d'autres, malheureusement ! Car c'est une chose à remarquer : s'il est vrai, comme l'a dit un trop spirituel critique, qu'il n'y a jamais eu qu'un seul vaudeville — le premier, — il faut bien ajouter qu'il n'y a jamais eu qu'une manière de jouer le vaudeville, — probablement la première.

Chaque théâtre ici a sa Déjazet, son Arnal, son Bouffé en herbe ; laissez-les où ils sont, ils demeurent inconnus ; déplacez-les, ce sont de grands acteurs qui valent les autres, la réclame aidant. Que j'en ai vu sortir de ces pépinières théâtrales, qui toutefois avaient profité de leur plus suave primeur ! — je parle des femmes — actrices, cantatrices, danseuses, que la splendeur des grands lustres attire comme des oiseaux. Il s'en est envolé encore une ces jours derniers, une autre après Clarisse, mademoiselle Laverny, beauté décente qui avait appris la comédie de mademoiselle Mars, et qui a dû l'aller désapprendre au boulevard pour être jugée digne d'entrer au Vaudeville, où elle est maintenant. Les Délassements-Comiques conservent mesdemoiselles Bruneval et Bergeon en qualité de jolies amoureuses, et madame Cécile Darcourt, un talent formé, cantatrice, danseuse, tout ce qu'il faut pour tout. *Fanchette*, naïve enfant, courtisane sans le savoir; *Rigolette* encore — celle des *Mystères*, — voilà ses triomphes du moment. Dans les *Pages de Louis XV*, pièce intéressante, il y a tout un espalier de jolies filles en costume de pages, fraîches beautés qui fleurissent pour les *lions* du Marais, car ce théâtre coquet a sa loge infernale et ses premières musquées où l'on ne figure qu'en toilette — du Marais.

Mais l'esprit du vaudeville me gagne moi-même; rentrons aux Funambules, et nourrissons-nous d'art sérieux en présence de Debureau. La parade est un canevas classique, le vaudeville est un chiffon. Charles Nodier a fait le *Bœuf enragé* et le *Songe d'or*; le *Lutin femelle*, que Debureau jouait hier, est de l'auteur du *Philosophe sans le savoir*.

V. — Plus de Funambules. — Debureau chevalier.
Longévité de l'enfance. — Les derniers ours. — Curtius. — L'Abyssinienne.
Le singe est un acteur donné par la nature.

Autrefois le théâtre des Funambules n'était consacré qu'à la danse de corde et aux pantomimes. Ces deux arts se tenaient par la main, par le pied si l'on veut, par le silence, condition principale des anciens priviléges forains. Aujourd'hui tous ces petits théâtres babillent et fredonnent comme les grands, le vaudeville est partout ; il faut subir trois vaudevilles pour arriver à Pierrot, qui n'est plus même apprécié que des spectateurs en bas âge. Encore la pantomime est-elle précédée d'un prologue parlé, destiné à l'intelligence du reste, qui se comprenait si bien autrefois De plus on distribue un joli programme rose pour apprendre au public qu'Arlequin continue à enlever Colombine et se verra persécuté par Cassandre suivi de son valet Pierrot; que le génie protecteur de l'amour tendra à ces derniers mille embûches, et finira par unir les amants dans un temple aux colonnes roses, au fond duquel tourne ingénieusement un soleil de papier doré.

Cette immortelle pantomime change de nom de temps en temps et s'appelle aujourd'hui les *Trois Quenouilles*, titre inventé par M. Auguste L.***, à qui l'on doit aussi la rédaction du prologue. Mais qui peut se défendre de la mode et du progrès? La couleur locale et le moyen âge ont pénétré dans l'humble domaine de Debureau. Cassandre est devenu un seigneur du moyen âge; il part pour la croisade, et Pierrot, son écuyer, se revêt comme lui d'armes éclatantes. — Debureau se montre couvert d'acier retentissant, et sa face blanchie disparaît sous la visière féodale. Quelle étrange alliance d'idées! Il faut le voir avec son œil inquiet et intelligent, son rire froid, sa lèvre fine : comme il se prête avec dédain à ces innovations, comme il sait bien que lui, Pierrot, sera toujours mieux en souquenille de coton! Heureusement l'on sort bien vite du prologue et la pièce ordinaire se déroule dès lors avec simplicité. Toutefois les décorations sont neuves, les costumes charmants, et l'action est traversée par d'aimables sylphides qui ont des mollets, chose inconnue à l'Opéra. Le génie des eaux paraît sous les traits d'une petite fille, mademoiselle Caroline, qui joue ce rôle depuis quinze ans, et qui n'a pas grandi. Cette particularité est remarquable parmi les enfants de théâtre. La petite Fonbonne en est un exemple à la Porte-Saint-Martin; depuis 1826, où elle débuta dans les *Machabées*, jusqu'aux *Mystères de Paris*, elle a toujours eu sept ans.

Je ne parlerai pas de Debureau; — il est toujours lui-même, c'est tout dire; et, malgré tant de gloire qu'on lui a faite, je n'ai pas appris qu'il ait demandé cent mille francs d'appointements à son directeur. Debureau ne prend pas de congé, n'a pas d'indisposition et ne change pas de théâtre. C'est un acteur unique, comme ce sera, nous le craignons bien, le dernier Pierrot. Après lui, non-seulement la parade, mais la féerie, qui l'accompagne si bien, disparaîtra sous la couche épaisse et uniforme du vaudeville envahissant.

Voyez le petit Lazary, c'est encore du vaudeville, c'est du mélodrame quelquefois. Les derniers *ours*, tombés de scène en scène, c'est-à-dire de cartons en cartons, ne veulent rouler au delà de ce petit théâtre, qui recueille les plus viables, et qui n'a pas toujours les plus mauvais. Nous y avons vu *Honte pour honte*, drame qu'on aura refusé comme trop littéraire sur le boulevard Saint-Martin, et encore *Castilbelza, ou les Morts vont vite*, pièce fantastique, où se mêlent bizarrement les inspirations de Victor Hugo et de Bürger. Ce théâtre donne jusqu'à trois représentations le même soir. Les acteurs ont des gants. Par exemple, auteurs et acteurs ne portent que des prénoms; ils rêvent l'illustration sans doute, mais ailleurs et plus tard. M. Arthur est le grand acteur de cette troupe modeste; mais il y a des habitués qui lui préfèrent M. Eugène.

Vous me demanderez si c'est fini, s'il n'y a plus au delà

quelque galetas dramatique, à la salle fumeuse, à la rampe de chandelles, aux acteurs de bois même; hélas! non, pas seulement un pantin. Voici les salons de Curtius, sombre Walhalla qui réunit tous les grands rois et tous les grands criminels, et qui en est à Louis-Philippe et à Poulmann. Au delà de cette porte, les belles maisons commencent et le boulevard du crime finit. Vous remarquerez peut-être un café dont le comptoir est occupé par une jeune Abyssinienne au nez percé d'un anneau d'or. Je lui ai dit : *Salamaleik*, elle m'a répondu : *Aleikum essalam,* c'est-à-dire « la paix soit avec vous. » Je suis donc fondé à croire que sa peau de bistre est de bon teint. Il y a aussi dans ce café deux jolis singes qui font ce qu'ils peuvent pour s'élever à l'état de comédien. Nous nous arrêterons à ce degré de l'échelle dramatique, que nous avons tout lieu de croire le dernier.

III

LA COMÉDIE DES SINGES

Les représentations intéressantes des artistes de M. Corvi nous ramènent à ce bruyant et curieux boulevard du Temple, dont nous avons recueilli et dépeint, il y a quelques mois, les dernières splendeurs. Hélas! il faut bien le répéter une fois encore, le boulevard du Temple a perdu toute sa physionomie en s'embellissant, en s'assainissant, en épurant sa société et ses mœurs! La municipalité l'a soumis à l'alignement; la police, aux bonnes manières. Il n'a plus ni les bateleurs, ni les danseurs de corde, ni les estaminets borgnes où grouillait cette honnête population de bohémiens qui, pour quelques mouchoirs et quelques binocles volés, a fait gagner, en compensation, tant d'argent à la littérature du théâtre et du feuilleton, et valu tant d'amusement au public! Le jour où l'on a traqué et dispersé à tout jamais les deux cents habitués de l'estaminet de l'*Épi-Scié*, on a tari les sources d'observation de toute une catégorie d'écrivains et d'artistes. Les haillons de Robert Macaire avaient trouvé leur Callot... Le grand avantage aujourd'hui d'être volé par des gens bien mis! Les tréteaux de Saqui et de Lazary ont cédé la place à deux théâtres de vaudevilles, comme s'il n'y en avait pas assez. Deburau résiste encore avec la puissance de la tradition et du talent, mais le vaudeville l'envahit de tous côtés, et lui dispute ses propres planches; ainsi l'art populaire, la farce naïve, la gaieté saine et franche du peuple, disparaissent devant la comédie bâtarde de la société bourgeoise. Malheureusement il en est partout ainsi. A Vienne et à Naples, on est obligé de subventionner Arlequin et Pulcinella, et tout le répertoire forain, comme nous subventionnons ici la comédie et la tragédie; mais ce n'est plus au fond qu'un plaisir d'érudits: le peuple préfère les vaudevilles traduits de Scribe ou de M. Clairville. Et, chez nous, depuis la mort de Nodier, qui songe encore à Arlequin et au théâtre de la foire? Personne ne veut plus être peuple, comme personne ne veut plus être enfant!

Enfin, il y a encore dans le public quelque goût pour les spectacles d'animaux, et, comme disait un couplet très-connu :

Aux vaudevilles nouveaux
　　La foule s'arrête ;
J'aime mieux les animaux :
　　Ce n'est pas si bête.

En face du Cirque, où deux éléphants déploient chaque soir une intelligence célébrée par Buffon, des singes viennent à leur tour justifier l'admiration de Cuvier pour certains êtres de leur espèce, sans avoir eux-mêmes la supériorité de race de son célèbre orang-outang. Cuvier reconnaissait à cet animal la faculté de généraliser : « Il savait très-bien prendre la clef de la chambre où on l'avait mis, l'enfoncer dans la serrure, ouvrir la porte. On mettait quelquefois cette clef sur la cheminée ; il y grimpait alors au moyen d'une corde suspendue au plafond, et qui lui servait à se balancer. On fit un nœud à cette corde pour la rendre plus courte. Il défit aussitôt le nœud… Lorsqu'on lui refusait ce qu'il désirait, n'osant s'en prendre à la personne qui ne lui cédait pas, il s'en prenait à lui-même, et se faisait du mal pour inspirer plus d'intérêt. C'est ce que fait l'enfant, et ce que ne fait aucun animal autre que l'orang-outang. » Et maintenant que la science a reconnu au singe cette intelligence presque humaine que Buffon attribuait plus volontiers à l'éléphant, on comprend l'idée de l'*impresario* milanais qui vient de construire et d'ouvrir un véritable théâtre de comédies et de pantomimes, où ces acteurs, secondés par quelques chiens, offrent au public des représentations très-variées.

Après l'ouverture, exécutée il est vrai par des musiciens bimanes, la toile se lève, et nous voyons commencer le souper africain. Le général Kocsuzzo traite à table d'hôte des Espagnols de distinction, et s'impatiente de la lenteur du service. Il paraît nouvellement arrivé, car, au bruit qu'il fait, on entre et on lui demande ses papiers. Il se décide avec peine à exhiber son portefeuille et à ouvrir sa feuille de route; puis, quand il a replyé le tout, il s'offense de la défiance qu'on lui a montrée, tire son sabre, et pourtant finit par céder, en le remettant au fourreau, à des conseils plus modérés. Cependant les deux Espagnols, impatientés à leur tour, frappent sur les verres, et le garçon paraît, apportant le dîner dans un panier; il en tire les plats et les bouteilles, et ce n'est qu'après avoir fait son service qu'il se laisse aller à boire, en se détournant, à même la bouteille. La compagnie se livre au festin et à la joie; on n'entend plus que le bruit des fourchettes et le choc des verres. Des chiens savants se chargent du divertissement. Le chien Crédi et le chien Petit font des exercices d'équilibre sur leurs pattes de devant. Il doit être beaucoup plus facile pour nous de marcher sur les mains. Cependant le général Kocsuzzo nous a tout l'air d'un intrigant. Il a embauché des recrues et les entraîne dans le désert; ces pauvres gens, vêtus en chasseurs d'Afrique, ont peine à suivre la marche du superbe chien sur lequel il est monté. Qui sait s'il ne va pas les vendre à Abd-el-Kader? De plus, il paraît avoir laissé, en quittant l'hôtel, une jeune dame très-intéressante que l'on a vue à sa toilette, minaudant, se mettant du rouge, et que le départ du perfide semble réduire au désespoir. Elle se hâte de demander sa voiture, et la voilà qui part, traînée par deux vigoureux chiens, qu'un singe cocher fouette majestueusement. Les chemins sont mauvais, une roue casse, le cocher se précipite à la tête des chevaux et les détèle, tandis que le groom emporte madame Patalia évanouie.

Le général paraît arrivé au but de son voyage; il commande dans un fort magnifique, probablement pour le compte de l'émir. Un des soldats qui l'ont suivi (ce soldat est un simple chien) s'échappe, entraîné par un sentiment de fidélité à la France. On l'arrête, et on le condamne à être fusillé, mais aucun de ses camarades ne veut exécuter la sentence. Le général, furieux, se mâche les lèvres, et demande un fusil. Il l'arme, tire, et le déserteur tombe sans vie. Ses compagnons le relèvent tristement et l'emportent dans un tombereau.

Maintenant ce général a dévoilé toute sa trahison; il ne s'appelle plus Kocsuzzo, il s'appelle Mustapha. Il a trahi la France et sa religion pour des honneurs, des femmes. Ce renégat se fait apporter sa pipe et assiste à des exercices de baladins. Un singe monté sur une chèvre parodie l'écuyer Loisset, tandis qu'un autre, avec une cravache et des bottes à éperons, tourne sur lui-même comme Franconi au milieu du cirque. Le singe Zaningue danse sur la corde avec un balancier énorme, un autre exécute des difficultés sur la balançoire. Mais, au milieu de ces jeux, l'orage gronde, les Français s'approchent; il faut courir à la défense des remparts. L'infâme Mustapha parcourt le chemin de ronde et excite ses soldats à une belle défense. Mais déjà des bataillons fidèles, composés, il est vrai, de chiens, donnent l'assaut à la forteresse, et y montent au travers des flammes. Le canon gronde, la fusillade éclate, et des feux de Bengale éclairent bientôt le triomphe des braves chasseurs d'Afrique. Les chiens aboient en signe de victoire. Le peu de singes qui s'échappent regagnent le désert en silence.

Cette pantomime n'est pas plus absurde que bien d'autres. Les acteurs à quatre mains et à quatre pattes rivalisent d'efforts, et les premiers surtout sont des mimes pleins d'intelligence.

Le chien ne sera jamais qu'un acteur médiocre, une utilité. Le singe est, au contraire, un artiste indépendant, *primesautier*, et, s'il imite l'homme, l'homme l'imite aussi, et encore bien faiblement !

Le Cirque s'est ému de la concurrence qu'allait lui faire le théâtre du jardin Turc, il a fait débuter des singes brésiliens qui exécutent à peu près les mêmes tours que les autres. Nous avons remarqué particulièrement une charmante guenon créole qui danse en s'accompagnant tantôt des cymbales, tantôt du tambour de basque, et un singe postillon qui galope fort agréablement à dos de lévrier.

LA DANSE DES MORTS

LA DANSE DES MORTS

Je venais de chez ma maîtresse et je cheminais au milieu des rêveries et de l'effroi qui vous assaillent à minuit. Et, comme je passais devant le cimetière, les tombes m'appelèrent gravement et silencieusement.

Je m'approchai du tombeau du ménétrier; il faisait un brillant clair de lune. Une forme nébuleuse se dressait sur la fosse et murmurait : Cher frère, je viens bientôt.

C'était le ménétrier qui sortait de terre et s'élevait au-dessus du sépulcre. Il pinça vivement les cordes d'une guitare et chanta d'une voix creuse et claire :

« Connaissez-vous encore la vieille chanson qui autrefois embrasait si vivement le cœur, cordes sourdes et sinistres? Les anges la nomment joie céleste, les démons la nomment mal infernal, les hommes la nomment amour! »

A peine ce dernier mot eut-il retenti que toutes les tombes s'ouvrirent; une multitude de spectres en sortit, entoura le ménétrier et cria en cœur :

« Amour! amour! ta puissance nous a couchés ici et clos les yeux, — pourquoi appelles-tu dans la nuit? »

Et cela hurlait confusément, soupirait et gémissait, et bruissait et bourdonnait, et croassait et résonnait; et la folle troupe tourbillonnait autour du ménétrier, et le ménétrier pinçant avec force les cordes de la guitare :

« Bravo! bravo! Toujours fous! Soyez les bienvenus! Vous avez compris mon évocation! Nous reposons toute l'année, silencieux comme des souris dans nos sépulcres; soyons joyeux aujourd'hui! Avec votre permission, — regardez, sommes-nous seuls? — Nous étions des insensés de notre vivant, qui nous abandonnions avec une folle ardeur à cette folle passion d'amour. — Puisque nous ne pouvons plus aujourd'hui faillir, il faut que chacun de nous raconte fidèlement ce qui l'a autrefois entraîné, et comment l'a harcelé et déchiré cette folle chasse amoureuse. »

Alors sortit du cercle, légère comme le vent, une forme maigre qui murmura :

« J'étais un ouvrier tailleur avec l'aiguille et les ciseaux; j'étais fort habile et fort preste avec l'aiguille et les ciseaux; alors vint la fille du maître avec l'aiguille et les ciseaux; elle m'avait piqué au cœur avec l'aiguille et les ciseaux. »

Les esprits rirent joyeusement en chœur; un second spectre s'avança, calme et grave :

« Rinaldo Rinaldini, Schinderhanno, Orlandini, et surtout Carlo Moor, étaient les modèles que je m'étais proposés.

« J'étais, — sauf votre respect, — aussi amoureux que

chacun de ces nobles personnages, et je m'affolai d'une femme on ne peut plus belle.

« Et je soupirais et je gémissais ; et, comme l'amour m'avait brouillé la cervelle, je fourrai lentement ma main dans la poche de monsieur mon voisin.

« La police me chercha noise parce que je voulais essuyer les larmes que me causaient mes ardents désirs avec le mouchoir de poche d'autrui.

« Et, selon la pieuse coutume des sergents, on me prit doucement par le milieu du corps, et la maison de correction me reçut dans son sein maternel.

« La vie de prison calma mes amoureux désirs ; je m'assis là parmi les fleurs, jusqu'à ce que l'ombre de Rinaldo vînt emporter mon âme avec elle. »

Les esprits rirent joyeusement en chœur ; un troisième personnage s'avança, fardé et paré.

« J'étais roi des planches, et je jouais les amoureux Je beuglais de toutes mes forces : O dieux ! Je soupirais très-tendrement : Oh !

« Le rôle que je jouais le mieux, c'était celui de Mortimer, Maria était si belle !... Cependant, malgré les gestes les plus naturels, elle ne voulait jamais m'entendre.

« Un soir, comme je m'écriais désespérément à la fin de la pièce : Maria, ô sainte femme ! je pris vivement le poignard et je me fis une piqûre un peu trop profonde. »

Les esprits rirent joyeusement en chœur ; un quatrième personnage s'avança dans un flot de drap blanc (im weisser Flausch).

« Le professeur jasait dans sa chaire, il bavardait, et je dormais de bon cœur non loin de lui ; j'aurais mille fois préféré être auprès de sa gracieuse fille.

« Elle m'avait souvent fait de tendres signes de sa fenêtre, la fleur des fleurs, la vie de mon âme! Pourtant la fleur des fleurs fut à la fin cueillie par le dur Philistin, en faveur d'un riche scélérat.

« Je maudis la femme et le riche coquin, et je mêlai une herbe vénéneuse dans mon vin, et je bus la mort de Smollis. » — Il ajouta : « Je me nomme l'ami Hein! »

Les esprits rirent joyeusement en chœur, et un cinquième personnage s'avança une corde au cou.

« Le comte me vantait toujours en buvant (beim Wein) sa fille et sa pierre précieuse. Que m'importait ta pierre précieuse, mon cher comte? ta fille me convenait bien davantage.

« Ils étaient protégés tous deux par des verrous et des serrures, et le comte avait un nombreux domestique. Mais que me faisaient serviteurs, verrous et serrures? — je grimpai hardiment à l'échelle. — J'escaladai hardiment la fenêtre de ma bien-aimée, et j'entendis résonner ces mots : « Doucement, mon garçon, il faut que je sois aussi là; car, « moi aussi, j'aime la pierre précieuse. »

« Ainsi parla le comte, et il me saisit fortement, et la troupe des valets m'entoura en chuchotant : « Par le dia- « ble! canaille! m'écriai-je, je ne suis point un voleur, je « voulois seulement enlever ma chère maîtresse. »

« Mais ni raisonnements ni expédients ne servirent de rien; la corde fut promptement préparée, et, lorsque le soleil se leva, il eut l'étonnement de me trouver pendu. »

Les esprits rirent joyeusement en chœur; un sixième personnage s'avança sa tête à la main.

« Un chagrin d'amour me poussa à la chasse; je partis le fusil sous le bras. Du haut d'un arbre le corbeau croassa : Tête, — tête, à bas! — à bas!

« J'épiais une colombe; je la rapporterai à mon amie,

pensai-je, et je dirigeai mon œil de chasseur parmi les halliers et les buissons.

« Quel est ce bruit? on dirait deux tourterelles qui se becquètent. Je m'avance doucement, mon fusil armé. O ciel! que vois-je? — mon unique amour!

« C'était ma colombe, ma bien-aimée. Un étranger l'enlaçait amoureusement dans ses bras. Maintenant, adroit chasseur, vise bien! — L'étranger est couché dans le sang. »

« Bientôt après, cheminant en qualité de principal personnage avec l'huissier du bourreau, je traversai la forêt. Du haut de l'arbre, le corbeau cria : Tête, — tête, à bas! — à bas! »

Les esprits rirent joyeusement en chœur; alors le ménétrier lui-même s'avança.

« J'ai autrefois chanté une chanson, la belle chanson n'est plus; lorsque le cœur s'est brisé dans la poitrine, les chansons s'en retournent à la maison. »

Et le fou rire redoubla, et la blanche troupe flotta en cercle. Mais, lorsque l'horloge du clocher sonna une heure, les esprits se précipitèrent en hurlant dans leurs tombes.

LE PAUVRE PIERRE

LE PAUVRE PIERRE

I

Marguerite a dit à Pierre : « Si vous m'aimez, je vous aimerai. »

Et pourtant là-bas, devant la maison égayée par les roses, Jean et Marguerite dansent ensemble et causent joyeusement.

Pierre se tient immobile et muet, il est blanc comme de la craie.

Depuis hier, Jean et Marguerite sont mari et femme, et resplendissent dans leurs habits de noces.

Le pauvre Pierre se mord les doigts et porte des habits de tous les jours.

Pierre se parle bas à lui-même et regarde tristement les mariés :

« Ah ! si je n'étais pas si croyant en Dieu, dit-il, je me tuerais ! »

II

Et Pierre va pleurant toutes ses larmes au fond des bois.

« Je porte en mon sein une douleur qui me déchire la poitrine, et, en quelque lieu que je m'arrête ou que j'aille, elle me pousse.

« C'est l'enfer.

« Ma douleur m'entraîne près de ma bien-aimée, comme si la présence de Marguerite pouvait me guérir.

« Pourtant, dès que je suis sous ses regards, il me faut aller plus loin.

« Je monte au haut de la montagne, là on est bien seul ; et là-haut je m'arrête et je pleure. »

III

Le pauvre Pierre arrive à pas lents, chancelant, craintif, pâle comme un mort.

Les voisins se tiennent sur le chemin pour le regarder passer.

Les jeunes filles se murmurent à l'oreille : « En voici un qui sort du tombeau. »

Hélas! non, belles jeunes filles, il n'en sort pas, il y va, au tombeau.

Il a perdu sa bien-aimée, et la tombe est la meilleure place où il puisse reposer et dormir jusqu'au jugement dernier.

Mais que lui dira-t-il quand sonnera la trompette?

Car elle lui avait juré de vivre et de mourir sous ses yeux, en lui donnant tout l'amour de son cœur.

Mais les paroles des femmes sont des roses que le premier vent effeuille. Marguerite ne se souvient pas, et Pierre n'a pas oublié, même dans l'oubli du tombeau.

FIN

www.ingramcontent.com/pod-product-compliance
Lightning Source LLC
Chambersburg PA
CBHW050750170426
43202CB00013B/2363